民國文化與文學^{研究}^{文叢}

初　編

李　怡　主編

第**6**冊

「文化古城」與「京派」詩歌（上）

張潔宇　著

國家圖書館出版品預行編目資料

「文化古城」與「京派」詩歌（上）／張潔宇 著 — 初版 — 新北市：
花木蘭文化出版社，2012〔民 101〕
序 4+ 目 2+162 面；19×26 公分
（民國文化與文學研究文叢 初編：第 6 冊）
ISBN：978-986-254-883-7（精裝）
1. 當代詩歌　2. 詩評
541.26208　　　　　　　　　　　　　　101012597

特邀編委（以姓氏筆畫為序）：

丁　帆　　　王德威　　　宋如珊
岩佐昌暲　　奚　密　　　張中良
張堂錡　　　張福貴　　　須文蔚
馮　鐵　　　劉秀美

ISBN-978-986-254-883-7

9 789862 548837

民國文化與文學研究文叢
初　編　第六冊　　　　　　　　ISBN：978-986-254-883-7

「文化古城」與「京派」詩歌（上）

作　　者　張潔宇
主　　編　李　怡
企　　劃　北京師範大學民國歷史文化與文學研究中心（籌）
　　　　　四川大學民國文學暨海外漢學研究中心（籌）
　　　　　現代中國文化與文學研究中心
總 編 輯　杜潔祥
印　　刷　普羅文化出版廣告事業
出　　版　花木蘭文化出版社
發 行 人　高小娟
聯絡地址　新北市永和區中正路五九五號七樓
　　　　　電話：02-2923-1455／傳真：02-2923-1452
網　　址　http://www.huamulan.tw 信箱 sut81518@gmail.com
初　　版　2012 年 9 月
定　　價　初編 18 冊（精裝）新台幣 30,000 元

《民國文化與文學研究文叢》總序

李　怡

　　這是一套試圖從新的角度——民國歷史文化的視角重新梳理分析中國現代文學的叢書，計劃在數年內連續推出百餘種相關主題的論述，逐漸形成關於現代中國文學的新的學術思路。爲什麼會提出這樣的設想？與最近一些年大陸中國悄然出現的「民國熱」有什麼關係？最終，我們又有怎樣的學術預期呢？

　　近年來大陸中國的「民國熱」折射出了諸多耐人尋味的社會心理：對於一種長期被遮蔽的歷史的好奇？市民情懷復蘇時代的小資心態？對當前社會文化秩序的厭倦與不滿？或許，就是這幾種心理的不同程度的組合？作爲生活在「民國熱」時代的我們，自然很難將自己與這些社會心理切割開來，不過，在學術自身的邏輯裡追溯，我們卻不得不指出，作爲文學史敘述的「民國」概念，無疑有著更爲深遠的歷史，擁有更爲豐富的內涵。

一

　　迄今爲止，在眾多中國現代文學史的敘述概念中，得到廣泛使用的有三種：「新文學」、「近代／現代／當代文學」、「二十世紀中國文學」。值得注意的是，這三種概念都不完全是對中國文學自身的時空存在的描繪，概括的並非近現代以來中國具體的國家與社會環境，也就是說，我們文學眞實、具體的生存基礎並沒有得到準確的描述。因此，它們的學術意義從來就伴隨著連續不絕的爭議，這些紛紜的意見有時甚至可能干擾到學科本身的穩定發展。

　　「新文學」是第一個得到廣泛認可的文學史概念。從 1929 年春朱自清在清華大學講授「中國新文學」、編訂《中國新文學研究綱要》到 1932 年周作人在輔仁大學講演新文學源流、出版《中國新文學的源流》，從 1933 年王哲

甫出版《中國新文學運動史》到 1935 年全面總結第一個十年成就的《中國新文學大系》的隆重推出，從 1950 年 5 月中央教育部頒佈的教學大綱定名爲「中國新文學史」到 1951 年 9 月王瑤出版《中國新文學史稿》（上冊），都採用了「新文學」這一命名。此外，香港的司馬長風和臺灣的周錦先後撰寫、出版了同名的《中國新文學史》。乃至在新時期以後，雖然新的學科命名——近代文學、現代文學、當代文學——已經確定，但是以「新文學」爲名創辦學會、寫作論著的現象卻依然不斷地出現。

　　以「新」概括文學的歷史，在很大程度上來源於這一時段文學運動中的自我命名。晚清以降中國文學與中國文化的動向，往往伴隨著一系列「新」思潮、「新」概念與「新」名稱的運動，如梁啓超提出「新民說」、「新史學」、「新學」，文學則逐步出現了「新學詩」、「新體詩」、「新派詩」、「新民體」、「新文體」、「新小說」、「新劇」等。可以說，鴉片戰爭以後的中國進入了一個「求新逐異」的時代，「新」的魅力、「新」的氛圍和「新」的思維都前所未有地得到擴張，及至五四時期，「新文學運動」與「新文化運動」轟然登場，「新文學」作爲文學現象進入讀者和批評界的視野，並成爲文學史敘述的基本概念，顯然已是大勢所趨。《青年雜誌》創刊號有文章明確提出：「夫有是非而無新舊，本天下之至言也。然天下之是非，方演進而無定律，則不得不假新舊之名以標其幟。夫既有是非新舊則不能無爭，是非不明，新舊未決，其爭亦未已。」〔註 1〕今天，學界質疑「新文學」的「新」將其他文學現象排除在外了，以至現代的文學史殘缺不全。其實，任何一種文學史的敘述都是收容與排除並舉的，或者說，有特別的收容，就必然有特別的排除，這才是文學研究的基本「立場」。沒有對現代白話的文學傳統的特別關注和挖掘，又如何能體現中國文學近百年來的發展與變化呢？「新」的侷限不在於排除了「舊」，而在於它能否最準確地反映這一類文學的根本特點。

　　對於「新文學」敘述而言，真正嚴重的問題是，這一看似當然的命名其實無法改變概念本身的感性本質：所謂「新」，總是相對於「舊」而言，而在不斷演變的歷史長河中，新與舊的比照卻從來沒有一個確定不移的標準。從古文經學、荊公新學到清末西學，「新學」在中國學術史上的內涵不斷變化，「新文學」亦然。晚清以降的文學，時間不長卻「新」路不定，至「五四」已今非昔比，「新」能夠在多大的範圍內、在多長的時間中確定「文學」的性質，實在是一個不容

〔註 1〕汪叔潛：《新舊問題》，《青年雜誌》1915 年第 1 卷第 1 號。

忽視的學術難題。我們可以從外來文化與文學的角度認定五四白話文學的「新」，像許多新文學史描述的那樣；也可以在中國文學歷史中尋覓「新」的元素，以「舊」爲「新」，像周作人的《中國新文學的源流》那樣。但這樣一來，反而昭示了「新」的不確定性，爲他人的質疑和詬病留下了把柄。誠如錢基博所言：「十數年來，始之以非聖反古以爲新，繼之歐化國語以爲新，今則又學古以爲新矣。人情喜新，亦復好古，十年非久，如是循環；知與不知，俱爲此『時代洪流』疾卷以去，空餘戲狎懺悔之詞也。」〔註2〕

更何況，中國文學的「新」歷史肯定會在很長時間中推進下去，未來還將發生怎樣的變動？其革故鼎新的浪潮未必不會超越晚清－五四一代。屆時，我們當何以爲「新」，「新文學」又該怎麼延續？這樣的學術詰問恐怕不能算是空穴來風吧。

「新」的感性本質期待我們以更嚴格、更確定的「時代意義」來加以定義。「現代」概念的出現以及後來更爲明確的近代／現代／當代的劃分似乎就是一種定義「意義」的方向。

「現代」與「近代」都不是漢語固有的語彙，傳統中國文獻如佛經曾經用「現在」來表示當前的時間（《俱舍論》有云：「若已生而未已滅名現在」）。以「近代」、「現代」翻譯英文的 modern 源自日本，「近代」、「現代」係日文對 modern 的經典譯文。「現代」在一開始使用較少，但至遲在 20 世紀初的中國文字中也開始零星使用，如梁啓超 1902 年的《新民說》。〔註3〕只是在當時，modern 既譯作「現代」與「近代」，也譯作「摩登」、「時髦」、「近世」等。直到 30 年代以後，「現代」一詞才得以普遍使用，此前即便作爲時間性的指稱，使用起來也充滿了隨意性。「近代」進入文學史敘述以 1929 年陳子展的《中國近代文學之變遷》爲早，「現代」進入文學史敘述則以 1933 年錢基博的《現代中國文學史》爲先，但他們依然是在一般的時間概念上加以模糊認定。尤其是錢基博，他的「現代」命名就是爲了掩蓋更具有社會歷史內涵的「民國」：「吾書之所爲題『現代』，詳於民國以來而略推跡往古者，此物此誌也。然不

〔註2〕 錢基博：《現代中國文學史》，長沙：嶽麓書社，1986 年，第 506 頁。

〔註3〕 《新民說》有云：「凡此皆現代各國之主動力也，而一皆自條頓人發之成之，是條頓人不當全世界動力之主人翁也。」參見《梁啓超全集》第 2 冊，北京：北京出版社，1999 年，第 658、659 頁。關於日文中「近代」、「現代」一詞的來源及使用情況可以參見柳父章：《翻譯語成立事情》，日本岩波書店 1982 年 4 月出版。

題『民國』而日『現代』，何也？曰：維我民國，肇造日淺，而一時所推文學家者，皆早嶄露頭角於讓清之末年，甚者遺老自居，不願奉民國之正朔；寧可以民國概之？」〔註4〕也就是說，像「民國」這樣直接指向國家與社會內涵的文學史「意義」，恰恰是作者要刻意迴避的。

在「現代」、「近代」的概念中追尋特定的歷史文化意義始於思想界。1915年，《青年雜誌》創刊號一氣刊登了陳獨秀兩篇介紹西方近現代思想文化的文章：《法蘭西人與近世文明》和《現代文明史》，「近代（近世）」與「現代」同時成為對西方思想文化的概括。《青年雜誌》〔註5〕後來又陸續推出了高一涵的《近世國家觀念與古相異之概略》（第 1 卷第 2 號）和《近世三大政治思想之變遷》（第 4 卷第 1 號）、劉叔雅的《近世思想中之科學精神》（第 1 卷第 3 號）、陳獨秀的《孔子之道與現代社會》（第 2 卷第 4 號）和《近代西洋教育》（第 3 卷第 5 號）、李大釗的《唯物史觀在現代歷史學上的價值》（第 8 卷第 4 號）。《新潮》則刊發了何思源的《近世哲學的新方法》（第 2 卷第 1 號）、羅家倫的《近代西洋思想自由的進化》（第 2 卷第 2 號）、譚鳴謙的《現代民治主義的精神》（第 2 卷第 3 號）等。1949 年以後，大陸中國文學研究界找到了清晰辨析近代／現代／當代的辦法，更是確定了這幾個概念背後的歷史文化內涵，其根據就是由史達林親自審查、聯共（布）中央審定、聯共（布）中央特設委員會編的《聯共（布）黨史簡明教程》和由蘇聯史學家集體編著的多卷本的《世界通史》。《聯共（布）黨史簡明教程》於 1938 年在蘇聯出版，它先後用 67 種文字出版 301 次，是蘇聯圖書出版史上印數最多的出版物之一。就在蘇聯正式出版此書的二三個月後，該書的第七章和結束語就被譯成中文在《解放》上發表，隨後不久，在中國就出現了 4 種不同的中文譯本：由博古任總校閱、中國出版社 1939 年 2 月出版的「重慶譯本」，由吳清友翻譯、上海啟明社 1939 年 5 月出版的「上海譯本」，由蘇聯外文出版局主持翻譯和出版、任弼時等人擔任實際翻譯工作的「莫斯科譯本」，以及解放社於 1939 年 5 月出版的「延安譯本」。「上海譯本」多流行於上海和新四軍活動區域，陝甘寧邊區和華北各抗日根據地擁有「莫斯科譯本」與「延安譯本」，大後方各省同時流行「重慶譯本」與「莫斯科譯本」（見歐陽軍喜《論抗戰時期〈聯

〔註 4〕錢基博：《現代中國文學史》，第 9 頁。
〔註 5〕1916 年 9 月第 2 卷第 1 號起，《青年雜誌》改名為《新青年》，文中為了表述連貫，不作明確指出。

共（布）黨史簡明教程〉在中國的傳播及其對中國共產黨宣傳工作的影響》，載《黨史研究與教學》2008 年第 2 期）。早在延安時代，《簡明教程》就被列入「幹部必讀」書，建國之後，《簡明教程》中的三章加上「結束語」曾被指定爲廣大幹部學習的基本教材，在中國自己編寫的「國際共運史」教材面世之前，它也是高校馬列主義基礎課程的通用教材，直接參與構築了新中國教育的基本歷史觀念。作爲「學科」的中國現當代文學就是在這樣一種歷史觀念的形成中生成的。中譯本《世界通史》第一卷最早由生活‧讀書‧新知三聯書店於 1959 年初版，至 1978 年出版到第八卷，第九、第十卷由吉林人民出版社分別於 1975、1978 年出版，第十一卷繼續由三聯書店於 1984 年出版，第十二、十三卷由東方出版社 1987、1990 年出版，可以說也伴隨了 1990 年代之前中國的歷史認識過程。

就這樣，馬列主義的五種社會形態進化論成爲劃分近代與現代的理論基礎，由近代到現代的演進，在蘇聯被描述爲 1640 年英國資產階級革命－十月社會主義革命的重大發展，在中國，則開始於淪爲「半殖民地半封建」的 1840 年鴉片戰爭，完成於標誌著社會主義思想傳播的「五四」。大陸中國的史學家更是在「現代」之中另闢「當代」，以彰顯社會主義與共產主義社會的到來，由此確定了中國文學近代／現代／當代的明確格局——這樣的劃分，不僅在時間分段上不再模糊，而且更具有明確的思想內涵與歷史文化質地：資產階級文學（舊民主主義革命文學）、新民主主義革命文學與社會主義文學就是近代－現代－當代文學的歷史轉換。

當然，來自蘇聯意識形態的歷史劃分與西方學術界的基本概念界定存在明顯的分歧。在西方學術界，一般是以地理大發現與資本主義經濟及社會文化的興起作爲「現代」的開端，Modern Times 一般泛指 15～16 世紀地理大發現以來的歷史，這一歷史過程一直延續到今天，並沒有近代／現代之別，即使是所謂的「當代」（Late Modern Time 或 Contemporary Time），也依然從屬於 Modern Times 的長時段。〔註6〕「現代」的含義也不僅與「革命」相關，而且指涉一個相當久遠而深厚的歷史文化的變遷過程，並包含著歷史、哲學、

〔註6〕代表作有阿克頓主編的 14 卷本的《康橋近代史》（*The Cambridge Modern History , Cambridge university press .1902-1912*），後來康橋大學出版社又出版了克拉克主編的 14 卷本的《新編康橋近代史》（*The New Cambridge Modern History. Cambridge university press .1957-1959*），這套著作的中文譯本於 1987 年起，由中國社會科學出版社陸續出版，名爲《新編康橋世界近代史》。

宗教等多方面的資訊。德國美學家姚斯在《美學標準及對古代與現代之爭的歷史反思》中考證,「現代」一詞在 10 世紀末期首次被使用,意指古羅馬帝國向基督教世界過渡時期,與古代相區別;而今天一般將之理解爲自文藝復興開始尤其是 17、18 世紀以後的社會、思想和文化的全面改變,它以工業化爲基礎,以全球化爲形式,深刻地影響了世界各民族的生存與觀念。

到了新時期,在大陸中國的國門重新向西方世界開放以後,「走向世界」的強烈渴望讓我們不再滿足於革命歷史的「現代」,但問題是,其他的「現代」知識對我們而言又相當陌生,難怪汪暉曾就何謂「現代」向唐弢先生鄭重求教,而作爲學科泰斗的導師也只是回答說,這是一個「很複雜」的問題。〔註7〕1990 年代,中國學術界開始惡補「現代」課,從西方思想界直接輸入了系統而豐富的「現代性知識」,這個「與世界接軌」的具有思想深度的知識結構由此散發出了前所未有的魅力。正是在「現代性知識」體系中,對現代、現代性、現代化、現代主義的辨析達到了如此的深入和細緻,對文學的觀照似乎也獲得了令人激動不已的效果和不可估量的廣闊前程,中國現代文學史至此有望成爲名副其實的「現代性」或「現代學」意義上的文學史敘述。

應當承認,1990 年代對「現代」知識的重新認定,的確爲我們的文學史研究找到了一個更具有整合能力的闡釋平臺。例如,藉助福柯式的知識考古,我們固有的種種「現代」概念和思想得到了清理,現代、現代性、現代化這些或零散或隨意或飄忽的認識,都第一次被納入一個完整清晰的系統,並且尋找到了在人類精神發展流程裡的準確位置。最近 10 年,「現代性」既是中國理論界所有譯文的中心語彙,也幾乎就是所有現當代文學史研究的話語支撐點。

但是,從另一角度來看,我們的「現代」史學之路卻難以掩飾其中的尷尬。無論是蘇聯的革命史「現代」概念還是今日西方學界的「現代」新知,它們的闡釋功效均更多地得力於異域的理論視野與理論邏輯,列寧與史達林如此,吉登斯、哈貝馬斯與福柯亦然。問題是,中國作家的主體經驗究竟在哪裡?中國作家背後的中國社會與歷史的獨特意義又何在?在革命史「現代」觀中,蘇聯的文學經驗、所謂的「現實主義」道路成爲金科玉律,只有最大程度地符合了這些「他者」的經驗才可能獲得文學史的肯定,這被後來稱爲

〔註7〕汪暉:《我們如何成爲「現代的」?》,《中國現代文學研究叢刊》1996 年第 1 期。

「左」的思想的教訓其實就是失去了中國主體經驗的惡果。同樣，在最近 10
餘年的文學史研究中，鮮活的現代中國的文學體驗也一再被納入到全球資本
主義時代的共同命題中，兩種現代性、民族國家理論、公共空間理論、第三
世界文化理論、後殖民批判理論……大清帝國的黃昏與異域的共和國的早晨
相遇了，兩個不同國度的感受能否替換？文學的需要是否就能殊途同歸？他
者的理論是否真讓我們一勞永逸？中國文學的現代之路會不會自成一格？有
趣的甚至還有如下的事實：在 90 年代初期，恰恰也是其中的一些理論（現代
性質疑理論）導致我們對現代文學存在價值的懷疑和否定，而到了 90 年代中
後期，當外來的理論本身也發生分歧與衝突的時候（如哈貝馬斯對現代性的
肯定），我們竟又神奇地獲得了鼓勵，重新「追隨」西方理論挖掘中國文學的
「現代性價值」——中國文學的意義竟然就是這樣的脆弱和動搖，只能依靠
西方的「現代」理論加以確定？

　　除了這些異域的「現代」理論，我們的文學史家就沒有屬於自己的東西
嗎？如我們的心靈，我們的感受，能夠容納我們生命需要的漢語能力。

　　現代，在何種意義上還能繼續成為我們的文學史概念？沒有了這一通行
的「世界」術語，我們還能夠表達自己嗎？

　　問題的嚴重性似乎不在於我們能否在歷史的描述中繼續使用「現代」（包
括與之關聯的「近代」、「當代」等概念），而是類似的辭彙的確已被層層疊疊
的「他者」的資訊所塗抹甚至污染，在固有的中國現代文學史敘述框架內，
我們怎樣才能做到全身而退，通達我們思想的自由領地？

　　中國有「文學史」始於清末的林傳甲、黃摩西，隨著文學史寫作的持續
展開，尤其是到了 1949 年以後，「現代」被單獨列出，不再從屬於「中國文
學史」，這彷彿包含了一種暗示：「現代」是異樣的、外來的，不必納入「中
國文學」固有的敘述程式。

　　「二十世紀中國文學」是中國文學研究界學術自覺，努力排除蘇聯「革
命」史觀影響，尋求文學自身規律的產物。正如論者當年意識到的那樣：「以
前的文學史分期是從社會政治史直接類比過來的。拿『近代文學史』來說，
從一八四○年鴉片戰爭到一八九八年戊戌變法，半個多世紀裡頭，幾乎沒有
什麼文學，或者說文學沒有什麼根本的變化。……政治和文學的發展很不平
衡。還是要從東西方文化的撞擊，從文學的現代化，從中國人『出而參與世
界的文藝之業』，從文學本身的發展規律，從這樣的一些角度來看文學史，才

比較準確。」「『二十世紀中國文學』這一概念首先意味著文學史從社會政治史的簡單比附中獨立出來，意味著把文學自身發生發展的階段完整性作為研究的主要對象。」〔註8〕這樣的歷史架構顯然具有重大的學術價值，「二十世紀中國文學」直到今天依然是影響最大的文學史理念，然而，它也存在著難以克服的一些問題。姑且不論「二十世紀」這一業已結束的時間概念能否繼續涵蓋一個新世紀的歷史情形，而「新世紀」是否又具有與「舊世紀」迥然不同的特徵，即便是這種歷史概括所依賴的基本觀念——文學的世界性、整體性與「現代化」，其實也和文學的「現代」史觀一樣，在今天恰恰就是爭論的焦點。

「二十世紀」作為一個時間概念也曾被國外史家徵用，但是正如當年中國學者已經意識到的那樣，外人常常是在「純物理時間」的意義上加以使用，相反，「二十世紀中國文學」更願意準確地呈現文學自身的性質。〔註9〕這樣一來，「二十世紀」的概念也同我們曾經有過的「現代」一樣，實際上已由時間性指稱轉換為意義性指稱。那麼，構成它們內在意義的是什麼呢？是文學的世界性、整體性與「現代化」——這些取諸世界歷史總體進程的「元素」，它們在何種程度上推動了我們文學的發展，又在多大的程度上掩蓋了我們固有的人生與藝術理想，都是大可討論的。例如，面對同樣一個「世界」的背景，是遭遇了「世界性」還是我們自己開闢了「世界性」，這裡就有完全不同的文學感受；再如，將「二十世紀」看作一個「整體」，我們可能注意到「五四」與「新時期」在「現代化」方向上的一致：「我是從搞新時期文學入手的，慢慢地發現好多文學現象跟『五四』時期非常相像，幾乎是某種『重複』。比如，『問題小說』的討論，連術語都完全一致。我考慮比較多的是美感意識的問題。『傷痕』文學裡頭有一種很濃郁的感傷情緒，非常像『五四』時期的浪漫主義思潮，我把它叫作歷史青春期的美感情緒。」「魯迅對現代小說形式的問題很早就提出一些精彩的見解。我就感覺到當代文學提出的很多問題並不是什麼新鮮問題。」〔註10〕但是，這樣的「整體性」的相似只是問題的一方面，認真區分起來，「五四」與「新時期」其實更有著一系列重要的分歧。文

〔註8〕 黃子平、陳平原、錢理群：《二十世紀中國文學三人談》，北京：人民文學出版社，1988年，第36頁、25頁。

〔註9〕 黃子平、陳平原、錢理群：《二十世紀中國文學三人談》，第39頁。

〔註10〕 黃子平、陳平原、錢理群：《二十世紀中國文學三人談》，第29～30、31頁。

學的意義恰恰就是建立在細節的甄別上，上述細節的差異不是可有可無的，它們標識的正是文學本身的「形態」的差別，既然「形態」已大不相同，那麼粘合的「整體」的也就失去了堅實的基礎。

更有甚者，雖然已被賦予一系列「現代性」的意義指向，「二十世紀」卻又無法終結人們對它的「時間」指稱。新的問題由此產生：人們完全可能藉助這樣的「時間」框架，重新賦予不同的意義，由此在總體上形成了「二十世紀」指義的複雜和含混。在 80 年代，「二十世紀中國文學」的提出者是以晚清的「新派」文學作為「現代性」的起點，努力尋找五四文學精神的晚清前提與基礎，但是近年來，我們卻不無尷尬地發現美國漢學界已另起爐竈，竭力發掘被五四文學所「壓抑」的其他文學源流。結果並不是簡單擴大了文學的源頭，讓多元的聲音百家爭鳴，而是我們從此不得不面對一個彼此很難整合的現代文學格局，在晚清的世俗情欲與「五四」的文化啓蒙之間，矛盾的力量究竟是怎樣被「整合」的？如果說，「五四」的文化啓蒙壓抑了晚清的世俗情欲，而後者在中國其實已有很長的歷史流變過程，那麼，這樣壓抑／被壓抑雙方的歷史整合就變得頗為怪異，而「五四」、二十世紀作為文學「新質」的特殊意義也就不復存在，我們曾引以自豪的新文學的寶貴傳統可能就此動搖和模糊不清。難道，一個以文學闡釋的「整體性」為己任的學術追求至此完成了自我的解構？

我們必須認眞面對「二十世紀中國文學」這一概念，包括其並未消失的價值和已經浮現的侷限。

二

我們對近現代以來中國文學史的幾大基本概念加以檢討，其目的並不是要在現有的文學描述中將之「除名」，而是想藉此反思我們目前文學研究與文學史敘述的內在問題。「新文學」力圖抓住中國文學在本世紀的「新質」，但定位卻存在很大的模糊空間；「現代文學」努力建立關於歷史意義的完整觀念，但問題是，這些「現代」觀念在很大程度上來自異域文化，究竟怎樣確定我們自己在本世紀的生存意義，依然有太多的空白之處；「二十世紀」致力於「文學」輪廓的勾勒，但純粹的時間概念的糾纏又使得它所框定的文學屬性龐雜而混沌，意義的清晰度甚至不如「新文學」與「現代文學」。這就是說，在我們未來的文學史敘述中，有必要對「新文學」、「近代／現代／當代」、「二

十世紀中國文學」等概念加以限制性的使用，盡可能突出它們揭示中國文學現象獨特性的那一面，盡力壓縮它們各自表意中的模糊空間。與此同時，更重要的是重新尋找和探測有關文學歷史的新的敘述方式，包括新的概念的選擇、新的意義範圍的確定，以及新的研究範式的嘗試等。

「新文學」作為對近百年來白話文學約定俗成的稱謂，繼續使用無妨，且無須承擔為其他文學樣式（如舊體文學）騰挪空間的道德責任，但未來的文學發展又將如何刷「新」，新的文學現象將怎樣由「新」而出，我們必須保留必要的思想準備與概念準備；「現代」則需要重新加以清理和認定，與其將西方資本主義文化的種種邏輯作為衡量「現代性」的基礎，還不如在一個更寬泛的角度認定「現代」：中華帝國結束自我中心的幻覺，被迫與其他世界對話的特殊過程，直接影響了中國人與中國作家的人生觀與自我意識，催生了一種區別於中國古代文學的「現代」樣式。這種「現代」受惠與受制於異域的「現代」命題尤其是西方資本主義的命題，但又與異域的心態頗多區別，我們完全不必將西方的「現代」或「現代性」本質化，並作為估價中國文學的尺度。異域的「現代」景觀僅僅是我們重新認識中國現象的比照之物，也就是說，對於「現代」的闡述，重點不應是異域（西方）的理念，而是這一過程之中中國「物質環境」與「精神生態」的諸多豐富形態與複雜結構。作為一個寬泛性的「過程」概念的指稱，我們使用側重於特殊時間含義的「現代文學」，而將文學精神內涵的分析交給更複雜、更多樣的歷史文化分析，以其他方式確立「意義」似乎更為可行；「二十世紀」是中國文學新的「現代」樣式孕育、誕生和發展壯大的關鍵時期，因為精神現象發生的微妙與複雜，這種時間性的斷代對文學本身的特殊樣式而言也不無模糊性，而且其間文學傳統的流變也務必單純和統一，因此，它最適合於充當技術性的時間指稱而非某種文學「本質」的概括。

這樣一來，我們似乎有可能獲得這樣的機會：將已粘著於這些概念之上的「意義的斑駁」儘量剔除，與其藉助它們繼續認定中國文學的「性質」，不如在盡力排除「他者」概念干擾的基礎上另闢蹊徑，通過對近現代以來中國文學發生與發展歷史情景的細緻梳理來加以全新的定義。

一個民族和國家的文學歷史的敘述，所依賴的巨大背景肯定是這一國家歷史的種種具體的歷史情景，包括國家政治的情狀、社會體制的細則、生存方式的細節、精神活動的詳情等等，總之，這種種的細節，它來自於歷史事實的「還

原」而不是抽象的理論概括。國家是我們生存的政治構架，在中國式的生存中，政治構架往往起著至關緊要的作用，影響及每個人最重要的生存環境和人生環節，也是文學存在的最堅實的背景；在國家政治的大框架中又形成了社會歷史發展的種種具體的情態：這是每個個體的具體生存環境，是文學關懷和觀照的基本場景，也是作為精神現象的文學創造的基礎和動力。

　　從文學生存的社會歷史文化角度加以研究，並注意到其中「國家政治」與「社會背景」的重要作用，絕非始於今日。在「以階級鬥爭為綱」的年代，就格外強調社會歷史批評的價值，新時期以後，則有「文化角度」研究的興起，90 年代至今，更是「文化批評」或「文化研究」的盛行。不過，強調「國家歷史情態」與這些研究都有很大的不同，它是屬於我們今天應當特別加強的學術方式。

　　傳統的社會歷史批評以國家政治為唯一的闡釋中心，從根本上抹殺了文學自身的獨立性。在新時期，從「文化角度」研究文學就是要打破政治角度的壟斷性，正如「二十世紀中國文學」倡導者所提出的「走出文學」的設想：「『走出文學』就是注重文學的外部特徵，強調文學研究與哲學、社會學、政治學、民族學、心理學、歷史學、民俗學、文化人類學、倫理學等學科的聯繫，統而言之，從文化角度，而不只是從政治角度來考察文學。」〔註 11〕這樣的研究，開啟了從不同的學科知識視角觀察文學發展的可能。「文化角度」在這裡主要意味著「通過文化看文學」。也就是說，運用組成社會文化的不同學科來分析、觀察文學的美學個性。與基於這些「文化角度」的「審美」判斷不同，90 年代至今的「文化研究」甚至打破了人們關於藝術與審美的「自主性」神話，將文學納入社會文化關係的總體版圖，重點解釋其中的文化「意味」，包括社會結構中種種階級、權力、性別與民族的關係。「文化研究」更重視文學具體而微的實際經驗，更強調對日常生活與世俗文化的分析和解剖，更關注文學在歷史文化經驗中的具體細節。這顯然更利於揭示文學的歷史文化意義，但是，「文化研究」的基本理論和模式卻有著明顯的西方背景。一般認為，「文化研究」產生於 50 年代的英國，其先驅人物是威廉姆斯（R.Williams）與霍加特（R.Hoggart）。霍加特在 1964 年創辦的英國伯明罕當代文化研究中心是第一個正式成立的「文化研究」機構，從 80 年代開始，「文化研究」在加拿大、澳大利亞及美國等地迅速發展，至今，它幾乎已成為一個具有全球影響的知識領域。90 年代，「文化

〔註 11〕黃子平、陳平原、錢理群：《二十世紀中國文學三人談》，第 61 頁。

研究」傳入中國後對文學批評的影響日巨，但是，中國「文化研究」的一系列主題和思路（如後殖民主義批判、文化／權力關係批判、種族與性別問題、大眾文化問題、身份政治學等等）幾乎都來自西方，而且往往是直接襲用外來的術語和邏輯，對自身文化處境獨特性的準確分析卻相當不足。〔註12〕

突出具體的歷史情景的文學研究充分肯定國家政治的特殊意義，但又絕對尊重文學自身的獨立價值；與 80 年代「文化角度」研究相似，它也將充分調動哲學、社會學、政治學、民族學、心理學、歷史學、民俗學、文化人類學、倫理學等學科知識，但卻更強調具體國家歷史過程中的「文學」對人生遭遇「還原」；與「文化研究」相似，這裡的研究也將重點挖掘歷史文化的諸多細節，但需要致力於來自「中國體驗」的思想主題與思維路徑。

傳統的中國文學詮釋雖然沒有「社會歷史批評」這樣的概念，但卻在感受、體驗具體作家創作環境方面頗多心得，形成了所謂「知人論世」的詮釋傳統，正如章學城在《文史通義・文德》中說：「不知古人之世，不可妄論古人之辭也。知其世矣，不知古人之身處，亦不可以遽論其文也。」這都是我們今天跳出概念窠臼、返回歷史感受的重要資源。不過，中國現代文學的歷史敘述需要完成的任務可能更為複雜，在今天，我們不僅需要為了「知人」而「知世」，而且作為「世」的社會歷史也不僅僅是「背景」，它本身就構成了文學發展的「結構」性力量，正是在這個意義上，我們更傾向於使用「情景」而不是「背景」；挖掘歷史的我們也不僅要以「世」釋「人」，而且要直接呈現特定條件下文學精神發展的各種內在「機理」，這些「機理」形成了中國文學的「民國機制」，文學的民國機制最終導致我們的現代文學既不是清代文學的簡單延續，也不是新中國文學的前代榜樣。

新的文學史敘述範式將努力完整地揭示近現代以來中國文學生存發展的基本環境，這種揭示要盡可能「原生態」地呈現這個國家、社會、文化和政治的各種因素，以及這些因素如何相互結合、相互作用，並形成影響我們精神生產與語言運行的「格局」，剖析它是如何決定和影響了我們的基本需求、情趣和願望。這樣的揭示，應盡力避免對既有的外來觀念形態的直接襲用——雖然我們也承認這些觀念的確對我們的生存有所衝擊和浸染，但最根本的觀念依然來自於我們所置身的社會文化格局，來自於我們在這種格局中體驗人生和感受世界的態度與方式。眾說紛紜、意義斑駁的「現代性」無法揭開

〔註12〕參見陶東風：《社會轉型與當代知識份子》，上海：上海三聯書店，1999 年。

這些生存的「底色」。我們的新研究應返回到最樸素的關於近現代以來中國國家與社會的種種結構性元素的分析清理當中，在更多的實證性的展示中「還原」中國人與中國作家的喜怒哀樂。過去的一切解剖和闡釋並非一無是處，但它們必須重新回到最樸素的生存狀態的分析中——如中外文化的衝突、現代資本主義文化的入侵、現代民族國家的建立、現代性的批判、全球化時代的文化趨勢等。我們需要知道，這些抽象的文化觀念不是理所當然就覆蓋在中國人的思想之上的，只有在與中國人實際生存和發展緊密結合的時候，它們的意義才得以彰顯。換句話說，最終是中國人自己的最基本的生存發展需要決定了其他異域觀念的進入程度和進入方向。如果脫離中國自己的國家與社會狀況的深入分析，單純地滿足於異域觀念的演繹，那麼，即便能觸及部分現象甚至某些局部的核心，也肯定會失去研究對象的完整性，最終讓我們的研究和關於歷史的敘述不斷在抽象概念的替代和遊戲中滑行。近百年來中國文學研究的最深刻教訓即在於此。今天，是應該努力改變的時候了。

作為生存細節的歷史情景，屬於我們的物質環境與精神追求在各個方面的自然呈現。不像「ｘｘ文化與中國現代文學」式的特定角度進行由外而內的探測（這已經成為一種經典式的論述形式），歷史情景本身就形成了文學作為人生現象的構成元素。如在「政治意識形態與中國文學」的研究模式中，我們論述的是這些政治觀念對中國文學的扭曲和壓抑，中國作家如何通過掙脫其影響獲得自由思想的表達，而在作為人生現象的文學敘述中，一切國家政治都在打造著作家樸素的思想意識，他們依賴於這些政治文化提供的生存場域，又在無意識中把國家政治內化為自己的思想構成，同時，特定條件下的反叛與抗爭也生成了思想發展的特定方向——這樣的考察，首先不是觀念的應用和演繹，而是歷史細節、生活細節的挖掘和呈現，我們無須藉「文化理論」講道理，而是對這些現象加以觀察和記錄。

國家歷史情態的意義也是豐富的，除了國家的政治形態之外，還包括社會法律形態、經濟方式、教育體制、宗教形態以及日常生活習俗以及文學的生產、傳播過程等，它們分別組成了與特定國家政治相適應的「社會結構」與「人生結構」。我們的研究，就是在「還原性」的歷史敘述中展開這些「結構」的細部，並分析它們是如何相互結合又具體影響著文學發展的。

作為一種新的文學史敘述方式，我們應特別注意那種「還原性」的命名及其背後的深遠意義，比如「民國文學史」的概念。

1999 年，陳福康藉助史學界的概念，建議中國文學的「現代」之名不妨「退休」，代之以民國文學之謂。近年來，張福貴、湯溢澤、趙步陽、楊丹丹等人都先後提出這一新的命名問題，〔註 13〕我之所以將這樣的命名方式稱之爲「還原」式，是因爲它所指示的國家社會的概念不是外來思想的借用——包括時間的借用與意義的借用——而是中國自己的特定生存階段的眞實的稱謂，藉助這樣具體的歷史情景，我們的文學史敘述有可能展開過去所忽略的歷史細節，從而推動文學史研究的深入。

三

肯定「民國文學」式的還原性論述，並不僅僅著眼於文學史的概念之爭，更重要的是開啓一種新的敘述可能。國家歷史情態的諸多細節有可能在這樣的敘述中獲得前所未有的重視，從而爲百年中國文學轉換演變的複雜過程、歷史意義和文化功能提出新的解釋。

學術界曾經有一種設想：藉助「民國文學」這樣的「時間性」命名可以容納各種各樣的文學樣式，從而爲現代中國文學的宏富圖景開拓空間。這裡需要進一步思考的問題包括兩個方面：其一，「民國文學」是否就是一種單純的時間性概念？其二，文學史敘述的目標是否就是不斷擴大自己的敘述對象？顯然，以國家歷史情態爲基準的歷史命名本身就包含了十分具體的社會歷史內容，它已經大大超越了單純的「時間」稱謂。單純的時間稱謂，莫過於西元紀年，我們完全可以命名「中國文學（1911～1949）」，這種命名與「民國文學」顯然有著重大的差異。同樣，是否眞的存在這麼一種歷史敘述模式：沒有思想傾向，沒有主觀性，可以包羅萬象？正如韋勒克、沃倫所說：「不能同意認爲文學時代只是一個爲描述任何一段時間過程而使用的語言符號的那種極端唯名論觀點。極端的唯名論假定，時代的概念是把一個任意的附加物加在了一堆材料上，而

〔註 13〕 參看張福貴《從意義概念返回到時間概念——關於中國現代文學的命名問題》（香港《文學世紀》2003 年第 4 期）；湯溢澤、郭彥妮《論開展「民國文學史」研究的必要性與可行性》（《當代教育理論與實踐》2010 年第 2 卷第 3 期）；湯溢澤、廖廣莉《論開展「民國文學史」研究的迫切性》（《衡陽師範學院學報》2010 年第 2 期）；趙步陽、曹千里等《「現代文學」，還是「民國文學」？》（《金陵科技學院學報》2008 年第 1 期）；張維亞、趙步陽等《民國文學遺產旅遊開發研究》（《商業經濟》2008 年第 9 期）；楊丹丹《「現代文學史」命名的追問與反思》（《長春師範學院學報》2008 年第 5 期）。

這材料實際上只是一個連續的無一定方向的流而已；這樣，擺在我們面前的就一方面是具體事件的一片渾沌，另一方面是純粹的主觀的標籤。」「文學上某一時期的歷史就在於探索從一個規範體系到另一個規範體系的變化。」〔註14〕

在此意義上，作為文學史概念的辨析只是問題的表面，更重要的是我們新的文學史敘述需要依託國家歷史情態，重新探討和發現近現代以來中國文學的「一個規範體系到另一個規範體系的變化」。面對日益高漲的「民國文學史」命名的呼籲，我更願意強調中國文學在民國時期的機制性力量。忽略國家歷史情態，我們對現代中國文學發展內在機理的描述往往停留在外來文化與傳統文化二元關係的層面上，而對中國現代歷史本身的構造性力量恰恰缺少足夠的挖掘；引入「民國文學機制」的視角，則有利於深入開掘這些影響——包括推動和限制——文學發展的歷史要素。

在歷史的每一個階段，文學之所以能夠出現新的精神創造與語言創造，歸根結底在於這一時期的國家歷史情態中孕育了某種「機制」，這種「機制」是特定社會文化「結構」的產物，正是它的存在推動了精神的發展和蛻變，最終撐破前一個文化傳統的「殼」脫穎而出。考察中國文學近百年來的新變，就是要抓住這些文化中形成「機制」的東西，而「機制」既不是外來思想的簡單輸入，更不是「世界歷史」的共識，它是社會文化自身在演變過程中諸多因素相互作用的最終結果。

強化文學史的國家與社會論述，自覺挖掘「文學機制」，可能對我們的研究產生三個方面的直接推動作用。

首先，從中國文學研究的中外衝撞模式中跨越出來，形成在中國社會文化自身情形中研討文學問題的新思路。百年來，中外文化衝突融合的事實造就了我們對文學的一種主要的理解方式，即努力將一切文學現象都置放在外來文化輸入與傳統文化轉換的邏輯中。這固然有其合理性，但是，在實際的文學闡釋與研究當中，我們又很容易忽略「衝突融合」現象本身的諸多細節，將中外文化關係的研究簡化為異域因素的「輸入」與「移植」辨析，最終便在很大程度上漠視了文學創作這一精神現象的複雜性，忽略了精神產品生成所依託的複雜而實際的國家與社會狀況，民國文學機制的開掘正可以為我們展開關於國家與社會狀況的豐富內容。我們曾倡導過「體驗」之於中國現代

〔註14〕韋勒克、沃倫：《文學理論》，劉象愚等譯，北京：三聯書店 1984 年，第 302、307 頁。

文學研究的意義，而作家的生命體驗就根植於實際的國家與社會情景，文學的體驗在「民國文學機制」中獲得了最好的解釋。

其次，對「文學機制」的論述有助於釐清文學研究的一系列基本概念，如「現代」、「現代化」、「民族」、「進化」、「革命」、「啓蒙」、「大眾」、「現實主義」、「浪漫主義」、「現代主義」等概念，都將獲得更符合中國歷史現實的說明。在過去，我們主要把它們當作西方的術語，力圖在更接近西方意義的層面上來加以運用，近年來，爲了弘揚傳統文化，又開始對此質疑，甚至提出了回歸古典文論、重建中國文論話語的新思路。問題在於，中國古典文論能否有效地表達現代文學的新體驗呢？前述種種批評話語固然有其外來的背景，但是，一旦這些批評話語進入中國，便逐步成了中國作家自我認同、自我表達的有機組成部分，在看似外來的語彙之中，其實深深地滲透了中國作家自己的體驗和思想。也就是說，它們其實已經融入了中國自己的話語體系，成爲中國作家自我生命表達的一種方式。當然，這樣的認同方式和表達方式又都是在中國現代社會文化的場域中發生的，都可以在特定國家歷史情態中獲得準確定位。經過這樣的考辨和定位，中國現代學術批評的系列語彙將重新煥發生機：既能與外部世界對話，又充分體現著「中國特色」，眞正成爲現代中國話語建設的合理成分。

再次，對作爲民國文學機制具體組成部分的各種結構性因素的剖析，可以爲近百年來中國文學的研究提供新的課題。這些因素包括經濟方式、法律形態、教育體制、宗教形態、日常生活習俗以及文學的生產、傳播過程等等。作爲文學的經濟方式，我們應注意到民國時期的民營格局之於中國近現代的出版傳播業的深刻影響，一方面，出版傳播業的民營性質雖然決定了文學的「市場利益驅動」，但另一方面，讀者市場的驅動本身又具有多元化的可能性，較之於一元化思想控制的國家壟斷，這顯然更能爲文學的自由發展提供較大的空間；作爲文學的法律保障，民國時期曾經存在著一個規模龐大的法律職業集團，這樣一個法律思想界別的存在加強著民國社會的「法治」意識，我們目睹了知識份子以法律爲武器，對抗專制獨裁、捍衛言論自由的大量案例，知識者的法律意識和人權觀念在很大程度上保證了爭取創作空間的主動性，這是我們理解民國文學主體精神的基礎；民國教育機構三方並舉（國立、私立與教會）的形式延遲了教育體制的大統一進程，有助於知識份子的思想自由，即便是國立的教育機構如北京大學，也能出現如蔡元培這樣具有較大自主權力並且主張「兼容並

包」、「學術自由」的教育管理者；也是在五四時期，知識份子形成了一個巨大
的生存群落，他們各自有著並不相同的思想傾向，有過程度不同的文化論爭，
但又在總體上形成了推動文化發展的有效力量。歐遊歸來、宣揚「西方文明破
產」的梁啓超常常被人們視作「思想保守」，但他卻對新文化運動抱有很大的熱
情和關注，甚至認爲它從總體上符合了自己心目中的「進化」理想；甲寅派一
直被簡單地目爲新文化運動的「反對派」，其實當年《甲寅》月刊的努力恰恰奠
定了《新青年》出現的重要基礎，後來章士釗任職北洋政府，《甲寅》以周刊形
式在京復刊，與新文化倡導者激烈論爭，但論戰並沒有妨礙對手雙方的基本交
誼和彼此容忍；學衡派也竭力從西方文化中尋找自己的理論支援，而且並不拒
絕「新文化」這一概念本身；與《新青年》「新文化派」展開東西方文化大論戰
的還有「東方文化派」的一方如杜亞泉等人，同樣具有現代文化的知識背景，
同樣是現代科學文化知識的傳播者——正是這樣的「認同」，爲這些生存群體可
以形成以「五四」命名的文化圈創造了條件。而一個存在某種文化同約性的大
型文化圈的出現，則是現代中國文化發展十分寶貴的「思想平臺」——它在根
本上保證了新的中國文化從思想基礎到制度建設的相對穩定和順暢，所有這些
相對有利的因素都在「五四」前後的知識份子生存中聚集起來，成爲傳達自由
思想、形成多元化輿論陣地的重要根基。我們可以這樣認爲五四新文化運動第
一次呈現了「民國文學機制」的雛形，而這樣的「機制」反過來又藉助五四新
文化運動的思想激蕩得以進一步完善成型，開始爲中國文學的自由創造奠定最
重要的基礎。

　　「民國文學機制」在中國現代文化後來的歷史中持續性地釋放了強大的正
面效應。我們可以看到，無論生存的物質條件有時變得怎樣的惡劣和糟糕，中
國文學都一再保持著相當穩定的創造力，甚至，在某種程度上，由國家與社會
各種因素組合而成的「機制」還構成了對國民黨專制獨裁的有效制約。中國在
20 年代後期興起了左翼文化，而且恰恰是在國民黨血腥的「清黨」之後，左翼
文化得到了空前的發展，並且以自己的努力、以影響廣大社會的頑強生命力抵
抗了專制獨裁勢力的壓制。抗戰時期，中國文學出現了不同政治意識形態的分
區，所謂的「國統區」與「解放區」。有意思的是，中國文學在總體上包容了如
此對立的文學思想樣式，而且一定程度上還可以形成這兩者的交流與對話，其
支撐點依然是我們所說的「民國文學機制」。民國文學的基礎是晚清－五四中國
知識份子的文化啓蒙理想，在文化結構整體的有機關係中，這樣的理想同時也

流布到了左翼文化圈與中國共產黨人的文化論述當中，雖然他們另有自己的政治主張與政治信仰。過去文學史敘述，往往突出了意識形態的不可調和性，也否認社會文化因素的有機的微妙關係，如「啓蒙」與「救亡」的對立面似乎理所當然地壓倒了它們的通約性。只有依託中國文學的具體歷史情景，在「民國文學機制」的歷史細節中重新梳理，我們才能發現，在抗戰時期的文壇上，至少在抗戰前期的文學表達中，「啓蒙」並沒有因為「救亡」而消沉，反而藉「救亡」而興起，這就是抗戰以後出現的「新啓蒙運動」。

引入「民國文學機制」的觀察，我們還可以進一步發現，中國文學在「民國時期」呈現了獨特的格局：國家執政當局從來沒有真正獲得文化的領導權，無論袁世凱、北洋政府還是蔣介石獨裁，其思想控制的企圖總是遭遇了社會各階層的有力阻擊，親政府當局的文化與文學思潮往往受到自由主義與左翼文化的多重反抗，尤其是左翼文化的頑強生存在很大程度上形成了民國文學爭取自由思想的強大推動力量，民國文學的主流不是國民黨文學而是左翼文學與自由主義文學。有趣的是，在民國專制政權的某些政策執行者那裡，他們試圖控制文學、壓縮創作自由空間的努力不僅始終遭到其他社會階層的有力反抗，而且就連這些政策執行者自己也是矛盾重重、膽膽突突的。例如，在國民黨掌控意識形態的宣傳部長張道藩所闡述的「文藝政策」裡，我們既能讀到保障社會「穩定」、加強思想控制的論述，也能讀到那些對於當前文藝發展的小心翼翼的探討、措辭謹慎的分析，甚至時有自我辯護的被動與無奈。而當這一「政策」的宣示遭到某些文藝界人士（如梁實秋）的質疑之後，張道藩竟然又再度「退卻」：「乾脆講，我們提出的文藝政策並沒有要政府施行文藝統治的意思，而是赤誠地向我國文藝界建議一點怎樣可以達到創造適合國情的作品的管見。使志同道合的文藝界同仁有一個共同努力的方向。」「文藝政策的原則由文藝界共同決定後之有計劃的進行。」〔註 15〕由「文藝界共同決定」當然就不便於執政黨的思想控制了，應該說，張道藩的退縮就是「民國文學機制」對獨裁專制的成功壓縮。

強調「民國文學機制」之於文學研究的意義，是不是更多侷限於強調文學史的外部因素，從而導致對於文學內部因素（語言、形式和審美等）的忽略呢？在我看來，之所以需要用「機制」替代一般的制度研究，就在於「機制」是一種綜合性的文學表現形態，它既包括了國家社會制度等「外部因素」，

〔註 15〕張道藩：《關於「文藝政策」的答辯》，《文化先鋒》1942 年第 1 卷第 8 期。

又指涉了特定制度之下人的內部精神狀態，包括語言狀態。例如，正是因為辛亥革命在國家制度層面為中國民眾「承諾」了現代民主共和的理想，「民主共和國觀念從此深入人心」，〔註16〕以後的中國作家才具有了反抗專制獨裁、自由創造的勇氣和決心，白話文最終成為現代文學的基本語言形式，也源自於中國作家由「制度革命」延伸而來的「文學革命」的信心。所以，「民國文學機制」的研究同樣包括對民國時期知識份子所具有的某種推動文學創造的個性、氣質與精神追求的考察，這就是我們今天所謂的「民國範兒」。我認為，「民國範兒」既是個人精神之「模式」，也指某種語言文字的「神韻」，這裡可以進一步開掘的文學「內部研究」相當豐富。

不理解「民國範兒」的特殊性，我們就無法正確理解許多歷史現象。如今天的「現代性批判」常常將矛頭直指「五四」，言及五四一代如何「斷裂」了傳統文化，如何「偏激」地推行「全盤西化」，其實，民國時期尚未經過來自國家政權的大規模的思想鬥爭，絕大多數的論爭都是在官方「缺席」狀態下的知識界內部的分歧，「偏激」最多不過是一種言辭表達的語氣，思想的討論並不可能真正形成整個文化的「斷裂」，就是在新文化倡導者的一方，其儒雅敦厚的傳統文人性格昭然若揭。在這裡，傳統士人「身任天下」的理想抱負與新文明的「啟蒙」理想不是斷裂而是實現了流暢的連接，從「啟蒙」到「革命」，一代文學青年和知識份子真誠地實踐著自己的社會理想，其理想主義的光輝與信仰的單純與執著顯然具有很大的輻射效應，即便在那些因斑斑劣跡載入史冊的官僚、軍閥那裡，也依然可以看到以「理想」自我標榜的情形，如地方軍閥推行的「鄉村建設運動」和「興學重教」，包括前述張道藩這樣的文化專制的執行人，也還洋溢著士大夫的矜持與修養。總之，歷史過渡時期的現代知識者其實較為穩定地融會了傳統士人的學養、操守與新時代的理想及行動能力，正是這樣的生存方式與精神特徵既造就了新的文明時代的進取心、創造力，又自然維持了某種道德的底線與水準。

一旦我們深入到歷史情景的「機制」層面，就不難發現，僅僅用抽象的「現代化」統攝近現代以來的中國文學史，的確掩蓋了歷史發展的諸多細節。從某種意義上看，「民國文學機制」的出現和後來的解體恰恰才在很大程度上分開了 20 世紀上下半葉的文學面貌，從根本上看，歷史的改變就在於曾有過的影響文化創造的「機制」的解體和消失；不僅是社會的「結構」性因素的

〔註16〕見《建國以來毛澤東文稿》第 4 冊，中央文獻出版社，1990 年，第 546 頁。

消失和「體制」的更迭，同時也是知識份子精神氣質的重大蛻變。

　　自然，我們也看到，還原歷史情景的文學史敘述同樣也將面對一系列複雜的情形，這要求我們的研究需包含多種方向的設計，如包括民國社會機制之於文學發展的負面意義：官紳政權的特殊結構讓「人治」始終居於社會控制的中心，「黨國」的意識形態陰影籠罩文壇，扭曲和壓制著中國文學的自然發展，作家權益遠沒有獲得真正的保障，「曲筆」、「壕塹戰」、「鑽網」的文化造就了中國文學的奇異景觀，革命／反革命持續性對抗強化了現代中國的二元對立思維，在一定程度上妨礙了現代文化思想的多維展開。除此之外，我們也應當承認，國家與社會框架下的文學史敘述需要對國家與社會歷史諸多細節進行深入解剖和挖掘，其中有大量的原始材料亟待發現，難度可想而知。同時，文學作為國家歷史的意義和作為個體創作的意義相互聯繫又有所區別，個體的精神氣質可以在特定的國家歷史形態中得到解釋，但所有來自環境的解釋並不能完全洞見個體創造的奧妙，因此，文學的解讀總是在超越個體又回到個體之間循環。當我們藉助超越個體的國家歷史情態敘述文學之時，也應對這一視角的有限性保持足夠的警惕。

　　以上的陳述之所以如此冗長，是因為我們關於文學歷史的扭曲性敘述本來就如此冗長！今天，呈現在讀者諸君面前的這一套文叢試圖重新返回民國歷史的特殊空間，重新探討從具體國家歷史情景出發討論文學的可能，當然，離開民國實在太久了，我們剛剛開始的討論可能還不盡圓熟，對一些問題的思考有時還會同過去的思想模式糾纏在一起，但是我想，任何新的研究範式的確立均非一朝一夕之功，每一種思想的嘗試都必然經過一定時間的躊躇，重要的是我們已經開始了！從「民國文化與文學研究文叢」第一輯出發，我們還會有連續不斷的第二輯、第三輯……時間將逐漸展開我們新的思想，揭示現代中國文學研究在未來的宏富景觀。

　　這一套規模宏大的學術文叢能夠順利出版，也得益於花木蘭文化出版社，得益於杜潔祥先生的文化情懷與學術遠見，我相信，對歷史滿懷深情的注視和審察是我們和杜潔祥先生的共同追求，讓我們的思想與「花木蘭文化」一起成長，讓我們的文字成為中華文明的百年見證。

二○一二年三月五日，農曆驚蟄

「文化古城」與「京派」詩歌（上）

張潔宇　著

作者簡介

張潔宇，1972 年生於北京。1991 年考入北京大學中文系，1999 年獲中國現代文學碩士學位，2002 年獲博士學位。2002 年至今任教於中國人民大學文學院，現任副教授，碩士生導師。主要論著有《荒原上的丁香——20 世紀 30 年代北平「前線詩人」詩歌研究》（2003）、《風雨情囚——郁達夫的女性世界》（2003）（合著）、《圖本郁達夫傳》（2011）等，並發表學術論文數十篇。

提　　要

　　在 20 世紀 30 年代的北平詩壇上，聚集了以卞之琳、何其芳、林庚等人為代表的一批「前線詩人」。他們接受西方現代主義詩潮的影響，融合中國傳統詩學的優長，在「傳統的」與「現代的」、「本土的」與「外來的」詩學傳統之間，努力實踐二者的對接，取得了巨大成功。本書重點考察「前線詩人」的詩歌理論觀念與藝術創作風格。通過對「《荒原》的譯介與『古城』系列意象的塑造」、「晚唐詩熱」、「『純詩』理論的追求與實踐」等文學現象的論析，發掘了這一詩人群體在繼承古典詩歌傳統與接受西方現代詩潮之間的融合和再創造的實績。

　　「前線詩人」的出現及其詩歌藝術特色的形成發展，與 20 世紀 30 年代北平獨特的歷史文化環境密切相關。本書將文學現象置於文化視野，通過探討外部文化環境對詩人群體的聚集及其文化心態的形成等方面的影響，引發了文學與地域文化之關係的思考。

序

孫玉石

　　張潔宇討論新詩的專著《荒原上的丁香——20 世紀 30 年代北平「前線詩人」詩歌研究》將要出版了。早些時候，她囑我為這書寫一篇序。我愉快地答應了。厚厚的清樣送來後，又粗略地讀了一遍，仍感覺這可能是一本有學術價值的書；而且，面對這些自己大多已經熟悉的文字，還是頗有一些感慨與思索想說的。

　　張潔宇是在那個極特殊時期考入北大中文系的。她度過了五年的大學本科生活。後來跟著我讀碩士研究生。與她一起一字一句地讀梁啓超的《中國近三百年學術史》，要求她交給我練習鋼筆書法的作業，幾乎是同時開始的「啓蒙」課程。她屬於思想銳敏又非常用功類型的學生。很快就進入了獨立進行研究的起點。她的碩士學位論文，已經紮實地進入 1930 年代北平詩壇與大學文化及《荒原》衝擊波關係的探索，因討論問題的深化與史料搜尋的豐實，見諸學術刊物後，即得到不少學界同行的認同和肯定。她現在出版的這部專著，就是沿續這一學術思路加以深化拓展，對於 1930 年代北平先鋒性詩歌群體校園內外的文化背景、詩學資源及創作成就所體現的富有現代性的探索精神，歸納在她自己構建的一個思路系統裡，作了比較深入的研討與論述。從這個學術跋涉過程來看，她奉獻給我們的這一新詩研究「高層建築」，可以說是經過五、六年裡比較漫長思考與尋求過程，進行「上下求索」的勞作成果。

　　由 1930 年代初期開始，到 1937 年 7 月之前達到鼎盛時期的以卞之琳等「漢園」三詩人為代表的北平青年詩人群體的崛起，在北平文化乃至整個中國現代詩歌發展史上，具有重要的歷史性的轉折意義和藝術內蘊。1936 年 2 月，著名京派文學批評家李健吾，在他的評論文章《魚目集——卞之琳先生作》中，已經深刻地洞察了這一文學史現象的歷史意義和深刻意蘊。他說：「我

們的生命已然躍進一個繁複的現代；我們需要一個繁複的情思同表現。眞正
的詩已然離開傳統的酬唱，用它新的形式，去感覺體味糅合它所需要的和人
生一致的眞淳；或者悲壯，成爲時代的謳歌；或者深邃，成爲靈魂的震顫。」
對於這些這少數詩人來說，如今它最先滿足的，「不是前期浪子式的情感的揮
霍。而是詩的本身，詩的靈魂的充實，或是詩的內在的眞實。」他將這個詩
人群體稱爲「少數的前線詩人」，並且指出了這個詩人群體藝術探索的先鋒
性，從眞正意義上拉開了新詩與舊詩的距離，爲新詩自身發展開闢了一個全
新的審美天地。從胡適的《嘗試集》，到卞之琳的《魚目集》，已經有一個「絕
然的距離」。「彼此的來源不盡同，彼此的見解不盡同，而彼此感覺的樣式更
不盡同。我敢說，舊詩人不瞭解新詩人，便是新詩人也不見其瞭解這少數的
前線詩人。我更敢說，新詩人瞭解舊詩人，或將甚於這批應運而生的青年。
孤寂注定是文學製作的命運。如今嘗試的傾向越來越輕，誤會的分量卻越來
越重。一切進步了，我們感覺的樣式愈加繁複了，我們心靈的活動愈加縝密
了。我們從四面八方草創的混亂，漸漸開出若干道路——是不是全都奔向桃
源？沒有人能夠解答，也正無須乎解答。但是我們可以宣示的，是詩愈加淳
厚了。它終於走近一個令舊詩瞠目而視的天地。」（《咀華集》第 134～135 頁，
文化生活出版社，1936 年 12 月）這個詩人群體的文化意蘊與藝術探索，爲新
詩提供的獨異的創作成績，豐富資源與藝術啓示，已經成爲具有詩歌史意義
的獨特的歷史風景。

張潔宇的這本專著，借運用李健吾先生當年提出而已爲人們所接受的「少
數的前線詩人」這一思想觀念，從新詩現代性追求的視角，集中探討了 1930
年代「文化古都」北平青年詩人群體卞之琳、何其芳、李廣田、廢名、林庚、
曹葆華等（這裡只有廢名生於 1901 年，此時已近中年了）先鋒性的理論倡導
和創作活動。這一課題在 1930 年代詩歌思潮趨向研究中，本身就具有創新性
和開拓意義。全書能夠圍繞北平這些「前線詩人」融合中西古今詩學傳統的
特質，選取了三個具有代表性的「現象」——（1）艾略特《荒原》的譯介與
在它影響下詩人經過吸收消化，對於「荒街」、「古城」等系列批判性意象的
塑造；（2）當時出現的這些現代詩人向傳統尋求的「晚唐詩熱」趨向的具體
表現與潛在動因；（3）具有中國自身獨特理解與複雜內涵的所謂的「純詩」
理論的倡導、追求與實踐；以及由此而產生的詩人以「寂寞的沉思者」爲特
徵的自我形象多樣呈現，作爲研究探索的多側面的切入口，對這個詩人群體

的詩學理論、創作個性和藝術風格進行探討，提出了自己一些頗富新意的創見。這些探討建立在充分的史實考察和堅實論證的基礎之上，顯示出作者注重中西會通的學術眼光。在研究方法上，作者匯入了諸多城市文化研究的因素，將「前線詩人」的創作與「古城」、「大學」等北平獨特「歷史氛圍與文化環境」等文化景觀勾連起來，探討北平「前線詩人」詩歌風格的形成發展與文化環境的關係，從而大大拓展了討論課題的論述空間，在詩學理論的研究視野上也有所突破。研究過程中，作者既吸收西方新的理論資源，又注重原始材料的搜集和發掘，顯示了既努力創新又堅持實證的紮實嚴謹的學風。

這也許是北大一些現代文學史碩士和博士研究生的一種宿命：拒絕轉抄而來的或其他第二手材料。自己書中許多歷史材料的來源，不是既成文學史文本和別人的學術論文，而是北京或外地圖書館裡現存的各種雜誌、報紙文藝副刊和原始材料。一個個青年沈潛者的心，成天鑽在圖書館的舊雜誌和舊報紙堆裡，翻閱和抄錄那些散發著歷史氣味的塵封多年的文字，進行著現代文學史研究裡沙裡淘金的「稽古」工程。他們多少個寶貴的歲月和時光，是在那些脆薄的紙聲與撲鼻的塵土味中寂寞地度過。有的研究生甚至為此嚴重損傷了自己的視力。張潔宇就是於從這方面頗用功力進行自己研究中的一位。她為這部書稿的寫作，在翻閱歷史文獻積藏的過程中，多有新的開掘和發現。這部書裡，不少的材料，都是為我自己所未曾翻讀而為她第一次引述使用的。

這部由博士論文修改增訂而成的書稿，論述的北平詩人群體對象及所討論的核心性議題，為新詩進一步發展中需要的反思與前瞻，提供了一個非常值得關注的話題空間。

自 1920 年代末到抗日戰爭爆發之前的十年時間裡，北平成為現代派詩的一個典型試驗空間。林庚先生甚至稱之為是新詩發展的「黃金時代」。這裡遠離市聲的喧嘩，澹泊物質的誘惑。文藝界內部的紛爭比起左翼力量集中的上海來相對薄弱一些。藝術探索的氣候則相對地寬鬆和自由。一些實驗性的思考與探索沒有過多來自外來權威性理論的壓力。與域外現代性詩歌最新信息的接觸比較敏感的大學文化教育非常發達。許多最新潮流的思想，可以在大學課堂裡聽到。許多最新潮流的作品和理論書籍，都可以在大學圖書館被如饑似渴地閱讀。清華大學外文系的學生趙蘿蕤翻譯了艾略特的長詩《荒原》，外文系主任葉公超為之做序闡釋，就是一個「具有標誌性和象徵意義的」例證。而且，此時新詩自身的發展，也已經面臨的不是與舊體詩的對峙而爭奪生存權。一代青年詩人肩

負的新詩藝術建設責任，獲得了更多更大的思考與實踐的空間。北平的青年詩人與古典詩歌藝術傳統始終保持著非常深厚的聯繫。這樣，與世界現代性詩歌發展的銜接，向民族詩歌傳統回歸性的尋求，這兩個於新詩發展十分重大的問題，就自然能夠在一個更高的層面上，被青年詩人們迫切地提出來了，並成為這一批詩人思考追求與藝術實踐的自覺意識。

我多年裡提出並關注於30年代新詩中出現的「《荒原》衝擊波」與「晚唐詩熱」這兩個問題，目的就在於通過回顧歷史的足跡來回答新詩行進中的理論困惑和饑渴。張潔宇的工作，將這兩個問題的思考與論述，無論從史料的開掘，還是論述的視角與深度，都向更為系統和深入方面，大大推進了一步。20世紀40年代就有的詩人這樣說：「《荒原》是現代詩的最典型的代表」，它體現了作者的性格：「最自然親切的詩人與最博學的古典學者的合一」。（唐湜：《搏求者穆旦》）廢名更在他30年代《談新詩》的課堂教學以及後來出版的專著裡，詳盡闡釋了新詩人中出現「晚唐詩熱」與新詩現代性探索向傳統藝術尋求之間的深層聯繫。先驅者們的思考後來被我們自己蠻橫地割斷了。延續歷史思考的理論與創作的遺產，繼續進行這兩個方面理論的與實踐的系統的探求，多樣的創造，在一個新的相對寬鬆的藝術氛圍下，是新詩能夠有望獲得突破性的提升與發展中，一個非常值得我們關注的問題。誠如本書「導言」所說的：「前線詩人」是以「現代」的批判意識和審美眼光，對「傳統」進行重新發掘和再創造，同時又以「本土的」立場取捨和融會「外來的」營養。這種超越性的立場與自覺「融合」的努力，為中國現代詩歌史提供了一個內涵豐富而又極有研究價值的文學現象。這是本書選題確定的一個豐厚的基礎。

張潔宇的這本書，當然不能說已經回答或解決了這些問題。還有許多理論話題需要在更開闊的視野中進行更為深入的討論，還有許多歷史的實績需要認真的發掘與系統的總結，還有許多學術思路需要向詩歌內部和詩歌以外的方面拓寬。新詩與傳統詩歌的關係，還需要超越「晚唐詩熱」的思考局限，進入更寬闊的領域，進入包括其他傳統詩歌和詩的語言層面在內的廣泛探討。但是這本書中所提出和所論述的話題，在這方面，儻若可能提供給人們的有一定學術價值與現實意義的思考，或者會激起更多學界同行關注、討論與紛爭的興味，就是一種超越這部論著出版本身價值的奢望了。

2003年7月23日於北大藍旗營

目次

導　言

一

　　1930 年代的北平〔註 1〕，顯現出它獨有的城市特點，即其特殊的歷史氛圍和文化環境。

　　自 1928 年國民政府定都南京後，政治重心南移，北平成爲一座「文化都城」〔註2〕。它擁有現代的高等教育、豐富的學術思想資源以及寬鬆自由的學術和藝術環境。這些條件促進了人才的聚集和思想知識的傳承，也帶來了與國際文化交流的契機，爲學術和藝術的發展提供了廣闊自由的空間，從而也爲各種思潮的發生發展提供了可能。

　　特別是，1930 年代的北平處於「傳統」與「現代」之間：一方面，它具有八百年帝都的歷史，其深厚的歷史文化內涵是其他新興城市或沿海城市所不可能具備的，這種內涵決定了北平的城市文化與傳統文化之間的深刻聯繫；另一方面，北平又是「五四」新文化的發祥地，現代的思想意識已成爲一種新的文化傳統，與「舊」傳統之間形成了既衝突又相連的複雜關係。而1930 年代的北平就正處在這兩種文化、兩個傳統之間，最充分地體現了「傳

〔註 1〕 本書討論所限的大體的時間範圍是，自 1928 年「北京」更名爲「北平」時起，至 1937 年 7 月後，北平文人和學術機構大批南遷時止。

〔註 2〕 現代主義理論家認爲，現代主義藝術起源於「文化都城」。馬爾科姆・布雷德伯里在《現代主義城市》一文中說：「社會學家告訴我們，文化都城是具有某種功能的城市，它們是文化交流的中心，在這裏，人們維護特定領域裏的傳統，收集資訊，而且專家雲集，創新也最有可能。」（《現代主義》第 77 頁，上海外語教育出版社，1992 年。）

統」與「現代」,「舊」與「新」之間的交戰與交融。

獨特的文化時空可以影響某種文學觀念和藝術風格的形成。中國現代文學史上所謂的「京派」文學,就是受到 1930 年代北平的文化環境的影響而形成的。本書討論的「京派」詩歌——我更願意稱之爲「前線詩人」——就是既承繼了現代主義詩歌藝術的共性,又體現出特有的地域文化性格的一個群體。也正因此,這個群體及其創作才能夠成爲中國現代主義詩潮中的一個特殊亮點。

與「京派」的概念相比,「前線詩人」這一稱謂對很多人來說是陌生的。但在我看來,與「京派」的模棱不清相比,這個概念更爲準確明晰。同時,它在體現這一文學群體與其所處的城市文化之間的密切關係的同時,更突出了他們在文學發展過程當中的歷史地位、藝術高度和美學風格。

「前線詩人」的說法是李健吾 1936 年在評論卞之琳的《魚目集》〔註3〕時提出的。他不僅對「前線詩人」的詩歌評價很高,而且認爲他們已在很大程度上超越了其前「新詩人」的藝術成就,以至於不能再用「新詩人」來稱呼他們。他說:

> 從《嘗試集》到現在,例如《魚目集》,不過短短的年月,然而竟有
> 一個絕然的距離。彼此的來源不盡同,彼此的見解不盡同,而彼此
> 感覺的樣式更不盡同。我敢說,舊詩人不瞭解新詩人,便是新詩人
> 也不見其瞭解這少數的前線詩人。我更敢說,新詩人瞭解舊詩人,
> 或將甚於瞭解這批應運而生的青年。

在李健吾看來,以卞之琳、何其芳等人爲代表的「前線詩人」的出現,標誌著中國新詩「一個轉變的肇始」,「一切進步了,我們感覺的樣式愈加繁複了,我們心靈的活動愈加縝密了。我們從四面八方草創的混亂,漸漸開出若干道路」,新詩從此「終於走近一個令舊詩瞠目而視的天地」。

當然,李健吾的觀點並不一定全面,其結論也不能完全作爲文學史的定論,但他的確及時準確地指出了卞之琳等這批青年詩人的特色和成就。在他看來,這批詩人的詩歌藝術成就呈現了整體的超越性,他們對初期白話詩的超越突破了局部的、枝節的創新,達到了深層的、整體上的改變。他們在「來源」(藝術淵源)、「見解」(詩歌觀念)、「感覺的樣式」和「表達的形式」等

〔註3〕李健吾:《〈魚目集〉——卞之琳先生作》,《咀華集》,文化生活出版社 1936年。

領域全面開創了新的天地，在一定程度上已與西方現代主義詩潮呼應與銜接。這些看法，應該說都是頗有見地頗爲深刻的。

李健吾之後，很少有人沿用「前線詩人」的稱謂來概括和描述這一詩人群體，但在我看來，這其實是一個能夠較好展現這批詩人的創作特色和風采的恰當稱謂。一方面，它體現了這批詩人在詩歌觀念和藝術創造方面所表現出來的更「新」的「先鋒」姿態〔註4〕。另一方面，它也合乎當時的實際情況，即只指出他們作爲一個群體共同的審美觀念和創作傾向，而不是把他們看成是一個社團流派。因爲事實上這些詩人並沒有形成組織，祇是具有共同藝術傾向，在理論和創作中表現出了一種集體性的探索和努力。因此也可以說，「前線詩人」實際上是以卞之琳、何其芳、李廣田、林庚、曹葆華、廢名等人爲代表的一批生活和創作在 1930 年代北平的「現代派」詩人。〔註5〕嚴格地說，「前線詩人」的稱謂有相當的模糊性，即在範圍上和特點上表現出一定的不確定性，但這種模糊性或不確定性卻正反映了這一群體的複雜性和流動性。因爲一來北平「現代派」詩壇上無疑會有人員的來來往往，這個群體是開放的，並沒有嚴格的人員範圍的界限；二來這些主要活躍於北平詩壇的「現代派」詩人在藝術觀念和詩歌風格上也是發展的、動態的，「前線詩人」所共有的一些藝術特徵，可能祇是他們各人詩歌道路上的一個發展階段。因此，借用「前線詩人」這一稱謂，來覆蓋 1930 年代北平具有現代主義藝術傾向的詩人，以供本書這種限定了時空範圍的詩人群體研究，應是比較合適的。

李健吾在這批詩人尚未得到普遍關注和認可的時候，就以「前線詩人」的稱謂肯定他們的全面創新意義，這個評價本身就頗具「先鋒性」。他及時地跟蹤了「前線詩人」詩歌探索的蹤跡，提煉和深化了他們的理論思考，並在其動態的發展過程中即從文學史意義的高度發現和總結了這一詩人群體的本質特徵和藝術價值，預言了他們對文學發展特別是對新詩發展的意義。即便以今天的眼光看，他的很多判斷仍十分獨到和正確。事實上，「前線詩人」的藝術成就的確獨特而又重要，因而也具有很大的研究價值。但在以往的研究中，這個詩人群體一直被置於「現代派」的整體考察當中，雖然其重要性得到了

〔註4〕這裏所說的「先鋒」性，並不含有價值判斷，只爲說明其在詩歌發展史上的階段性的創新意義。

〔註5〕當然本書在討論中也必然涉及這批詩人周圍的、與他們有著相同詩歌藝術觀念和主張的理論家和批評家。

肯定，但其獨特的個性卻被相對淹沒和忽視了。換句話說，以前的研究沒有把這些「前線詩人」的藝術特色和成就與來自1930年代北平文化的特殊影響相互聯繫起來，因而忽略了這些「前線詩人」理論和創作中那些具有特定時期和地域文化色彩的因素。

「前線詩人」的詩歌觀念與藝術追求的最大特色，就是對「現代的」與「傳統的」，「外來的」與「本土的」詩學傳統的融合〔註6〕。而這種「融合」的特色恰是本書的著眼點和論述的基礎。就是說，這一藝術特色的獨特性和重要性是本書選題的目的與價值取向；考察和分析這一特色的形成與表現，是本書要解決的主要問題；而將這一特色作為主線來貫穿整個考察的過程，則又是本書的主要思路。

從「現代的」方面說：毫無疑問，「前線詩人」詩歌隸屬於中國現代主義詩潮。他們創作的是「純然的現代詩」，「是現代人在現代生活中所感受的現代情緒，用現代的詞藻排列成的現代的詩形」〔註7〕。也就是說，他們在詩歌創作主體、詩歌內容、表現手法和感覺方式等多方位多層面都體現了全新的「現代性」特徵。他們具有「朝著深奧微妙和獨特風格發展的傾向，朝著內向性、技巧表現、內心自我懷疑發展的傾向」〔註8〕，與現代主義藝術的傾向大體是一致的。特別是，他們還自覺地引進、吸收和借鑒了西方現代主義詩學的理論與創作實踐，有意識地將其思想精神、詩歌觀念與藝術方法全面地融會在自己的理論和創作中。特別是，他們對T.S.艾略特及其《荒原》的譯介和借鑒，以及對法國後期象徵派的「純詩」理論的引進和吸收，在中國現代主義詩壇上尤顯意義重大且影響深遠。

從「傳統的」方面看：「前線詩人」對中國傳統詩學詩藝的繼承與發掘方面也有同樣的自覺和努力。這主要是指他們對「晚唐詩風」的重釋和發揚，充分肯定並熱衷於開掘含蓄幽深的審美傳統，在新詩發展史上具有開創性的意義。由於中國新詩在1930年代以前一直側重於對外國詩潮的借鑒，與傳統

〔註6〕當然，這種「融合」並非「前線詩人」所獨有的特徵，戴望舒等在這方面就作過極大的努力。但在我看來，從新詩誕生直到1930年代，作為一個自覺意識進行同氣相求的追求，將這種「融合」處理得更為完美的，就是北平「前線詩人」群體。特別是對「傳統的」、「本土的」文學營養的吸收和再創造，更是這個詩人群體的突出貢獻。

〔註7〕施蟄存：《又關於本刊中的詩》，《現代》第4卷第1期，1933年11月。

〔註8〕馬爾科姆·布雷德伯里、詹姆斯·麥克法蘭：《現代主義的名稱和性質》，《現代主義》第10頁。

詩學之間有一定程度的斷裂和疏離，所以北平「前線詩人」的這種自覺意識和創新努力就顯得更爲獨特和珍貴。更何況，現代主義藝術本身具有「反傳統」意識，而「前線詩人」的這種努力則說明了他們並未簡單模倣西方現代主義詩潮，而是進行了極爲可貴的取捨和創新。「前線詩人」是以「現代」的批判意識和審美眼光，對「傳統」進行重新發掘和再創造，同時又以「本土的」立場取捨和融會「外來的」營養。這種超越性的立場與自覺「融合」的努力，爲中國現代詩歌史提供了一個內涵豐富而又極有研究價值的文學現象。這是本書選題確定的一個豐厚的基礎。

二

1930 年代少數「前線詩人」這種藝術特色的形成和發展，是與他們所處的北平特殊的歷史文化背景相關的。不僅是 1930 年代北平的文化生態環境爲具有現代主義藝術特質的「前線詩人」詩歌提供了生長的土壤，而且，北平特有的新舊相容的文化特質也深刻地影響了「前線詩人」對現代與傳統的態度和認知。此外，北平特有的地域文化色彩也充分體現在詩人們的作品中，表現出許多與眾不同的精神內涵和藝術風貌。因此，將文化現象與文學現象相結合相映照地進行分析討論，也是本書的一個重要思路。

馬爾科姆・布雷德伯里說：「當我們想到現代主義時，我們就不能不想到城市環境」，因爲現代主義藝術就是「城市的藝術」，它具有「城市化、高層知識圈子化、國際化和探索性」的特點。從它的發源地（巴黎、倫敦等城市）的文化特徵可以看出，「這些城市十分活躍，享有思想文化交流中心的盛名」，而且「出現了新思想、新藝術的熱烈氛圍」。它們是「新藝術產生的環境，知識界活動的中心，的確也是思想激烈衝突的主要地點」，是「傳統的文化藝術中心，以及藝術、學術和思想的活動場所」，這樣一種「新的環境，帶有現代城市複雜而緊張的生活氣息」。這些都是「現代意識和現代創作的深刻基礎」。〔註9〕

很顯然，對於這些基礎和條件，1930 年代的北平，既有相符的地方，也有不符的方面。1930 年代的北平是典型的「思想文化交流中心」和「思想激烈衝突的主要地點」，但它卻缺乏「現代城市複雜而緊張的生活氣氛」。事實

〔註9〕馬爾科姆・布雷德伯里：《現代主義的城市》，《現代主義》第 76～77 頁。

上，1930 年代的北平遠非倫敦、巴黎那樣繁榮的現代都市，雖然它也已開始了現代化進程，但無論是從城市規模〔註 10〕上說，還是從工商業發達程度上看，它都只能算是一個「前工業城市」。這種獨特的過渡性和相容性，使得北平既催生了「前線詩人」們帶有現代主義性質的藝術探索，同時也賦予其一種特殊的傳統內蘊和民族色彩。

因此，與同屬「現代派」的上海詩人相比，北平「前線詩人」在思想藝術的共性之外，還具有明顯的個性。這些個性體現在其理論關注點、對待傳統詩學的態度，以及詩歌主題、意象選擇、意境營造和詩人心態等各個方面。譬如在北平「前線詩人」作品中，很難看到上海詩人筆下的工礦、舞場、百貨店，而觸目皆是荒街、殘垣、古長城、石獅子、閉鎖的宮門和夢中的沙漠……這樣一些意象和意境。不同的文化環境和歷史背景決定了平滬兩地詩人內心不同的現代情緒和心靈體驗。因此，上海詩人更側重於抒寫現代大都會的浮華喧囂、現代人的生存困境、被物質文明擠壓得扭曲的精神世界，以及工業文明帶來的與傳統和歷史的斷裂等內容。而北平「前線詩人」則更多地表達出在漫天風沙、寒冷寂寞的環境中對現實社會和個體生命的反省，對滯緩的生活節奏和周圍人的麻木神情的清醒批判，對從輝煌到衰敗歷史文化的矛盾性體認，以及對溫暖明亮的抽象的「江南」理想環境的向往或懷念。尤其是，北平「前線詩人」在古城中更密切地親近著中華古國的歷史，因而他們對傳統產生了一種在留戀中有批判、在批判中有留戀的更加複雜的情感；而正是這種獨有的感受與體驗又使得其詩歌作品呈現出一種沉潛的內涵和特有的韻味。

北平「前線詩人」將現代主義的先鋒性探索與傳統詩學的意境趣味成功地結合在一起，展現了一種不可重複的藝術個性和風格。他們的詩歌將藝術上的先鋒探索與內容上的人生關注相結合，將對個體生命的思索與對民族社會的關注相結合，將心靈的內部世界與社會的外部現實相結合，真正擺脫了對西方詩潮的單一模倣，奠定了東方現代詩、中國現代詩的堅實基礎。他們創造的豐富文本為現代詩潮與地域文化相結合的研究提供了生動的例證。

在西方現代主義文學理論家看來，「文學和城市之間始終有著密切聯繫。

〔註 10〕從城市規模看，早在 1911 年，倫敦就已擁有 600 萬人口，紐約也有 470 萬人，東京 230 萬人，芝加哥 210 萬人……，而直到 1930 年，北平也才只有 130 萬人口。（轉引自《走向近代化的北京城──城市建設與社會變革》，史明正，北京大學出版社，1995 年）。而 1930 年，上海人口已達 314.5 萬，天津人口 140 萬。

城市裏有文學所必需的條件……，也有激烈的文化衝突以及新的經驗領域。」
〔註11〕這就是說，城市文化為文學產生提供了必要的物質的和思想的條件。
而與此同時，「城市」又通過作家的眼睛和筆端進入文學，被塑造為一種文學
形象或被賦予某些品質性格，因此無怪乎他們會這樣充滿機智地說：「在文學
中，城市與其說是一個地點，不如說是一種隱喻。」〔註12〕而這一點，我們
可以在 1930 年代北平「前線詩人」那裡得到充分的印證。

三

　　正因為 1930 年代的北平文化與「前線詩人」創作都具有「相容」、「融合」
的特徵，從表面上看，有些地方似乎還表現出矛盾和衝突，所以本書若簡單
地運用一種理論標準考察分析，就必然導致簡單化的結論，這顯然是不合適
的。因此本書採用的具體操作方法是：以辯證的觀點從實際出發來具體解剖、
分析、解釋看來似乎矛盾衝突的現象和問題，而不是用某種理論生硬地套用
和度量複雜的問題和「現象」。

　　在眾多值得探討的問題當中，本書選取了三個「現象」作為切入口，目
的即在於通過對這三個現象的剖析，考察「前線詩人」在理論觀念和藝術風
格上所體現出的融合中西古今詩學傳統的特質。這三個現象分別為：

　　（一）《荒原》的譯介與在此基礎上對「古城」系列意象的塑造。

　　（二）「晚唐詩熱」的表現與潛在動因。

　　（三）「純詩」理論的追求與實踐。

　　總體上說，這三個方面的現象雖然各有側重，但都集中體現了「前線詩
人」融合中西古今詩學傳統的努力，同時也都在藝術上取得了不同程度的成
功，並在「現代派」整體的藝術追求中，體現了這一詩人群體的獨特個性。

　　其實，這三個方面的現象之間有著相當複雜的內在聯繫，追尋這條聯繫
的線索並進行闡釋，也就為本書的探討走向深化提供了一種新的可能。

　　為實現這一預設，本書首先梳理「前線詩人」對西方現代主義詩潮的引
進過程，尤其是對 T.S.艾略特及其《荒原》的吸收和借鑒。這是將考察重點放
在「向外」吸收的方面。當然，「前線詩人」結合古城北平的現實環境與各自
的生命體驗，創造的「古城」意象同樣意義重大，它既呼應了西方現代主義

〔註11〕馬爾科姆‧布雷德伯里：《現代主義的城市》，《現代主義》第 77 頁。
〔註12〕馬爾科姆‧布雷德伯里：《現代主義的城市》，《現代主義》第 77 頁。

的「荒原」意識，又獨具中國民族色彩和歷史意識，成功體現了詩人們對「現代性」與「民族性」的融合統一，成為中國新詩借鑒西方詩潮並進行民族性創造的一個成功嘗試。

考察「晚唐詩熱」這一文學現象，意在從中透視「前線詩人」的美學主張、創作心態和藝術風格，這顯然是側重於詩人們對傳統詩學的發掘和重釋方面，考察他們「向內」的繼承。需要強調的是，他們不是從「泥古」「崇古」的角度去接近晚唐詩風，而是以「現代」的眼光對傳統詩學進行取捨和再創造的，對晚唐詩風的接近實際上就體現了他們對於深層的含蓄詩美、隱藏度大的意象使用等方面的認同和偏重。

至於對「純詩」追求和實踐的考察分析，則更能體現「內」「外」結合。一方面，「純詩」是一個直接借自西方詩學的理論範疇，而與此同時，「前線詩人」又在中國古典詩歌中找到了接近「純詩」的淵源，故將之作為中西詩學「融合」進程中追求的更高境界和審美理想。因此在我看來，「純詩」追求就是結合西方現代詩學與中國古典詩歌藝術的一個「結點」。而對本書結構而言，這個有「貫通」意義的文學現象也就恰好為上述的「向外」吸收和「向內」繼承兩方面作一個合乎邏輯的收束。

梳理中國新詩對西方詩學精神或藝術方法的吸收過程，或許是相對容易的。更難但卻更重要的是，應該通過這樣的梳理，考察這種詩學精神或藝術方法是如何被取捨、被消化、被發展，如何與中國傳統詩學和新詩創作實踐相結合，轉而以新的姿態出現並影響中國新詩的發展進程。因為這樣的考察才能更真切全面地反映複雜的歷史原貌，同時也更具有指導當前文學發展的現實意義。而這，也正是本書所努力追求並期望達到的。

第一章　寧靜的繁榮——「前線詩人」
與 1930 年代北平文化環境

　　一種生物的生長與一定的生態環境密切相關。文學藝術也離不開特定時代和地域環境的影響。1930 年代北平「前線詩人」的詩歌觀念和藝術風格的產生與形成，就與當時北平特有的文化環境密不可分。北平獨特的歷史氛圍和文化環境不但關係著詩人們的生活方式和思想感情，也影響了他們的創作風格和藝術個性。對此，何其芳就曾直言：「衰落的北方舊都成為我的第二鄉土」，「假若這數載光陰過度在別的地方我不知我會結出何種果實。」〔註1〕

　　1930 年代的北平，「政治、經濟、外交等中心均已移到江南」，「只剩下明、清兩代五百多年的宮殿、陵墓和一大群教員、教授、文化人，以及一大群代表封建傳統文化的老先生們，另外就是許多所大、中、小學，以及公園、圖書館、名勝古迹、琉璃廠的書肆、古玩鋪等等」。〔註2〕呈現在人們面前的是一座「文化古城」，它顯示出其他城市無法比擬的文化氣息和歷史內涵。

　　然而，這座城市又不是一個「古」字所能完全概括的。經過「五四」新文化運動，北平已經融「傳統的」與「現代的」、「外來的」與「本土的」於一體，形成了一種非常獨特的文化環境。即如有人說：「北平有海一般的偉大，似乎沒有空間與時間的劃分。他能古今並容，新舊兼收，極衝突，極矛盾的現象，在他是受之泰然，半點不調和也沒有。」〔註3〕正因此，「前線詩人」不但在這裡能夠吸吮到民族文化的乳汁，也獲得了對現代主義藝術追求的自

〔註 1〕　何其芳：《論夢中道路》，《大公報》第 182 期，1936 年 7 月 19 日。
〔註 2〕　鄧雲鄉：《文化古城舊事》第 1 頁，中華書局，1995 年。
〔註 3〕　老向：《難認識的北平》，《宇宙風》第 19 期，1936 年 6 月 16 日。

由空間。這使得他們的詩學觀念和藝術趣味既能保有現代主義藝術「共性」的先鋒姿態，又能表現出與傳統相映照的藝術「個性」。

「文化古城」的北平，還因其是中國現代大學的誕生地，並一直擁有爲數眾多的高等學府，而成爲國內著名的「大學城」。

1930 年代，北平擁有 30 多所高等學校，其中綜合性大學占三分之一以上〔註4〕，甚至當時的北平市面就是「靠一些大學中心維持繁榮」的。在「沒有工業和其他支柱產業的北平，文化教育遂成爲最重要的事業，成爲城市的命脈。」〔註5〕由此形成的校園文化，對「前線詩人」產生的影響當然也是巨大的。正是在校園中，「前線詩人」獲得廣泛的知識資訊，閱讀大量中外新舊書籍，並以集會、辦刊物等形式進行廣泛的交流，在開放的校園文化環境中自由地選擇自己鍾愛的文學傳統與藝術潮流。這一切，不但影響他們的文學觀念與藝術風格，還促使他們自覺不自覺地形成了一種「學院派」風骨和氣質。因此，討論 1930 年代北平的「前線詩人」，就不能不對以上方面作一些概略的審視和分析。

第一節　北平歷史氛圍與社會環境

一

作爲有三千年歷史的古城和有八百年歷史的古都，北平（京）濃鬱的歷史氛圍是其他一些城市不可比擬的。這裡「隨處的一磚一石，一草一木，都可能蘊藏著豐富的歷史，耐人尋味。」〔註6〕歷史的蘊蓄造就了文化的積澱，形成了北京得天獨厚的文化環境。因此有人說：「富有歷史涵養的地方，草木都是古香古色。不必名師，單這地方色彩的薰陶，就是極優越的教育了。」〔註7〕

歷史的偉美是最具感染力的，深刻的時空感也最易引起詩人的人生感悟和哲學思考。尤其在近代以後的中國，出現了「現代」這一新的觀念與參照

〔註4〕參閱《北京高等教育史料》（第一集——近現代部分），北京師範學院出版社，1992 年。

〔註5〕楊東平：《城市季風——北京和上海的文化精神》第 139 頁，東方出版社，1994 年。

〔註6〕老向：《難認識的北平》，《宇宙風》第 19 期，1936 年 6 月 16 日。

〔註7〕吳伯簫：《話故都》，《華北日報·每周文藝》第 13 期，1934 年 3 月 6 日。

糸，它爲人們的思想情感提供了與前代不同的視角和高度，詩人們單純的懷古詠今的情調漸漸地過渡到了現代人對傳統的自覺反思。因此，對於生活在 1930 年代北平的詩人們來說，獨特的歷史文化氛圍不僅給予了他們獨特的美的享受，更影響了他們的趣味情感和思想意識，爲他們的藝術靈感和哲學思考提供了重要的源泉。

對於「前線詩人」來說，首先震撼他們心靈的是古城北平的「歷史之美」。

美的感受往往能最直接地打動人的心靈。孫福熙在回憶自己初到北京的感受時說：

> 出東車站門，仰見正陽門昂立在燈火萬盞的廣場中，深藍而滿綴星
> 光的天，高遠的襯托在他的後面，慣住小城的我對之怎能不深深的
> 感動呢！〔註8〕

孫福熙的感受應該是具有代表性的。對於初來乍到的年輕知識份子而言，宏偉古城所特有的歷史氣息猝不及防地撲面而來，怎能不深深地震撼他們的靈魂，給他們造成最強烈的視覺和心理的衝擊？難怪孫福熙又說：「在北京大學中我望見學問的門牆，而擴大我的道德者是這莊嚴寬大的北京城。」

最初的震撼之後，「歷史之美」開始慢慢地浸潤詩人們的情感，影響他們的情趣。那種感覺，就彷彿「四周是環繞著一種芬芳和帶歷史性的神秘的魔力」〔註9〕一樣，令人不由得沉醉於其中。所以，在眾多的讚美北京的文章中，有像林語堂那樣一一歷數北京之美的：

> 這裡有一個金色和紫色的王家屋頂，有宮殿，亭閣、湖池，公園，
> 和王孫私人花園。這裡有一串西山的紫邊，和玉泉的藍帶，中央公
> 園，天壇和先農壇俯視著人類所種植著數百年的古松。在這城裏，
> 有九個公園，三個王家湖泊，是以三海出名的，現在都在公開展覽
> 了。而且北平還有這樣蔚藍色的天和這樣美麗的月色，這樣多雨的
> 夏天，這樣爽快的秋天，和這樣乾燥清朗的冬日！〔註10〕

也有像老舍那樣，將北京之美與自己血肉相連，愛得說不出理由的：

> 我所愛的北平不是枝枝節節的一些什麼，而是整個兒與我的心靈相

〔註8〕孫福熙：《北京乎》，《北京乎》（上）第 156 頁，姜德明編，三聯書店，1992年。

〔註9〕林語堂：《迷人的北平》，《北京乎》（下）第 507 頁。

〔註10〕林語堂：《迷人的北平》，《北京乎》（下）第 507 頁。

　　　　　粘合的一段歷史，一大塊地方，多少風景名勝，從雨後什剎海的蜻

　　　　蜓一直到我夢裏的玉泉山的塔影，都積湊到一塊兒，每一小的事件

　　　　中有個我，我的每一思念中有個北平，這只有説不出而已。〔註11〕

不僅是「歷史之美」深深地吸引了生活在北平的詩人，令他們在情感上對古
典美和傳統文化產生了無限的親近和依戀。更重要的是，深刻的歷史情懷還
激發了他們的「歷史之思」，這種理性的思考更加豐富了他們的思想精神世界。

　　一方面，北平的歷史內蘊代表和象徵著中國的民族性與傳統文化精
髓，詩人們讚美北平的歷史就是在表達一種對民族精神和傳統文化的肯定。吳伯
簫就說自己對北平「不祇是愛慕，簡直是景仰」〔註12〕。而林庚南遊歸來後
也承認「對北平的優點益發的起了敬意」，因為「在南方你看不見歷史，……
而在這裡你仍然看見沖積期的斷痕」，因此，「你將感到這過去的人們的偉大，
而迷惘於這座宏麗的城了，這城中無疑的乃更帶著一切歷史上的光榮，代表
著全盤的文化，站立在風沙之中。……卻又更覺得那麼諧和，那麼同樣的訴
說一部全文化的過去。」在詩人的眼中，北平是一座「不盡的城」，而「那望
不盡處是人類的文化與藝術的涵養」。〔註13〕因此，很多人認為，只有北平才
「配象徵這堂堂大氣的文明古國」〔註14〕，而「住在上海、廣州一帶的人，
老實說：已失掉了幾分國民性。行為上都帶幾分洋氣，語言上也夾幾個洋字。
說到古風古俗，大抵都要鄙視。這種人是不能瞭解古都北平的，也不能算是
代表的中國人。」〔註15〕

　　的確，與那些「代表了現代化的，代表進步，和工業主義，民族主義的
象徵」的城市相比，北平「代表舊中國的靈魂，文化和平靜；代表和順安適
的生活，代表了生活的協調，使文化發展到最美麗，最和諧的頂點，同時含
蓄著城市生活及鄉村生活的協調。」〔註16〕這種看法在當時是頗具代表性的。
尤其是在「九・一八」和「七七事變」之後，隨著民族危機的加深，這種情
緒和觀點甚至更具有普遍性。

　　當然，中國的古城古都並不止北京一處，但北京為何會成為傳統文化最

〔註11〕老舍：《想北平》，《宇宙風》第 19 期，1936 年 6 月 16 日。

〔註12〕吳伯簫：《話故都》，《華北日報・每周文藝》第 13 期，1934 年 3 月 6 日。

〔註13〕林庚：《北平樓兒》，《世界日報・明珠》第 67 期，1936 年 12 月 7 日。

〔註14〕吳伯簫：《話故都》，《華北日報・每周文藝》第 13 期，1934 年 3 月 6 日。

〔註15〕錢歌川：《飛霞裝》，《北京乎》（下）第 559～560 頁。

〔註16〕林語堂：《迷人的北平》，《北京乎》（下）第 507 頁。

突出的代表呢？在我看來，這主要是因爲北京在近現代思想文化發展中的重要地位和作用造成的，或者說，北京因處「傳統」與「現代」交戰和交彙的前沿，而擺脫了作爲單純的名勝古迹的地位，成爲了一種文化的代表和象徵。

此外，北京特有的文化的「涵容性」也決定了北京獨特的文化地位。這種涵容性使北京不僅是「宏偉的」，更是「大度的」，「它容納古時和近代，但不曾改變它自己的面目。」〔註 17〕「一牆之隔，可以分別城鄉，表示今古，而配合起來卻又十分自然。」〔註 18〕因此，正如吳伯簫所說：「雖然我們有長安，有洛陽，有那素以金粉著名的南朝金陵，但那些不失之於僻陋，就失之於囂薄；不像破落戶，就像紈絝子；沒有一個像你似的：既樸素又華貴，既博雅又大方，包羅萬象，而萬象融而爲一；細大不捐，而鉅細悉得其當：眞是，這老先生才和藹得可親，莊嚴得可敬呢。」〔註 19〕

除了因歷史氛圍激發了對民族精神和傳統文化的思考這一方面，北平詩人作家的「歷史之思」還有其更爲深邃的一部分內容，那就是他們對於時間的感悟和思考。

本來，人們在面對歷史遺迹時最易產生對時間的感慨，更何況在北平，不僅可以看到人工建築藝術中蘊藏著的歷史年輪，也可以看到大自然中無處不在的歷史遺迹。「北平一帶的光山，除了石頭便是土，與當初成功水成岩時留下的一道一道的太古的痕迹，一望無盡的太陽投在山腰上別個山頭的陰影，乃有一些荒涼邁闊的線條」〔註 20〕。這些「衝擊期的斷痕」或是「水成岩」，都是出自時間巨手的傑作，而這種在北平近郊就可以欣賞得到的自然景觀，自然容易激發和喚起詩人們深沉的歷史感和對於時間意識的哲學思考。可以說，與山清水秀的江南相比，蒼涼單調的北平賜予了詩人另一種更加豐富而獨特的靈感。

我們來看卞之琳的名篇《水成岩》：

　　水邊人想在岩上刻幾行字迹：

　　大孩子見小孩子可愛，

　　問母親「我從前也是這樣嗎？」

〔註 17〕林語堂：《迷人的北平》，《北京乎》（下）第 508 頁。

〔註 18〕老向：《難認識的北平》，《宇宙風》第 19 期，1936 年 6 月 16 日。

〔註 19〕吳伯簫：《話故都》，《華北日報·每周文藝》第 13 期，1934 年 3 月 6 日。

〔註 20〕林庚：《四大城市》，《論語》第 49 期，1934 年 9 月 16 日。

母親想起了字迹發黃的照片
堆在塵封的舊桌子抽屜裏，
想起了一架的瑰豔
藏在窗前乾癟的扁豆莢裏，
歎一聲「悲哀的種子！」
「水哉，水哉！」沉思人歎息
古代人的感情像流水，
積下了層疊的悲哀。

在這首詩裏，無論是「水邊人」還是「沉思人」，其實都是詩人自身的幻化。
而「想在岩上刻幾行字迹」的欲望，無疑就是詩人對於時間永逝的一種抗拒
的姿態。在遙想古代的情緒中，「沉思人」不禁感受到「層疊的悲哀」，這實
際上正是一種對於時間的認識和思考。詩人選取了日常生活中最熟悉的意象
和最常見的場景，卻以此客觀而間接地傳達了一個相當宏大的哲學命題。人
生的成長、青春的消逝、植物的榮枯……，在詩人的心中引出一聲長歎。這
裡有對自我生命和歲月的回顧，也有對於時光流逝的喟歎，同時也許還包括
著對於歷史興亡的慨歎。而這種慨歎，也正是北平詩人「古都情結」的一種
表現吧。

當然，北平所涵容的豐富景觀並不永遠是和諧美麗的，它的「大度」有
時也會激起那些正從傳統向現代過渡階段的中國現代詩人內心中的矛盾。詩
人敏銳的心靈不可能僅僅停留在這種對傳統的依戀和親近當中，他們生活在
一個選擇和取捨的時代，因此他們的內心深處對這種「新」「舊」並容也抱有
複雜的情感。

例如，林庚在陽光下北平現出的宏偉雄邁背後，也發現了古城之夜所代
表的寂寥荒冷。他說：「這古城的晚上已是完了，是荒老得連鬼都不容易碰著
了！」「一面鑼陪著一個梆子。那帶著原始可怕而洪亮的聲音，遂彌漫了大街，
小巷，與許多靜悄的院落。」〔註21〕這種寂寥荒冷，也是詩人感情的外射。
在我看來，這種感情其實並不與對歷史的讚美完全矛盾，因為歷史本來就是
這樣一個複雜的結合體，它有時能給人以偉美的享受，而有時又令人感到缺
少生機的壓抑。可以說，歷史氛圍本身的複雜性也正豐富了北平詩人作家們
的思想情感。

〔註21〕林庚：《北平的早晨》，《北京乎》（上）第406頁。

　　總而言之，歷史氛圍不僅賦予了北平獨特的城市景觀和文化性格，而且影響了北平詩人的思想和情緒心態，令他們一方面陶冶於「歷史之美」，在感情上依戀和親近著中國的傳統文化，另一方面又產生深刻的「歷史之思」，對人生、歷史、現實，以及民族精神、時間意識等宏大主題進行更加深沉獨到的思考。

二

　　北平不祇是歷史名城，還是一座著名的「文化城」。特別是在 1930 年代，當它被取消了全國政治中心、經濟中心的地位之後，其單純的文化教育中心的地位就更加凸顯了出來。如果說，厚重的歷史氛圍是北平文化環境的恒在的背景，那麼，獨特的文化氣息則是北平在 1930 年代這一特定時期內所獨具的特徵了。

　　自從 1928 年國民政府定都南京，「北京」變成了「北平」，與上海、天津一樣成為「特別市」。1930 年，北平進一步被降為最普通的一級行政規劃，隸屬河北省。此時的北平，不再貴為帝都，不再是中國的政治中心和權力中心，其經濟、文化、教育等方面的地位和狀況自然也隨之發生了變化。政治上的「衰落」在客觀上為文化的發展「鬆了綁」，1930 年代的北平在文化教育方面找到了機遇，由此進入了繼「五四」之後的另一個文學的「黃金時代」。

　　雖然因政治原因，1927 年後有大批文人遷出北京，「革命文學」中心也自「五四」落潮的北京遷到了上海。但在 1930 年前後，大批文人又紛紛北上，加之眾多海外留學人員也在此時學成回國，輾轉來到北平。所以，簡直可以說，此時的北平出現了一場靜悄悄的文學隊伍的大規模集結。甚至有人說，這一時期的北平「街街巷巷都住持著哲人，詩家，學者」〔註 22〕。這種人員的集合與準備，為北平文學逐漸形成一種寧靜的繁榮的局面打下了重要基礎。

　　除人員方面的因素外，1930 年代的北平在文化發展方面的各種條件都較為成熟。有人說：「我們都知道北京書多。但是書以外，好東西還多著。……中國歷史，語言，文學，美術的文物薈萃於北京；這幾項的人才也大部分集中在這裡。北京的深，在最近的將來，是還不可測的。胡適之先生說過，北京的圖書館有這麼多，上海卻只有一個，還不是公立的。這也是北京上海重要的不同。」〔註 23〕

〔註 22〕吳伯簫：《話故都》，《華北日報‧每周文藝》第 13 期，1934 年 3 月 6 日。
〔註 23〕玄玄：《南行通信（一）》，《駱駝草》第 12 期，1930 年 7 月 28 日。

　　與此同時，在「文化古城」的環境中，知識份子和作家跳出政治鬥爭的
漩渦，反而有了更大的自由度，得以從容發展他們在文學、美學、學術上的
追求。他們的創作和文學活動看起來不再那樣緊密地與政治相關聯，因此，
他們的文學美學追求就具有了向更加多元化發展的可能，並具有比已往更大
的深入沉潛的空間。時人眼裏的北平呈現了如此與文化發展密切關聯的風貌：

> 這時政治中心、外交中心，已移到南京；經濟中心，已移到上海；上
> 海有租界地，環境特殊，文化鬥爭的前哨也已移到上海；北京剩下古
> 城一座，故宮一院，琉璃廠一處，西山一脈，教授、文化人一夥，學
> 生一群，學校多所……一個知識份子，……也還可以不愁生活，有
> 餘力買點書，請個保姆。因而沒有什麼大野心的人，想讀讀書、作作
> 學問的人，也就不想再到南京、上海這些地方去爭名奪利，站在鬥爭
> 的風浪口去拼搏，而在文化古城中靜靜地讀書了。〔註24〕

這樣獨特的文化氣息與歷史氛圍，當然也就造成了北平與上海等工商業發達
的大城市之間的不同的城市景觀。比如，與以「強烈的色調化裝著的」上海
相比，北平沒有跳躍著的霓虹燈，沒有那「五色的光潮，變化著的光潮」與
「泛濫著光潮的天空」，更沒有那些舶來的「亞歷山大鞋店，約翰生酒鋪，拉
薩羅煙店，德茜音樂鋪，朱古力糖果鋪，國泰大戲院，漢密爾登旅社」，「皇
后夜總會」〔註25〕之類。北平的色彩是單一甚至有些灰暗的，但在這看似單
一、灰暗的色彩中，卻更顯現出深厚的文化底蘊。

　　從那時起，人們就開始關注平滬文化景觀與文化性格的差異，這個話題
至今仍為文學家、史學家和社會學家所津津樂道。其實，1930 年代的平滬差
異就是東西方文明的差異，也是傳統文化與現代文明的差異。在對兩個城市、
兩種文化的比較中，論者的好惡傾向往往清晰可見。甚至對很多熱愛北平的
人來說，比較平滬文化正是藉以抒發自己對北平文化環境的依戀和欣賞、并
進而表達自己的文化趣味的途徑之一。例如，在沈從文眼中，上海的「花花
世界」就充滿了一種雖熱鬧卻極為無聊的趣味：

> 大馬路有印度阿三站崗，大石庫門房子有白俄將軍把門，可不威風
> 凜凜，多是醉意朦朧。……閘北四川路，一到下午就有無數年青男
> 女在街上逛玩，其中一半是學生，一半是土娼流氓，洋野雞也不

─────────────────────

〔註24〕鄧雲鄉：《文化古城舊事》第 5 頁。
〔註25〕穆時英：《夜總會裏的五個人》。

少。……到公園去，全是小洋囝囝的天下，白髮黃毛，都很有趣味，到車站去，有女稽查員搜索女人身上。到旅館去，各處是唱戲打牌聲音。到跳舞場去，只見許多老人家穿長衣帶跌帶跳的抱了女人的小腰滿房子裏走。還有跑狗場，回力球場，都極熱鬧。……上海好處就是這些，也是和北京不同的。〔註26〕

與沈從文相似，南遊歸來的林庚也流露出對上海空虛無聊的物質文明的疏遠和不滿。他說：「好像就因爲這地方是一個工商業的中心，於是同時兼有的一種物質文明中的無聊性；與那機器的巨輪。如飛的轉動中，所影響於整個上海市的緊張，使得人往往墜入一種並不十分有聊的空氣中，都覺得時間又在很忙的過去了。」〔註27〕上海現代的生活節奏和生活方式自然不爲生長於北京的詩人所習慣，林庚認爲，那祇是「機器的巨輪」的快節奏所造成的無意義的緊張，而並不帶來精神生活的充實。這雖然難免表現出一定程度的偏見，但卻非常鮮明地反映了詩人的文化趣味和情感傾向。所以詩人會說：「到南方玩了一遭，回平後對於北平彷彿有了更多的繫念，這未必就是因爲離別了三四個月的關係，也不盡然是南方便沒有比北方更好的地方；或者祇是一點癡情吧；這一年多我乃與北平有了更深的默契。」〔註28〕其實，這種「繫念」、「癡情」和「默契」，正是詩人對北平生活和北平文化趣味的默識、欣賞和依戀。

　　的確，北平的生活節奏與上海相比完全不同。這裡的生活「舒適，緩慢，吟味，享受，卻絕不緊張」，難怪有人用駱駝來比擬北平人的性格：

你見過一串駱駝走過嗎？安穩，和平，一步步的隨著一聲聲丁當丁當的大頭鈴向前走；不匆忙，不停頓，那些大動物的眼裏，表現的是那麼和平而寬容，忍辱而負重的性情。這便是北平人的象徵。〔註29〕

與上海的喧嘩浮躁相比，「雄邁深沉」的北平的確具備一個讓人沉著務實的整體文化氛圍。在林庚看來，「北平是太荒涼的，人只能沉著的做去」，這雖然有其消極的一面，即導致北平人「向較少活潑的路上走去」，但從積極的方面說，北平的文化氛圍和生活方式造就了人們沉默而紮實的生活方式和工作態度，保證了他們不隨波逐流，並產生出一些經得起時間檢驗的成果，這一點

〔註26〕沈從文：《海上通訊》，《沈從文文集》第10卷第44～45頁，花城出版社、三聯書店香港分店，1984年。

〔註27〕林庚：《四大城市》，《論語》第49期，1934年9月16日。

〔註28〕林庚：《北平情歌・自跋》，《北平情歌》北平風雨詩社，1936年。

〔註29〕孟起：《蹓躂》，《宇宙風》第23期，1936年8月16日。

也是獨特而彌足珍貴的。

　　不同的文化環境造就了不同的思想情緒與文學藝術風格。這一點，早在1931 年沈從文爲卞之琳的第一本詩集《群鴉集》〔註30〕撰寫附記時就已明確指出過。沈從文說：

> 在我心裏還是那麼想，這書出版後北方讀者當比南方的讀者爲多，因爲用上海一個地方的大學生來代表在南方受大學教育的年輕人，他們心上的憂鬱，若須要詩來解除，是從這作者的詩集裏無從找尋得到同契的。爲了趣味不同，……由於上海方面大學以外的社會教育所暗示，年青人心中醞釀的空氣，許多人都有成爲多情種子的興味，因此對於詩歌，自然選擇得稍稍不同了。還熱鬧一點的詩歌，似乎已成爲上海趣味所陶冶的讀者們的一項權利，這權利在北方讀者看來是很淡然的。之琳的詩不是熱鬧的詩，卻可以代表北方年輕人一種生活觀念，大漠的塵土，寒國的嚴冬，如何使人眼目凝靜，生活沉默，一個從北地風光生活過來的年輕人，那種黃昏襲來的寂寞，那種血欲凝固的鎮靜，用幽幽的口氣，訴說一切，之琳的詩，已從容的與藝術接近了。詩裏動人處，由平淡所成就的高點，每一個住過北方，經歷過故都公寓生活的年輕人，一定都能理解得到，會覺得所表現的境界技術超拔的。〔註31〕

沈從文的這段話當然含有個人的偏好，但正如他自己所說，那是「爲了趣味不同」。也就是說，只有在共同的社會環境和文化背景中，這種觀念和情感才能得到最大的共鳴，與批評家和讀者之間產生最難能的默契。

　　事實證明，南、北方的「大學教育」和「社會教育」都存在那樣大的差

〔註30〕《群鴉集》後因經濟問題未能出版。其實，取「群鴉集」命名稱本身就是卞之琳在表達他對北平古城的特殊情感。因爲「群鴉」是北平的一道獨特的風景。沈甲辰（沈從文）在《北京》（《水星》第 1 卷第 4 期，1935 年 1 月 10 日）一詩中也有這樣的詩句：
> 天空中十萬個翅膀接天飛，
> 莊嚴的長征不問晴和雨，
> 每一個黑點皆應跌落到，
> 城外青霧微茫田野裏去，
> 到黃昏又帶一片夕陽回。
（這烏鴉，宮廷柏樹是它們的家。）

〔註31〕沈從文：《〈群鴉集〉附記》，《沈從文文集》第 11 卷第 20～21 頁。

距，使得詩歌的創作者、接受者都產生了不同的「趣味」，發生了不同的文學「選擇」。以卞之琳為代表的北平「前線詩人」的作品裏沒有大都市的「熱鬧」，只有北平特有的生活場景，但在這當中，卻表達出了北平詩人特有的生活觀念與心態情感。

同時，這種凝靜沉默卻境界超拔的藝術風格，也最為恰切地象徵了 1930 年代北平的文學發展狀況，可以說，是這種「寧靜的繁榮」保證和造就了一個「新詩不可復得的黃金時代」。〔註 32〕

第二節　大學文學教育與校園文化

一

文化教育是「文化古城」中最重要的事業〔註 33〕，也是它的「生命線」。〔註 34〕大學校園文化更是組成 1930 年代北平整個文化環境的一個重要部分。特別是對「前線詩人」群體來說，他們或執教於講堂，或問學於校園，有的則是活動在校園周圍的文學青年。因此，討論他們的文化環境和文學成就，離不開大學文學教育與校園文化的影響。

在大學校園裏，課堂是獲取知識的重要場所，師生間的直接傳承是知識

〔註 32〕 林庚語。見龍清濤：《林庚先生訪談錄》，《詩探索》1995 年第 1 輯。

〔註 33〕 除 30 餘所高等學校外，還有幾十所中等學校、200 餘所初等學校和兩個國立研究院（北平研究院和中央研究院之一部），加之全國最大的圖書館和其他各類專門文化機關等，可以說，30 年代的北平所具備的建築、文物、文獻、資料、書籍等文化力量之雄厚，在國內範圍遙遙領先，成為當時國內學術研究最便利之處。

〔註 34〕 從經濟方面說，1930 年代前期，「北平因教育事業而流通的金額，總數在 2000 萬元以上」（楊東平：《城市季風》第 139 頁）。「每月截留天津海關銀三十多萬（當時全國外貿，上海占百分之五十，天津占百分之二十。但天津出口多於進口，是銀行收進外匯的重點。海關稅收也有保證）。另中基會基金二千萬元，以一分利計，每月有二十萬元。各教會撥給教會所辦大、中、小學的經費，每月也在二三十萬之間，尚有中法庚款基金等等。尚有地方收入的少量撥款，這些款項保證了古城中文化教育事業的經濟命脈。」（鄧雲鄉：《文化古城舊事》第 5 頁）。此外，「依靠教育文化事業而生存的人口成為城市就業人口的重要部分，曾經圍繞官場運轉的民生系統轉而為學校和學生服務。」（楊東平：《城市季風》第 140 頁）。可以說，從各個方面各個角度而言，北平都能當之無愧地成為當時中國的文化中心和教育重鎮。

傳遞的重要途徑。固然在相同的課堂上也會出現因個人趣味氣質不同而選擇了不同發展方向的學生，但是畢竟，校園內現代派詩人的產生與學校課程設置、教師藝術傾向和師生間交流程度存在一定的關係。

雖然作家和詩人並不都是由大學文學系培養出來的，但討論校園中的文學教育，卻還是應以文學系——包括中文系和外文系——為主。

其實，從 1917 年開始，北大校園中的「文學教育」已經開始蛻變，其表現為：「一、『文學史』成了中文系的重頭課；二、中文系學生不能繞開『歐洲文學』；三、『近世文學』開始受到重視；四、此前不登大雅之堂的『戲曲』與『小說』，如今也成了大學生的必修課。」〔註35〕文學教育課程的改變往往可以說明文學觀念的轉變並預示文學與學術發展的新趨向。在新文化運動時期大學文學教育呈現出的這些新趨勢中，除了現代學術建立的先聲和新文學地位得到的肯定等方面以外，對外國文學開始有意識地接近和吸收，以及注重新文學的創作等方面也非常值得關注。

畢竟，現代主義詩歌在某種意義上說是一種舶來品，而 1930 年代北平校園內的年輕詩人獲得這一外來藝術滋養的途徑，就與課堂內的文學教育有關。查閱當時的資料可以發現：新文學的發展和外國文學思潮的引入已被納入大學中文教育的視野——

北大國文系從 1920 年代起，就已將外國文學和外國文學史規定為文學專業的選修課程〔註36〕。

1928 年，清華大學中文系在由楊振聲任系主任時，更加明確地提出了「創造我們這個時代的新文學」的辦系宗旨，「試圖使大部分學生能從事於白話文學的創作與研究，在學生時代打好基礎，啟發其將來成為作家的才性。」為此，他們提出了「注重新舊文學的貫通與中外文學的結合」的教學方針，並先後為高年級學生開設了「中國新文學研究」與「新文學習作」等選修課程，並要求學生必修 24 學分的外國語言與文學課程。〔註37〕

1929 年，他們又提出：「對於中國文學的將來，只能多多供給他些新營養，新材料，新刺激，讓他與外國文學自由接觸，自由滲合，自由吸收。……想

〔註35〕陳平原：《北大精神及其他》第 276 頁，上海文藝出版社，2000 年。
〔註36〕馬越：《北京大學中文系簡史》第 23 頁，北京大學出版社，1998 年。
〔註37〕參見黃延復：《二三十年代清華校園文化》第 315 頁，廣西師範大學出版社，2000 年。

把中外文學打成一片，讓他們起點化合作用，好產出新花樣來。」在此基礎上，他們要求學生「往創造路上走」，「大家有了這些預備，自然應當試驗試驗，……而創作也許就會從這試驗產出來」〔註38〕。

1931 年，清華大學中文系重申他們的教學思路，明確提出他們的「目的」就是「要創造我們這個時代的新文學」，而「爲欲達到此目的，所以我們課程的組織，一方面注重研究我們自己的舊文學。一方面再參考外國的新文學。」他們認爲：「文學與其他一切藝術都是一樣的，有它的內面的思想外面的藝術。不用說思想受了外來的影響，要起外鑠與滲合的作用，就是藝術本身，也一樣要起這等作用。除非它是死了，才不動不變。生的東西，沒有不變不動的，有了變動才有生命，有生命就自然而然的時時求新。生命既在求新，就不能不時時找營養。我們要參考外國文學也就是要找新的營養。」因此，他們爲學生開設了「西洋文學概要」、「現代西洋文學專集研究」、「西洋哲學史」等課程，要求學生到畢業時能夠「對於中外文學都造成相當的概念了，再證之以中外比較文學。」〔註39〕

同年 9 月，北京大學國文系也新添了「新文藝試作」課。分散文、詩歌、小說、戲劇四組，擔任指導教員的分別爲：散文組：胡適、周作人、俞平伯（後爲周一人）；詩歌組：徐志摩、孫大雨（後爲馮文炳）；小說組：馮文炳；戲劇組：余上沅〔註40〕。此外，在胡適的建議下，北大國文系還在 B 類科目中開設了「文學講演」課，延請文壇名家爲學生們進行各種專題講演。如在 1932 年，這門課就先後請來鄭振鐸作「新文壇的昨日，今日與明日」講演；俞平伯作「詩體之變遷」講演；葉公超作「新文學中的幾種問題」講演等等〔註41〕。當然，「文學講演」本身並不能與系統的授課相提並論，但它別有一種開闊學生眼界、增長學生對新文學興趣的積極作用。

與此同時，中文系與外文系在教學上也密切聯繫、通力合作。清華外文系明確地以「創造今世之中國文學，彙通東西之精神思想而互爲介紹傳佈」爲該系的教學目的和辦系宗旨。他們解釋說：「Lastly Chinese students study the literature of the west chiefly for inspiration and only incidentally for knowledge. It

---

〔註38〕《中國文學系消息》，《清華周刊》第 86 期，1929 年 9 月 16 日。
〔註39〕《清華大學本科學程一覽》，《清華周刊》第 35 卷第 11、12 期合刊，1931 年 6 月 1 日。
〔註40〕馬越：《北京大學中文系簡史》第 96 頁。
〔註41〕馬越：《北京大學中文系簡史》第 96 頁。

is not so important for Chinese students to know, it is more important for them to be stimulated so that they may be able to create a new Chinese literature in keeping with the literary product of the modern world.」（目前教授中國學生學習西方文學的主要目的應是啓發靈感而不僅是增加知識。知識固然重要，但更重要的是刺激他們有朝一日能爲中國文學創造出新鮮的作品，使之得以躋身於整個現代世界文學之林。）〔註 42〕並稱「本系全體課程皆爲與中國文學系相輔以行可也」〔註 43〕。不難看出，通過這種有意識的深入聯繫，那些有能力閱讀原文、對西方藝術思想吸收得更快更直接的外文系學生與古典文學基礎深厚、有志於新文學探索的一些中文專業學生有了更多的交流機會，這更爲西方文藝思潮與中國新文學創作的結合提供了可能。

以上材料充分表明：1930 年代北平高校中的文學教育已開始有意識有目的地引進外國文學中最「新」的「營養」。教學者不僅幫助學生接觸和吸收最新的文藝思潮，而且鼓勵他們融會貫通，通過創作的「試驗」，生產出自己的「新花樣」，以繁榮「中國文學的將來」。這種指導思想無疑可爲現代主義藝術等西方先鋒藝術思想迅速順利地在校園中傳播，並在校園作家詩人中產出「寧馨兒」提供便利與保證。

另一個更爲有趣的例子同樣能說明問題：1925 年，李健吾考取清華大學中文系。上課的第一天，授課老師朱自清在點名時念到了他的名字，朱自清問他是否那個常在報上發表作品的李健吾，李健吾回答說是，於是朱自清很高興地說：「看來你是有志於創作的嘍？那你最好去讀西語系。你轉系吧……。」事實上，李健吾兩年後（即 1927 年秋天）果真轉入了清華西語系。1928 年西語系改名爲外國文學系。〔註 44〕

「有志於創作的」人「最好去讀西語系」，這個看來有些奇怪的思路其實有可能正是當時文壇上的一種普遍的新思路。正是這種已經滲透在校園文化和教學思想中的新思路，爲有志於文學創作的學生提供了最大程度的接受外國文學養分的可能。同時，鼓勵創新，鼓勵接受和吸收外國文學思潮的影響，這也是北大、清華等學校給予眾多學生作家和詩人的最重要的思想之一。

〔註 42〕《清華大學本科學程一覽》，《清華周刊》第 35 卷第 11、12 期合刊，1931 年6 月 1 日。

〔註 43〕《外國語文學系概況》，《清華周刊》第 41 卷第 13、14 期合刊，1934 年 6 月1 日。

〔註 44〕韓石山：《李健吾傳》第 53 頁，北嶽文藝出版社，1996 年。

二

　　翻檢中國現代文學史不難發現，大多數作家、詩人的專業背景都是非中文甚至非文學的專業。作家的產生並不完全依賴於學校的文學教育，因此這類現象本也不足爲奇。但是，談到 1930 年代北平的大學校園文化，我們就有必要考察學校教育到底在多大程度上影響了校園作家和詩人們的文學道路的選擇。尤其是在現代主義詩壇上，與中文專業背景的重要性和必要性相比，也許外文專業的背景倒更有切實的作用和意義。

　　這裡列舉其時校園內外較爲重要的一批詩人和詩論家爲例——

廢　　名：1923 年考入北京大學英文系預科，兩年後升入本科，中間休學一年，1929 年畢業。

李健吾：1925 年考入清華大學國文系，1927 年轉入西語系，1931～1933 年赴法留學。

曹葆華：1927 年考入清華大學外文系，1931 年畢業後入外國文學研究所。

趙蘿蕤：1928 年考入燕京大學中文系，但是到她讀完二年級時，教授英國文學的美國女教師包貴思找她談話，勸她改學英國文學。「她的理由是，既然酷愛文學，就應該擴大眼界，不應只學中文。」〔註 45〕於是，1930 年趙蘿蕤改學英國文學。1932 年畢業後考入清華大學外國文學研究所。

卞之琳：1929 年考入北京大學外語系，在課堂上受到徐志摩賞識而走上詩壇。

常　　風：1929 年考入清華大學外文系。

李廣田：1929 年考入北京大學外語系預科，兩年後升入本科。

何其芳：1930 年同時考取清華大學外文系和北京大學哲學系，他本人選擇了前者，但後因報考手續問題被清華取消學籍，於 1931 年又轉入北京大學哲學系。但此後，「原來有的那一點點對於思想史的興趣，在學哲學的過程中幾乎全部消失了」〔註 46〕，又一度曾想轉到法語系。

辛笛：1931 年考入清華大學外文系。

<hr>

〔註45〕趙蘿蕤：《我的讀書生涯》，《我的讀書生涯》第 2 頁，北京大學出版社，1996 年。

〔註46〕何其芳：《寫詩的經過》，《何其芳全集》第 4 卷第 321 頁，河北人民出版社，2000 年。

方敬：1933 年考入北京大學外語系。

……

這組資料已經在很大程度上說明了問題。在「前線詩人」群體當中，除林庚從物理系轉到中文系、李長之從生物系轉到哲學系外，其他人幾乎都具有系統的外國文學專業教育的背景。這個現象不僅有趣而且值得關注。不論是先有了對外國文學的興趣才選擇了外國文學專業，或是因為對專業的熟習和興趣才投身於現代主義詩歌的創作，還是因為教學者有意識地讓他們從外國文學中獲取刺激和靈感，從而服務於中國新文學的創作，總之，他們對文學道路的選擇和對藝術流派的歸屬，與他們所攻讀的專業之間存在著極為重要的聯繫。

外語的能力、外國文學的專業知識和藝術修養在「前線詩人」面前打開了一片新的天地。首先，他們具有閱讀和理解西方現代主義詩歌藝術的前提條件，其次，對外國文學史、文學理論的全面瞭解可以保證他們避免對某一思潮的盲從，因此，他們對現代主義詩潮的選擇應該是建立在充分理論準備的基礎上的成熟的選擇，是他們領會西方現代主義詩潮的內質和真髓的必然結果。第三，這批詩人的外文專業教育是在國內的大學完成的。這與 1920 年代聞一多、徐志摩、孫大雨等留學歐美，直接置身於西方文學環境中接受最直接影響的情況有所不同，同時也與葉公超、梁宗岱、朱光潛等人那樣親承艾略特、馬拉美的教誨不同，他們是處在中國的文化氛圍和社會環境中理解和接受西方的文學思想和藝術風格的，這使他們更有可能立足於中西詩學融會貫通的立場上進行獨特的藝術選擇和新鮮的藝術創造。

其實，無論是出國留學親承大師指教也好，還是在國內接受外國文學的專業教育也罷，重要的是，這些材料說明了這個詩人群體在中西詩學交流方面所處的前沿位置。因為這個位置，他們才可以在文學上、思想上獲得更加超越的視野和視角，才可能在並不「現代」的古城環境里選擇具有先鋒姿態的現代主義詩歌道路。

那麼，既然詩人們多出自外國文學系，那麼他們受到的是什麼樣的專業訓練？他們的教師又給他們以怎樣的影響呢？

以 1930 年代清華大學外文系為例——

「外文系的教學目的規定為培養『博雅之士』。所謂『博雅』，又解釋為『熟讀西洋文學之名著』，『瞭解西洋文明之精神』。」文學課程按照美國大學

的辦法,「分為文學史和文學體裁兩類,按縱橫兩方面同時講授。」從古希臘一直貫穿到當下最新的文藝思潮。〔註47〕這樣的教學為學生展開了廣闊全面的知識視野,打下了堅實穩固的基礎。「博雅」的積累無疑為融會貫通和獨特創新提供了可能。

　　清華外文系教授人才濟濟。除溫源寧、葉公超等人之外,外籍教師在教師中約占一半。赫德則(F. S. Hazard)、吳可讀(A. L. Pollard)、普來僧(Vonp～Lessen)、瑞恰慈(I. A. Richards)、畢蓮女士(Miss Bille)、翟孟生(R. D. Jameson)、溫德(R. Winter)等,他們開設的課程都對學生們產生了相當大的影響。比如趙蘿蕤就是在美國人溫德的關於波德萊爾、司湯達、瓦雷里等專題課上培養了對法國文學、尤其是現代主義文學的「強烈愛好」,「甚至夢想到法國去留學」〔註48〕的。此外,在課下,這些教授們還會因個人的專長和興趣影響一些對某方面特別感興趣的學生。比如溫德對趙蘿蕤翻譯《荒原》的重要的幫助,還有李健吾在與朱自清合譯英國著名文藝批評家 Bradley 在牛津大學的講演《為詩而詩》〔註49〕時,也受到了翟孟生(R. D. Jameson)的幫助。〔註50〕而這篇譯文正是中國詩壇最早引進「純詩」觀念的代表性文獻之一。

　　幾十位外籍教師當然是各人有各人不同的文學主張和擅長,具體到現代主義詩歌的範疇來說,瑞恰慈的作用和影響則特別值得強調。

　　1929 年,應清華大學校長之聘,英美「新批評」派理論家瑞恰慈(I. A. Richards)來華執教。1929 年 2 月,校刊上登出「瑞恰慈將來校任課」的消息,並對其人做了簡要的介紹:「瑞恰慈先生,對於文學批評,極富研究,任英國康橋大學英文系主任有年,著有 Principles of literary Criticism ,Meaning of meaning 等書。近與羅校長函言,擬於 1929 至 1930 年間,請假來華一行,且願來校任課。並聞偕其夫人同行,其夫人亦可來校擔任功課云。」〔註51〕此時的瑞恰慈已完成了《批評的原理》和《意義的意義》等著作,其「新批評」理論研究已取得了相當重要的成就,而清華邀請瑞恰慈,看重的也正是他在

〔註47〕《西洋文學系課程總則》,《清華學校大學部學程大綱》1927 年,轉引自《二三十年代清華校園文化》第 335 頁。

〔註48〕趙蘿蕤:《我記憶中的溫德老師》,《我的讀書生涯》第 244 頁。

〔註49〕該譯文分(一)、(二)兩部分,分別發表於《一般》第 3 卷第 3 號(1927 年 11 月 5 日)和第 4 卷第 4 號(1928 年 4 月 5 日)。

〔註50〕韓石山:《李健吾傳》第 53 頁。

〔註51〕見《清華校刊》第 41 期,1929 年 2 月 25 日。

這方面的成績和影響。1929年4月,《清華校刊》上再次確定了此事,告訴師生「瑞恰慈教授下學期準來校」,並透露「學校已將路費彙去矣」〔註52〕,可以看出,無論是校方還是師生都對此事表現出密切關注和期待的熱忱。

當然,在當時的清華大學,由校長出面相邀並出路費相聘的外國學者絕非只有瑞恰慈一人,此事也未必就能說明清華對「新批評」派一定有怎樣特殊的重視,但瑞恰慈的北平之行至少可以說明,當時的北平有自由的學術空氣,有與國際交流的強烈願望,而北平的高校也有條件招致國際知名學者,有爲學生拓寬眼界的辦學思想。北平的校園詩人處在這樣一個開放的環境當中,他們能幾乎同步地接受西方最前衛的文學思潮實在是有其必然性的。

瑞恰慈受聘於清華外國文學系,教授「文學理論」、「英文小說」等課程,並同時在北大兼課。卞之琳等人就親聆過他的「文學理論」課。1930年4月,瑞恰慈接受哈佛之聘,暑假後赴美。雖然他只在北平逗留了短短的一年時間,但作爲「新批評」派的理論代表和艾略特詩歌的權威批評家,他造成的影響是巨大的,他的到來是北平現代主義詩壇形成過程中的一個重要事件。當年同在清華任教的朱自清日後就多次在文章中提到瑞恰慈和他的「意義學」,並在他的啓發下開創了中國現代解詩學理論。〔註53〕

除瑞恰慈以外,還有一位曾對中國現代詩歌發展起到重要推動作用的人,就是英國詩人和理論家燕卜蓀。燕卜蓀也是1930年代應邀來北平任教的〔註54〕。在1937年6月2日的《京報》上,刊登了「英文藝批評家恩溥森(按:即燕卜蓀)將來華任北大英文系教授」的消息。報導中說:「國立北京大學文學院英文系,下學期將聘英國名批評家倫敦康橋大學教授恩溥森(Empson)氏來華,講授文藝批評,聞恩氏已就聘,俟將劍僑大學功課,作一結束,即可啓程來華。按恩氏爲英國當代大文藝批評家(心理學派)瑞卡爾滋(Richards)之大弟子,瑞氏所著之實用批評一書,現北大清華兩校,均採爲西洋文學系課本。」即便不考慮燕卜蓀對瑞恰慈的師承關係,這樣一位著名詩人和理論

〔註52〕見《清華校刊》第59期,1929年4月22日。

〔註53〕參見朱自清:《語文學常談》,《朱自清全集》第3卷第172頁;《論意義》,《朱自清全集》第4卷第541頁,江蘇教育出版社,1988年;《朱自清年譜》第85頁,安徽教育出版社,1996年。

〔註54〕燕卜蓀1937年夏天到達北平,不久平津淪陷,他隨校南遷,任教於西南聯大,直至1940年回國。在西南聯大,燕卜蓀對「中國新詩派」等詩人的詩歌創作產生了極爲重要的影響。

家到北大任教，也與瑞恰慈執教清華一事具有同樣重要的文化史意義。更何況，燕卜蓀是瑞恰慈的學生，而瑞恰慈曾在清華執教一年，他的著作已被北大、清華的外文系作爲教材，這足以說明他的批評理論被接受的程度與影響的深遠。燕卜蓀的到來，無疑將更加深化這種接受並延續這種影響，而他們共同倡導的「新批評」理論，也必然會更深入持久地影響中國現代主義詩歌理論和創作的發展。

正是這些中西方文化和文學交流的具體事例，推動了新文學的發展，也豐富了文化史的內容。中國新詩的發生和發展，在很大程度上得益於外國詩潮的引進和影響，吸收和借鑒外國詩歌理論和藝術手法並爲我所用，這一直是詩人和詩論家們有意識地進行的一項工作。這不僅是一個不爭的事實，而且，這一工作中所取得的收益和成績也已爲歷史所證明。1930 年代勃興的現代主義詩潮，更在各個方面突出地印證了這些事實和成績。而大學校園，就是提供詩人們向外學習和向內借鑒的可能性的最重要場所之一，甚至可以說，沒有它提供的各種知識積累的條件和人際交流的機會，這些年輕的詩人就無法取得這樣卓著的成就。

三

除了師生直接交流的課堂以外，圖書館稱得上是學生獲取知識的重要的第二課堂。特別是對於攻讀文學專業和從事文學創作的學生而言，在原典閱讀中獲取的知識積累和藝術啓迪，往往不少於教師親自授課的收穫。因此，很多校園內外的詩人、詩論家都是依靠高校圖書館以及北平特有的公共圖書館深入到現代主義文學藝術的世界之中的。沈從文初到北京時在京師圖書館的閱覽室裏整日苦讀的情況就不必多說了，卞之琳在學校裏也是「把最難排遣的黃昏大半打發在圖書館裏」〔註 55〕。此外，還有何其芳，雖然選擇了哲學專業，卻「一下課就全沉浸到文學書籍裏」，在大學期間「差不多把北京圖書館當時所有的外國文學作品的中譯本都讀完了。」〔註 56〕至於趙蘿蕤，雖然父親趙紫宸就是外國文學方面的專家，但她從父親的藏書中選讀之外，還是要經常到圖書館裏借閱她所酷愛的西文原著。

這類「泡」圖書館的普遍經歷即便沒有當事人的回憶或傳記來作爲證據，

〔註 55〕陳丙瑩：《卞之琳評傳》第 7 頁，重慶出版社，1998 年。
〔註 56〕何其芳：《寫詩的經過》，《何其芳全集》第 4 卷第 321 頁。

也是可以想見的。圖書館閱讀的重要作用不言自明，校園詩人擁有圖書館的便利，也就是擁有了大量閱讀中西文典籍的機會。

在高校圖書館中，西文藏書較豐富的要數清華大學圖書館。清華大學與西方的密切聯繫使得他們有可能提供更多的別處無法找到的西方最新書籍。而這些書籍又為學生的文學觀念、創作經驗與世界先進潮流保持同步發展提供了可能。由於「清華經費一直充足，年年買書，中外文名貴書，收藏豐富」〔註57〕。到抗戰前，已有中日文圖書 25 萬多冊，西文書籍 8 萬餘冊，此外還有中西文雜誌、期刊合訂本共 3 萬餘冊。〔註58〕

最值得注意的是，在 1929 年 5 月 31 日的《清華校刊》第 75 期的「國立清華大學圖書館十八年四月份西文新書書目」中即出現了當年剛剛出版的 T. S. Eliot 的《詩集》（Poems）。可惜的是，我們現在無法查到這本書中是否收入了《荒原》，也就無法證明這是否是北平學生最早接觸到的《荒原》的版本。儘管如此，我們還是可以看出，當時的校園確乎提供了相當便利的條件，使學生在最短的時間內看到最新的文學成果。

北大學生「泡」圖書館也是出了名的。圖書館裏「白晝則人頭攢動，黑夜則燈火燦然。其中書藏幾萬部，持卷逾千人，……期刊閱覽室中，外文雜誌多於中文雜誌。每當月初，光顧該室特別眾多，以爭看新到月刊也。」〔註59〕

北大圖書館也以藏書豐富聞名。據 1924 年的一條材料說明：「據數年前，統計圖書一項，除雜誌外，中西文書籍達二十餘萬本，其中中文書善本尤多，價值幾難估定，近年來雖未大擴充，然亦略有增設，最近當局擬每月以八千元購買圖書，其進展當有可觀」。〔註60〕

為方便師生，北大圖書館自 1934 年 2 月起專門辦了一份《圖書館副刊》，附在《北大週刊》上發行，隨時向師生介紹新購進的中西文圖書的書目。這個刊物到 1937 年 8 月 7 日止，一共出了 183 期，每期都有中、西文書目各 30 種左右，包括文學、歷史、科學各個方面，可見學校當時購書的計劃性和積極性。

從這個《圖書館副刊》所反映的情況看，北大也曾及時大量地購買了西

〔註57〕鄧雲鄉：《文化古城舊事》第 181 頁。
〔註58〕《北京文化綜覽》第 340 頁，丁守和、勞允興主編，北京師範學院出版社，1990 年。
〔註59〕明明：《北大圖書館雜寫》，《世界日報·學生生活》，1936 年 10 月 26 日。
〔註60〕《北平各大學的狀況》，1924 年初版，轉引自《燕京風土錄》光明日報出版社，2000 年。

方現代主義詩人和理論家的著作和作品，其中比較重要的有：1935 年 6 月購
進的艾略特的《文學評論選》（Selected essays）（1934），1936 年購進的艾略特
的《怪神之後》（After strange gods）（1934）、《論文集：古典的與現代的》（Essays,
ancient & modern）（1936）和《實用詩學與批評》（Use of poetry and the use of
criticism）（1933），以及瑞恰慈的《批評的原理》（Principles of literary criticism）
（1934）、《修辭哲學》（Philosophy of rhetoric）（1936）等等。

　　此外，其他很多高校的圖書館也同樣為校園文化建設提供了基本的保證
——北京師範大學圖書館新館自 1922 年落成後「始頗有可觀。以後各種圖書
便日形擴充，後來又得前北京教育部的幫助，撥予前北京圖書館圖書一萬冊，
又加以學校歷年的添購，故中西圖籍，現已為數不少；且館址寬敞，適於閱
覽，所以該校學生，有一部分總是整天在館內自修。」「圖書之外，厥為雜誌
與日報，現時所之雜誌，約在百種上下，國內外各種有名雜誌，靡不備具，
日報約在四十種左右，除北平本埠各大日報，應有盡有，各埠有名報紙，亦
羅致無遺。」〔註 61〕

　　燕京大學圖書館「藏書中文圖書 269,933 冊，西文書 55,430 冊，另有各
種雜誌若干冊。至 1949 年時圖書館共有各類藏書 402,221 冊。

　　輔仁大學圖書館成立於 1925 年，1930 年遷入定阜大街新館。抗戰初期，
藏中西文圖書 80,720 冊。

　　……

　　除大學圖書館外，一些公共圖書館或專門圖書館也是北平詩人們獲取文
學營養的地方。如 1929 年遷至中海居仁堂的「國立北平圖書館」，這個離北
京大學僅一箭之遙的巨大書城，當然會是校園師生最常光顧的地方。

　　此外，1923 年為紀念蔡鍔而設立的北京松坡圖書館，其位於西單石虎胡
同 7 號的第二館專藏外文圖書，1928 年與北海快雪堂的第一館合併，也是城
內文化中心地帶一處可供飽覽書籍的地方。據《1933 年北平市公私立圖書館
調查表》的統計，松坡圖書館內藏外文圖書 15,530 冊，每日平均閱覽人數為
60 人，其中以學生為最多，而最受讀者們歡迎的讀物即「史地」與「文學」
兩類。〔註 62〕

〔註 61〕《北平各大學的狀況》，1924 年初版，轉引自《燕京風土錄》光明日報出版社，
　　　　2000 年。
〔註 62〕參見《北京檔案史料》1997 年第 1 期。

四

校園的主體是學生，學生間各種形式的交流活動則是校園文化中最重要也最活躍的部分。大到學生刊物、學生社團，小到三五個人出於共同愛好和趣味產生的交往與友情，都豐富著和反映著校園文化的方方面面，同時也有可能影響學生們以後事業發展和生活道路的選擇。

在 1930 年代北平的大學校園中，活躍著不少學生社團。其中，文學社團的數量和規模雖不突出，但也足以反映出校園文化的這一個側面。因材料所限，這裡只能簡單提及一些有歷史記載或有代表性的學生文學社團。顯然，以 1930 年代大學文化的豐富活躍程度論，這裡所列舉的祇是其中很小的一個部分。

1928 年 12 月，清華大學「中國文學會」成立。這是一個由清華中文系師生組織的文學社團，因此，它的成立在整個清華園裏引起了不小轟動，《清華校刊》上對它的籌備和成立過程進行了系列的跟蹤報導。在 12 月 7 日舉行的成立大會上，系方領導和著名作家楊振聲、朱自清等人都出席了大會。朱自清在會上作了題為《雜體詩》的講演，楊振聲則作了題為《新文學的將來》的報告。這是一個具有正規組織和相當規模的學生社團，而在選舉出來的職員中，就有霍世休（佩心）、郝御風等人。〔註63〕當然，他們不僅負責處理社團各類事務，還要將更大的精力置於文學交流和創作當中。

1931 年 4 月，《清華中國文學學會會刊》（從第 2 卷第 1 期起更名為《文學月刊》）開始出版，出任該刊編輯的還有朱自清、鄭振鐸、俞平伯、浦江清、林庚等人。值得注意的是，「會刊」中刊載的詩歌作品占相當大的比重，比如在「創刊號」上，共有學術文章 4 篇，小說 2 篇，戲劇 1 篇，舊體詩詞 20 餘首，此外就是郝御風、李健吾、林庚等 8 人的新詩作品共 18 首。這當然不是說清華中國文學學會就是「前線詩人」的社團，也不能說明他們的「會刊」就是現代派詩壇的陣地之一，但是，它至少可以體現出一個校園文學社團及其刊物給校園詩人們提供的詩藝交流的條件與發表作品的機會。

此外，在 1930 年代的清華園中還出現過「流螢社」、「清華文藝社」等許多學生文學社團。前者成立於 1934 年，由李長之、白曉光等組建，並編輯出版過《流螢》月刊。後者成立於 1935 年 1 月，「以聯絡愛好文藝同人共同研

〔註63〕參見《二三十年代清華校園文化》第 407～408 頁。

究各種文藝並進行一切文藝範圍內之活動爲宗旨」〔註64〕，分爲理論、小說、散文、戲曲、詩歌、情報 6 組，其中詩歌組委員爲孫作雲。另外，1935 年成立的「中國左翼作家聯盟清華園小組」，在經歷了「國防文藝社」階段後，最後擴大爲「清華文學會」，出版了自己的刊物《新地》。他們曾經邀請朱光潛、沈從文、梁宗岱等到校講演，造成了一定的影響。

　　與清華大學一樣，北平其他許多高校裏也活躍著各種學生文學社團。比如北京大學的「開拓社」（1931）、「新夢社」（1933）、「新詩談話會」（1936）等。其中，「新詩談話會」的指導教師爲朱光潛。祇是據現有的材料無法確知這些社團的更多情況。

　　此外，還有北京師範大學岳光等組建的「北方文藝社」（1932）、北京醫學院學生黃樹則等人發起組成的「文地社」（1936）、北平大學部分學生發起成立的「榴火文藝社」（1936），以及「燕京大學一二九文藝社」（1936）等。這些社團的活動（僅據我們現在掌握的材料）雖不足以完全反映 30 年代北平的校園學生社團的全貌，但也能幫助我們從一斑而窺全豹。

　　事實上，很多文學社團都是與文學刊物相伴而行的。比如 1930 年前後由李健吾組建於清華園內的「晨星社」，即是專爲《北平朝報》主持副刊《晨星》周刊撰稿的社團。這個社團照例得到了朱自清等文壇師長的大力支持，因此在《晨星》上經常出現朱自清、朱湘、李健吾等人的詩文，該刊於是也「在北平文藝刊中頗負相當聲望。」〔註65〕

　　還有 1934 年間活躍於清華園中的「文學評論社」，也是組建於《文學評論》的編輯、創作隊伍基礎上的文學社團，其主要成員有李長之、楊丙晨、林庚等。他們曾就新詩創作方面發表聲明，「反對淺薄的功利主義」，將那些「只釘住現實，把人類看作除了吃飯以外沒有其他的事者」看作「現代人的病態」。在他們看來，「人類的價值，卻無寧在吃飯之外，更追求再美好的東西。這是什麼呢，就是藝術。凡是對藝術的價值而熟視無睹的，那就是無疑地陷於偏枯的病患者。」因此，他們說：「在這一點上，林庚之看重感覺，從而看清詩人的貢獻和天職，是的的確確我們大家的精神。」〔註66〕

〔註64〕《二三十年代清華大學校園文化》第 416 頁。
〔註65〕《國立清華大學校刊》，1928 年 10 月 31 日，轉引自《二三十年代清華校園文化》第 406 頁。
〔註66〕長之：《〈春野與窗〉》，《天津益世報·文學副刊》第 9 期，1935 年 5 月 1 日。

可以說，學生社團和校園刊物不僅是校園文化交流中最重要的兩種形式，而且兩者的關係也密不可分，相輔相成。它們都有效地集合了在某一方面有共同興趣愛好和理想的學生，同時也以他們的活躍程度體現著校園文化的發達水平。

清華大學自建校初期就大力提倡校園刊物的創辦和發展。到了 1930 年代，刊齡十餘年的《清華周刊》、《清華文藝》、《清華年報》、《清華學報》等刊物仍辦得有聲有色，十分活躍。特別是《清華周刊》，其巨大影響和重要地位僅次於商務印書館經辦的幾種大型雜誌，「以資格年齡而論，在國內恐怕要坐第二把交椅了……」〔註67〕。

《清華周刊》自 1929 年第 23 卷第 2 期起開設「文藝專欄」，並多次出版「文藝專號」，刊登各類文學作品和文學評論。自「文藝專欄」開設以後，校園詩人在《清華周刊》中就有了更多的用武之地。例如，在 1931 年 2 月至 5 月出版的 35 卷中，擔任文藝主任的就是郝御風；在 1932 年 10 月至 1933 年 1 月出版的第 38 卷就是由孫毓棠擔任文藝主任的；1933 年上半年和 1934 年上半年出版的第 39 卷和 41 卷的文藝主任是李長之（植）、1935 年 5 月至 10 月的第 43 卷的文藝主任則是王馨迪（辛笛）。〔註68〕此外，林庚、葉公超等人也一直是該刊的編輯或重要作者。同時，《清華周刊》上還不僅發表清華師生的作品，很多外校詩人的優秀作品在這裡也有大量的刊載。例如，在李長之任文藝欄主任的第 39 卷第 5～6 期「文藝專號」上，就不僅有林庚、曹葆華、李長之、郝御風等人的詩作，同時還有卞之琳的詩作《白石上》、《路過居》、何其芳的《問》、《慨歎》，以及卞之琳翻譯的瓦雷里的《和諧的林子》等作品。這說明，校園文學刊物有時甚至超越了學校的界限，反映著更為廣闊的北平詩壇的面貌。當然，這種校際融合、共同發展的局面還是建立在詩人文學交往的基礎之上的。與此同時，從這些刊物或「專號」上發表的作品風格的集中程度中也可以發現，在校園內相當一部分師生中，現代主義詩歌的藝術追求正得到普遍和充分的認同和發展。

校園刊物培養了一大批校園詩人和作家，直接反映了以校園為中心的文壇上的最新創作成果，同時還記錄了校內外各種文學方面的活動與交流。最重要的是，在校園刊物上發起的文學批評和討論，也體現著校園文化的熱烈氣氛。

〔註67〕潘如澍：《清華周刊小史》，《清華二十周年紀念號》1931 年 4 月，轉引自《二三十年代清華校園文化》第 209 頁。

〔註68〕參見黃延復：《二三十年代清華校園文化》第 213 頁。

　　以校園詩人曹葆華爲例。1930年他出版的首部詩集《寄詩魂》，就在校園內外引起了強烈反響。畢樹棠稱讚這本詩集爲「1930年清華文學之光」〔註69〕，曹本人也被公認爲清華「校園惟一詩人」，很多人讚賞他「努力、氣魄皆不可一世」，「天賦一個天眞的靈魂」〔註70〕。1932年，曹葆華又出版了《落日頌》和《靈焰》兩本詩集。《清華周刊》上很快就出現了兩篇批評長文〔註71〕。從這兩篇文章中，既可以讀到同好們對詩歌作品的評價，同時也能發現他們對詩人本身的獨特認識。在《評曹葆華著〈靈焰〉〈落日頌〉兩詩集》一文中，作者芳中說：

> 誰都知道，曹君是園內一位『名人』，用不著我介紹。他的詩人的地位，早已爲園內一般人所公認。但他更爲更多數人知道的，似乎是他是一個 abnormal 的人。……聽說他初入清華時，各種學科的根底都是不甚好的，據說還讀不懂當時流行的新詩。但我們的曹君，不甘於做一個 normal 的學生，尤其是不甘於做一個 subnormal 的學生，所以努力異常。

作者不僅指出了曹葆華「苦吟」詩風的來由，同時還指出了他詩集中「一貫的思想線索，那就是他對於現實世界不斷的攻擊。」「詩中充滿了生命的歎息，血淚的悲歌」。「他總認定詩是一種神聖的工作，是解放人類，尋求眞理的唯一和永久的工具。」因此，在作者看來──也許是在校園詩人們普遍看來──曹葆華是一個「純粹的詩人」，他「能在詩歌中認出了一種莊嚴的使命，這種態度，確是值得注意的。」〔註72〕

　　在《落日頌》裏，李長之也說：「忠實是我們對於詩人的最根本的要求。……葆華的爲人，我是曉得的。就當得起忠實二字。他像一塊屹然的沒有空隙的大石。你一見他，就有種誠實無僞的印象。他的作詩，更是再認眞沒有了，……他以詩爲生命，活著就爲詩。」〔註73〕大概只有朝夕相處的同學，才會對詩人有如此深入的瞭解，這種「知人論詩」的批評倒是一般的就詩論詩的評論文章中所難以看到的。

〔註69〕參見黃延復：《二三十年代清華校園文化》第406頁。

〔註70〕春霖：《評曹葆華的〈落日頌〉》，《清華周刊》第40卷第3、4期合刊，1933年11月13日。

〔註71〕兩文分別爲芳中：《評曹葆華著〈靈焰〉〈落日頌〉兩詩集》(《清華周刊》第38卷第12期，1933年1月14日）及李長之：《〈落日頌〉》(《清華周刊》第39卷4期，1933年4月5日）。

〔註72〕見《清華周刊》第38卷第12期，1933年1月14日。

〔註73〕見《清華周刊》第39卷第4期，1933年4月5日。

當然，校園刊物絕不僅僅是清華園裏特有的美麗風景，在其他大學校園甚至中學校園裏，各種內容各種形式的學生刊物同樣發展得有聲有色。比如，在北京大學裏活躍著的大批的學生刊物中，文學刊物就有《紅砂磧》（1931）〔註74〕《開拓》（1931 年）、《北大學生》（1930～1931 年）、《自決》（1932 年）、《牧野》（1933 年）、《新夢》（1933 年）、《瓦缶》（1935 年）、《北大周刊》（1935～1936 年）、《詩頁》（1936 年）等等。其中，《新夢》中就刊登過波德萊爾的三首譯詩和一些校園詩人自己創作的帶有現代派調子的詩歌作品。此外，《牧野旬刊》由李廣田、鄧廣銘主編，主要撰稿人正是卞之琳、何其芳等「前線詩人」的核心成員。《牧野》共出版 12 期，刊發了很多現代派詩人的作品和譯文。其創刊思路所反映出來的詩人的文學觀念和心態，本書第二章中將有更詳細的論述。

第三節　文壇與詩壇

一

當然，「文化古城」與大學校園都還是相對寬泛的「大」環境，要討論與「前線詩人」群體關係最密切最直接的「小」環境，還得落實到文壇本身，更集中一點說，就是 1930 年代北平的現代主義詩壇。

文壇的聚集可以通過多種形式，而最重要的一種還是文學報刊。因為報刊不僅能最全面地反映創作、理論和譯介等方面的最新成果，還能展開各種形式和規模的討論與對話，聚集和培養創作與理論批評的隊伍。可以說，在那個時代，報刊是一種最不受時空限制的文學交流和聚集的形式，因之也顯得最為自由和有效，而文學報刊的發達程度也因此成為衡量文壇活躍與否的重要標準。

在 1930 年代的北平，影響較大的報紙刊物數量至少在四、五十種以上〔註75〕，加之校園內的報刊，其數量和種類則更為豐富。其中，僅與現代派詩歌相關的重要的文學刊物就有 10 餘種之多。如《牧野旬刊》、《北平晨報・學園》附刊《詩與批評》、《文學季刊》、《學文》、《文學評論》、《水星》、《小雅》、《文

〔註74〕該刊是何其芳、朱企霞等人編輯的一份文學刊物，格式仿《語絲》和《駱駝草》。其時何其芳還未進入北大，但該刊在北大一院傳達室中可以買到。

〔註75〕參見陳文良：《北京傳統文化便覽》「日下報刊」部分（第 982～1019 頁），北京燕山出版社，1992 年。

學雜誌》，以及《大公報‧文藝副刊》〔註 76〕、《天津益世報‧文學》〔註 77〕等等。可以說，這些刊物為「前線詩人」及其周邊的理論探索者們提供了實踐創作和闡明美學主張的最基本的陣地。

這裡簡單介紹幾種特色鮮明、影響重大的刊物——

曹葆華主編的《北平晨報‧學園》附刊《詩與批評》〔註 78〕是「中國現代主義詩潮發展中的一個重要的刊物」，它「第一次如此大量地發表了西方現代的詩歌批評理論」，而且「大力介紹了西方現代詩學中新批評的理論和方法」，「對於增進人們對西方最新詩學批評方法的瞭解，推進對於西方新批評方法的接受與實踐，是很有意義的。」〔註 79〕該刊譯介了包括艾略特、瑞恰慈、瓦萊里、葉芝等現代主義代表詩人理論家的關於「象徵」、「純詩」、「隱晦與傳達」等重要問題的大量文章，體現出作為「陣地」的鮮明的目的性和自覺性。

《文學季刊》〔註 80〕是一個溝通平滬兩地文壇的著名的紐帶雜誌。編委會 6 個人中，巴金、鄭振鐸都是平滬兩地往來頻繁的名家，沈從文、李健吾、卞之琳和靳以雖以北平生活為主，但也都各自與上海文壇頗有淵源〔註 81〕。因此他們都具有較為寬宏的辦刊眼光和胸襟，這一點，從刊前羅列的多達 108 位特約撰稿人的名單中就可以看出。該刊內容也頗寬泛，兼顧「舊文學的重新估價與整理」、「文藝創作的努力」、「文藝批評的理論的介紹與建立」、「世界文學的研究，介紹與批評」和「國內文藝書報的批評與介紹」五大方面〔註 82〕。在譯介法國象徵主義詩學和英美現代派詩學等方面成績尤其突出。

此外，《文學季刊》編輯部還是一個作家聚會的重要場所。位於北海東面三座門大街 14 號的編輯部經常門庭若市，來自清華、燕京、北大等高校的青年文友常在此聚首。比如卞之琳、李廣田、何其芳就常來幫靳以看詩文稿，曹葆華也是「座上常客」。方敬回憶說，靳以「喜歡交朋友，重友情，真夠朋

〔註 76〕《大公報‧文藝副刊》1933 年 9 月 23 日創刊，至 1935 年 9 月 1 日起更名為《大公報‧文藝》，由原來的每周兩刊改為每周三刊，刊號重新從第 1 期算起。
〔註 77〕後兩者雖出版於天津，但其主要編輯創作人員都在北平，並在北平文壇上產生了相當重要的影響。
〔註 78〕1933 年 10 月至 1936 年 3 月，共出 74 期。
〔註 79〕孫玉石：《〈北平晨報‧學園〉附刊〈詩與批評〉讀箚（下）》，《新文學史料》1997 年第 4 期。
〔註 80〕1934 年 1 月至 1935 年 12 月，共出 8 期。
〔註 81〕參見卞之琳：《星水微茫憶〈水星〉》，《讀書》1983 年第 10 期。
〔註 82〕見《發刊詞》，《文學季刊》創刊號，1934 年 1 月 1 日。

友。編刊物，他作爲編者，與作者的關係就簡直是朋友的關係。……有些作者是老朋友，又新結識很多作者。他關心作者和他們的寫作，作者也關心他和他編的刊物。」〔註83〕另外，沈從文的回憶中也有相似的內容：

> 因爲同在編輯文學刊物，彼此組稿換稿常有聯繫，我們見面機會也多了些。靳以和巴金、西諦同編《文學季刊》，實際上組稿閱稿和出版發行方面辦交涉，負具體責任的多是靳以。刊物能繼續下去，按期出版，分佈到全國讀者面前，眞不是簡單工作！因爲那麼厚厚的一本文學雜誌，單是看稿、改稿、編排、校對，工作量就相當沉重！靳以作來倒彷彿凡事成竹在胸，遊刃有餘，遠客來時，還能陪上公園喝喝茶，過小館子吃個便飯，再聽聽劉寶全大鼓。……當時一些年輕作家，特別是一部分左翼作家，不少作品是通過這個刊物和全國讀者見面的。靳以那時還極年輕，爲人特別坦率，重友情，是非愛憎分明，既反映到他個人充滿青春活力的作品中，也同時反映到他編輯刊物團結作家的工作裏。〔註84〕

就這樣，以刊物爲紐帶，編輯部又成了觀點相近的文人相聚的場所。他們將刊物作爲重要陣地，直接團結和帶領青年詩人進行藝術探索。

由吳奔星等人組成的「小雅詩社」主辦的《小雅》〔註85〕，是「文化古城」中唯一的詩刊。編者堅信「詩是一種崇高的藝術。從事這種藝術的人，應有堅決的信仰，把它看成自己的事業，萬不可當它作業餘消遣，『小玩藝兒』看待！」〔註86〕他們強調「詩意含蓄，篇幅短小」，不登舊體詩和「胡適之體」白話詩〔註87〕，同時在刊中展開了大量關於詩歌形式、傳達方式等問題的討論。因此可以說，《小雅》呈現出了較爲鮮明的現代主義藝術傾向。

朱光潛主編的《文學雜誌》〔註88〕是1930年代後期北平的一個重要刊物。編者對新詩抱有熱情和樂觀的態度，並有意識地多刊登青年詩人的作品，堅信該刊中的年輕詩人已表現出了新詩值得樂觀的前途〔註89〕。特別是朱光潛精心

〔註83〕 方敬：《紅灼灼的美人蕉——憶靳以同志》，《新文學史料》，1982年第2期。

〔註84〕 沈從文：《悼靳以》，《沈從文文集》第10卷第217～218頁。

〔註85〕 1936年6月至12月共出4期。

〔註86〕 《社中人語》，《小雅》創刊號，1936年6月1日。

〔註87〕 吳奔星：《〈小雅〉詩刊漫憶》，《新文學史料》1983年第1期。

〔註88〕 1937年5月至8月共出4期。

〔註89〕 朱光潛：《編輯後記》，《文學雜誌》第1卷第4期，1937年8月1日。

寫作的「編輯後記」，往往與詩人的創作相呼應，加深對一個問題的共同探討。最常被研究者引用的，是朱光潛談廢名詩「難懂」問題的那一篇。朱光潛說：「廢名先生的詩不容易懂，但是懂得之後，你也許要驚歎它眞好。有些詩可以從文字本身去瞭解，有些詩非先瞭解作者不可。廢名先生富敏感而好苦思，有禪家與道人的風味。他的詩有一個深玄的背景，難懂的是這背景。」〔註90〕朱光潛站在讀者和批評家的雙重立場上對廢名，甚至其他被稱爲「晦澀」的詩人的詩作，提供了一條解讀的路徑，同時也對現代主義詩歌的個性化、智性化等獨特的感覺方式和表達方式做了一定的闡發。應該說，創作者和批評者正是借用刊物這一陣地互相闡釋補充，共同明確了他們的詩學觀念的。

　　對於那段往事，朱光潛後來有過具體的回憶，其中還特別提到與沈從文的交往：「他（指沈從文）編《大公報・文藝副刊》，我編商務印書館的《文學雜誌》，把北京的一些文人糾集在一起，佔據了這兩個文藝陣地，因此博得了所謂『京派文人』的稱呼。……於今一些已到壯年或老年的小說家和詩人之中還有不少人是在當時京派文人中培育起來的。」〔註91〕朱光潛的這席話雖非專指「前線詩人」群體而言，但也足以說明那些刊物對推動文學發展所起的作用與價值。

二

　　與刊物的「無形」聚會相比，北平文人群體中的茶會和沙龍則更具體生動。而且在我看來，這兩種聚會形式也最能體現「文化古城」的地方色彩和時代特徵。

　　茶會、沙龍方式的聚會是文學史上的美談。雖然它們不具文學社團之名，也沒有嚴格的組織和宗旨，只憑文人們單純的文學目的相聚，但也正因如此，其純文學的味道才更醇更濃。

　　「沙龍」是一個由法國舶來的概念，意即文藝客廳。很多中國作家對此表示過由衷的豔羨。李金髮曾說：「這種風氣是非常有趣，而值得提倡的，當代的作家，可以時常會面，聯絡感情，得切磋琢磨的益處，討論問題，演講，遊藝，甚至組織政黨，新近的作家亦可以有機會認識幾個老前輩，不致埋沒

<hr>

〔註90〕朱光潛：《編輯後記》，《文學雜誌》第1卷第2期，1937年6月1日。
〔註91〕朱光潛：《從沈從文先生的人格看他的文藝風格》，《朱光潛全集》第10卷第491頁，安徽教育出版社，1993年。

天才。」他感歎說:「可惜我們中國沒有」〔註92〕。

　　梁宗岱也對馬拉美家著名的「星期二沙龍」十分向往,稱之爲「法國文學史上底美談」〔註93〕。朱光潛則對倫敦大英博物館附近的一個由書店老闆組織的定期詩歌朗誦會心儀不已。梁、朱二人都各自參加過這些爲他們所羨慕的文人聚會。因此,他們在歸國之後難免也產生了組織類似聚會的願望。1933 年,著名的「讀詩會」就誕生在朱光潛和梁宗岱合住的院子裏。

　　「讀詩會」在慈慧殿 3 號的朱家客廳中進行。這是個破陋的院落,「頗類似《聊齋誌異》中所常見的故家第宅」〔註94〕。朱光潛在這裡居住了從 1933 年 7 月到 1937 年 7 月的整整 4 年時間,他爲人熱情,講課又好,家裏地方也大、學生朋友多有來往,加之他有意識地學習倫敦書店老闆的以詩會友的方法,「讀詩會」就這樣誕生了。讀詩會的活動一周一至兩次。據沈從文回憶:

> 參加的人實在不少,北大計有梁宗岱、馮至、孫大雨、羅念生、周作人、葉公超、廢名、卞之琳、何其芳、徐芳⋯⋯清華計有朱自清、俞平伯、王了一、李健吾、林庚、曹葆華⋯⋯此外尚有林徽因女士、周煦良先生等等。這些人或曾在讀詩會上作過有關於詩的談話,或者曾把新詩舊詩外國詩當眾誦過、讀過、說過、哼過。⋯⋯差不多集所有北方新詩作者和關心者於一處,這個機會可以說是極難得的,且爲此後不易如此集中的。〔註95〕

讀詩會的規模和影響都很大,而且氣氛也相當熱烈。蕭乾曾回憶到,有一次林徽因「當面對梁宗岱的一首詩數落了一通,梁詩人可不是那麼容易服氣的。於是在『讀詩會』的一角,他們擡起杠來。」〔註96〕如此熱烈自由的風氣和藝術至上的精神保證了讀詩會的成功,而這種面對面的直接交流更是促進文學健康迅速發展的強大動力。

　　時任北大西語系教授的朱光潛,除在本系主講「西方文學理論批評」、「歐洲文學名著選讀」、「英國 19 世紀文學」等課程外,還同時在北大中文系、清華

〔註92〕李金髮:《法國的文藝客廳》,《人間世》第 18 期,1934 年 12 月 20 日。
〔註93〕梁宗岱:《保羅梵樂希先生》,《詩與眞‧詩與眞二集》第 11 頁,外國文學出版社,1984 年。
〔註94〕朱光潛:《慈慧殿三號》,《論語》第 94 期,1936 年 8 月 16 日。
〔註95〕沈從文:《談朗誦詩》,《沈從文文集》第 11 卷第 251 頁。
〔註96〕蕭乾:《一代才女林徽因(代序)》,《林徽因──〈中國現代作家選集〉叢書》第 2 頁,人民文學出版社、三聯書店香港分店,1992 年。

大學中文系、北平大學、中央藝術學院、輔仁大學授課，講「文藝心理學」和「詩論」。他講課內容豐富，學生們「總有收穫，覺得充實和滿意」，尤其是他貫通中國古詩和西方現代詩歌的思路和方法更是影響了大批學生。他的課堂因此成爲吸引學生的強大磁場。季羨林回憶自己當時的心情時說：「每周盼望上課，成爲我的樂趣了。」朱光潛的課堂上常有其他專業的學生，他們從各自的角度獲取營養。當時在現代詩壇上已露頭角的詩人、哲學系的學生何其芳就每課必到〔註97〕。「甚至住在北大附近一帶公寓裏的『偷聽生』也慕名跑到紅樓來『偷聽』他的課。」朱光潛不僅課講得好，課外與學生的關係也很密切。他關心學生的文學寫作和文學活動。在主編《文學雜誌》期間，他一直鼓勵同學投稿，還支持和幫助學生自己辦刊物〔註98〕。可以想像，這樣課上課下對學生言傳身教的朱光潛，其文學觀念、詩歌觀念也必然影響了大批學生。作爲支持現代派的詩歌理論家，朱光潛無疑成爲促成北平現代詩壇凝聚的一股力量。因此，「讀詩會」在他的住所舉行並蔚爲氣候，也不乏一定的必然性。

　　與朱光潛同住在慈慧殿 3 號的翻譯家和詩歌理論家梁宗岱，也是朱光潛在北大的同事。他 1931 年至 1934 年間任北大法文系主任，兼清華大學講師。在這段時間內，梁宗岱翻譯和介紹了大量法國象徵主義文學的作品和理論，撰寫了許多新詩方面的論文，「配合了戴望舒二、三十年代之交已屆成熟時期的一些詩創作實驗，共爲中國新詩通向現代化的正道推進了一步」〔註99〕。

　　梁宗岱同樣是一個在課堂上傳達他對新詩發展道路的思考的教師。1934 年 1 月，他在北大國文學會演講，內容就是日後收入《詩與眞》的重要文章《象徵主義》。他甄別了作爲修辭的「象徵」手法和作爲文藝思潮的「象徵主義」，在描繪象徵發生和作用的體驗的同時接近了他對「純詩」的思考。梁宗岱的著作《詩與眞》、《詩與眞二集》分別出版於 1934 年和 1936 年，更加全面深入地引進西方象徵主義和純詩理論，並探討了這些理論在中國新詩中的針對性和實踐性。

　　作爲深刻影響了新詩發展走向的詩論家，梁宗岱在課堂內外都深深震動了校園詩人們的心靈。早在《小說月報》上讀了梁譯《水仙辭》和《保羅梵樂希

〔註97〕商金林：《朱光潛與中國現代文學》第 89 頁，安徽教育出版社，1995 年。

〔註98〕方敬：《意氣尚敢抗波濤》，《方敬選集》第 804 頁，四川文藝出版社，1991 年。

〔註99〕卞之琳：《人事固多乖──紀念梁宗岱》，《新文學史料》1990 年第 1 期。

先生》「感到耳目一新」、「大受啓迪」的卞之琳就認爲，他與梁宗岱是在詩學道路上因共同的方向而「不期相會」的。後來二人相識，卞之琳還曾到法文系班上旁聽梁宗岱講課，也就是經梁介紹，他才開始注意和翻譯紀德的作品。

年輕的何其芳也因「喜愛法國象徵派的詩，想直接從法文閱讀法國詩和其他文學作品，選了法文作爲第二外語，用功學習。他甚至一度曾想轉到法語系。梁宗岱當時是系主任，很讚賞其芳的詩的才華。他曾約其芳到他家裏去談，他還讓參觀了他藏的圖書，那些豪華本的法國文學書籍，使其芳欣羨不止。」〔註100〕從何其芳最早的代表詩作《預言》中，也不難看出《水仙辭》的影響。

1933 年考入北大外語系的方敬也是校園詩人，梁宗岱看到他的詩後幾次讓曹葆華捎信給他表示想見見他，但方敬因「自己膽小怯生，始終不敢去探望這位前輩先生。」〔註101〕方敬雖未能親聆梁宗岱的教誨，但梁宗岱對校園詩人的關愛由此事卻可見一斑。

朱光潛和梁宗岱兩人是讀詩會的核心。雖然他們之間在文學觀念、理論方法等很多方面存在不少分歧，甚至每每爲學問爭論不休。但無論如何，他們在詩歌理論方面的建樹和修養，就是讀詩會號召力的最有力的保證。

除朱光潛家的讀詩會以外，「文化古城」中還有一處著名的沙龍，即東城區北總布胡同的林徽因家中的文學沙龍。初爲新月派成員的林徽因在 1931 年後開始大量創作詩歌，從詩風來看，她已超出了新月派的範圍，而進行了一些現代主義詩藝的嘗試和探索。林徽因的客人中不僅僅是詩人，也有小說家、哲學家等，他們的話題也不一定限於詩歌藝術，因此，這不是一個專門的詩人聚會，而是一個文學沙龍。但這個沙龍裏的詩人不少，卞之琳就是她座上的常客，「是最年輕者之一」〔註102〕。由於女主人林徽因才華橫溢、活潑健談，加之她與梁思成廣泛的社會關係，其沙龍的規模相當可觀，其影響之大也是可想而知的。林徽因的沙龍的巨大影響甚至引起一些未能進入這個圈子的作家的妒意，在小說中被冠以「我們太太的客廳」之名加以庸俗的醜化。

林徽因在社交方面極爲熱情主動。1931 年，她自己剛剛開始詩歌創作，就注意到與她同在《詩刊》上發表作品的卞之琳，林徽因對卞之琳大爲讚賞，寫

〔註100〕方敬：《難忘的往事——回憶何其芳早年讀詩寫詩》，《方敬選集》第 816 頁。

〔註101〕方敬：《流光的影痕——記一個未曾畫圓的圓》，《新文學史料》1994 年第 1 期。

〔註102〕卞之琳：《窗子內外：憶林徽因》，《林徽因——〈中國現代作家選集〉叢書》第 326 頁。

信邀下到家中敘談，令這位羞澀的年輕詩人第一次走進北平的文學社交圈。1933
年秋，林徽因又因發現《大公報》上發表的蕭乾的小說《蠶》，邀沈從文帶領蕭
乾加入了她的文學沙龍。1934 年 1 月，李健吾的論文《〈包法利夫人〉》發表在
剛剛創刊的《文學季刊》上，林徽因即寫信邀其到家中，而這既是林、李二人
友誼的開始，也是留學歸來的李健吾踏入北平文學圈的一個難得的機會。

從這些具體的實例中不難看出，北平的文學圈是一個鮮活的、開放的、
不斷補充著年輕的血液的圈子。從某種意義上說，這個圈子雖不算大，誰一
旦進入這個圈子後，就會形成一種良性循環，使一個初出茅廬的年輕作家在
眾人的提攜下迅速地成熟起來。

在林徽因家和朱光潛家的聚會中都是座上客的蕭乾，1935 年後也成了又
一文人聚會的組織者。這年 7 月，他接辦天津《大公報·文藝副刊》，由於該
刊多靠北平的作家供稿支持，所以他每個月都要到北平來組稿並聽取作家們
對刊物的意見和建議。他採用的方式就是定期在來今雨軒舉行一個二、三十
人的茶會，大家座談的同時，他的工作任務也即完成。在蕭乾的茶會上，出
席者當然也就是《大公報·文藝副刊》的作者和支持者，蕭乾記得，林徽因
等人幾乎每次必到，而且每到必有一番宏論〔註 103〕。也就是在來今雨軒的茶
會上，醞釀了 1937 年《大公報》「文藝獎金」及其選集的籌備和評選。

顯然，在朱光潛家、林徽因家和蕭乾的茶會上，基本的參加者大體相同，
其文學觀念和藝術風格也很相近，而「前線詩人」群體就正好被包含於這個
圈子之中，也就是說，他們有多個機會，多處場所聚在一起，談論詩歌以及
更廣泛的文學話題。因此，這樣的聚會對北平詩壇的凝聚和形成無疑是會起
到推動作用的。

其實，來今雨軒的茶會已具有很長的傳統，甚至蕭乾本人在《大公報》
的工作，還是在這裡由楊振聲、沈從文推薦的〔註 104〕。茶會是北平文人最喜
愛的日常聚會方式，而來今雨軒則一直是個溫柔雅集、文事不斷的去處。除
來今雨軒之外，1930 年代的北平還有「北海茶座、公園茶座、太廟茶座、中
南海茶座」以及「上林春、漱瀾堂、道寧齋」等等著名茶座。此外，「還有多
少小的、無名的，但都是文學者構思、論學、寫作、閒談的最佳場所，那樣

〔註 103〕蕭乾：《一代才女林徽因（代序）》，《林徽因——〈中國現代作家選集〉叢書》
　　　　第 2 頁。
〔註 104〕蕭乾：《風雨平生——蕭乾口述自傳》第 67 頁，北京大學出版社，1999 年。

自由，那樣閒散，那樣寧靜，那樣舒暢。」〔註105〕

　　無論是蕭乾組織的那種定期的大規模茶會，還是一些並未留下文字記載的小型聚會，都爲北平文人提供了更多的交流和探討文學藝術問題的機會。這正是北平文壇的一個特色，他們有這樣的風氣，具備這樣的條件和心態，得以從容專心地在純文學的道路上探索。在各種形式的集中和不懈的討論中，北平文壇增強了凝聚力，也加速了發展的步伐，得以在整體上發展得更順利、更自由、更迅速，而且更加聲勢浩大、深入人心。

三

　　除了在編輯部、茶會、沙龍中的聚會之外，還有很多不屬於文學活動的純粹出自友情和興趣的交往和過從。雖然這些未必能在文學史上留下一道色彩，卻會在文化史或後人的追想中形成一段更爲鮮活感人的佳話。本節不厭其煩地描述這些歷史細節，就是希望考察這群活生生的人是怎樣聚到一起，推動文學歷史發展的。也許，把抽象的共同的理論主張還原成鮮活的瑣事，反而更能讓人看到當時詩壇的眞實面貌。

　　在諸多歷史細節中，有一件特別值得紀念的事，就是清華外國文學研究所的研究生趙蘿蕤憑藉在溫德和葉公超的課堂上的收穫，於1936年完成了艾略特的《荒原》的第一個中譯本。

　　趙蘿蕤「在清華學習三年，聽了吳宓老師的『中西詩比較』，葉公超的『文藝理論』，溫德老師的許多法國文學課：司湯達、波德萊爾、梵樂希等」，爲她翻譯和理解這部現代主義經典作品作了大量的準備。在清華的第三年，遠在上海主編《新詩》雜誌的戴望舒向趙蘿蕤約稿，邀她翻譯「當時震動了整個西方世界的熱得灼手的名作」——《荒原》。因爲「那時溫德老師已經在課堂上相當詳細地講解過這首詩」，所以她就「大膽地接受了這個任務。」〔註106〕

　　在趙蘿蕤的翻譯中，美籍教師溫德和清華大學外文系主任葉公超教授都給予了她切實的幫助。她在回憶中說：「我的譯者注得益於美籍教授溫德先生。然而很可能葉老師的體會要深得多，這在後來他爲我的譯文寫序中可見一斑。溫德教授祇是把文字典故說清楚，內容基本搞懂，而葉老師則是透徹說明了內容和及其的要點與特點，談到了艾略特的理論和實踐在西方青年中

〔註105〕鄧雲鄉：《文化古城舊事》第169頁。
〔註106〕趙蘿蕤：《我的讀書生涯》，《我的讀書生涯》第2頁。

的影響與地位，又將某些技法與中國的唐宋詩比較。」〔註107〕

　　就這樣，趙蘿蕤不僅成功翻譯了這首深邃艱澀的長詩，而且她還促使葉公超「爲這個譯本寫了一篇眞正不朽的序」。他們師生共同翻譯和闡釋《荒原》，堪稱現代主義詩學引進過程中的一個具有標誌性和象徵意義的重大事件。

　　當然，得到葉公超指導的並不止趙蘿蕤一人。葉公超在清華工作了 7 年，除了教英文還開過「英國散文」、「現代英美詩」、「18 世紀文學」、「文學批評」和「翻譯」等幾門專業課，並同時在北大兼課。在學生們的記憶裏，「葉先生對待學生十分隨便，沒有架子，我們和他談話沒有一點拘束。我們背後講到他總稱『老葉』。……我們拜訪他時，多是請教他英美現代文學和文學批評之類的問題，或者請他指導看什麼書。」〔註108〕

　　作爲現代主義詩論的重要的翻譯家，葉公超所做的還並不止這些。他最早在《新月》、《清華周刊》、《大公報・文藝》上介紹艾略特及《荒原》和其他西方現代主義文學的作家作品，他主編的《學文》是致力於現代主義美學探索的專門刊物。他是北平詩壇最重要的理論家之一，他曾強調「學術的進化與文學的理論往往有因果的關係」，並且呼籲「國內現在最缺乏的，不是浪漫主義，不是寫實主義，不是象徵主義，而是這種分析文學作品的理論。」〔註109〕正是在他和其他詩人的帶動和影響下，很多清華學生和北平青年作家彙集到了現代主義文學的創作和批評隊伍中來。

　　廢名也是這樣一位老師。他 1929 年畢業於北大英文系，留中文系任教。1933 年，他與外文系的學生卞之琳相識，從此卞之琳「成爲他的小朋友」，並「深得他的盛情厚誼。」他對卞之琳的寫作以至感情生活都十分關注，卞之琳稱他是一個「人情味十足」的人。1937 年，卞之琳和何其芳還曾在廢名的北河沿甲 10 號的小院裏借住，大家彼此關係十分融洽。〔註110〕

　　廢名是北大的教師，清華的學生林庚與他並無師生之緣，但是，由於二人詩歌觀念和美學追求的相似，他們的感情更勝過其他師生。廢名曾談到這樣一件事：「那時是民國二十年，我忽然寫了許多詩，送給朋友們看。有一天有一人提議，把大家的詩，一人選一首，拿來出一本集子，問我選那一首。

〔註107〕趙蘿蕤：《我的讀書生涯》，《我的讀書生涯》第 239 頁。
〔註108〕常風：《回憶葉公超先生》，《新文學史料》1994 年第 1 期。
〔註109〕葉公超：《序曹譯〈科學與詩〉》，《詩與批評》第 29 期，1934 年 7 月 12 日。
〔註110〕卞之琳：《馮文炳（廢名）選集序》，《新文學史料》1984 年第 2 期。

我不能作答，我不能說那一首最好。換一句話說，最好的總不止一首，不能
割愛了。林庚從旁說，他替我選了一首《妝臺》。他的話大出我的意外，我心
裏認爲我的最好的詩沒有《妝臺》。然而我連忙承認他的話。」〔註111〕我們現
在無從得知那些朋友裏都有哪些人，只知道一定是有相同創作傾向的一群詩
人，否則他們也無法一人選一首詩來出版一個集子。林庚自然是這群詩人中
的一員，雖然林庚選出的詩並非廢名的最愛，但廢名卻「連忙承認」。這件小
事能夠說明：詩人間的交流和討論，以及他們對彼此作品的意見的交換，往
往能夠促使彼此發現一些原本被忽視了的東西，從而促進他們創作藝術探索
的進一步發展。

　　沈從文曾與朱光潛同住一個宿舍，共同編輯京派刊物、鎮守京派陣地，
他對北平現代派詩人群的影響也是巨大的。他是讀詩會和林徽因沙龍的積極
參加者，同時他的家也是文學青年們向往和聚會的地方。

　　1933 年沈從文來到北平，結婚後在西城達子營建立了自己的家庭，很多
青年都是他家的常客。卞之琳就是其中之一，他在這裡結識了張充和，寫出
了僅有的情詩。1933 年，沈從文在自己抽屜裏尚有幾張當票時，卻堅持拿出
30 元支援卞之琳自印他的第一本詩集——《三秋草》，無比感動和會心的卞之
琳就在這本被朱自清贊爲有「現代人尖銳的眼」、「出奇」的聯想和「別致」
的比喻的詩集的版權頁署上了「發行人：沈從文」的字樣〔註112〕。

　　1937 年，胡適、梁實秋在《獨立評論》上指責現代派的「糊塗詩文」，並
以卞之琳的詩和何其芳的散文爲標的，「轟動了北平學院派文藝界」，連老衲
似的廢名都「激於義憤，親找胡適，當面提出了強烈質問」〔註113〕。年輕氣
盛的沈從文更是寫信予以反駁。他認爲那些詩文不是「糊塗」，而是「有他自
己的表現的方法」，這些青年作者正是「在文字上創造風格的作者」，他們的
成績恰恰在於「把寫作範圍展寬」，預示著新文學的「進步」。而那些聲稱「看
不懂」的人祇是因爲「受一個成見拘束」，沒有跟上新文學迅疾的發展〔註114〕。
沈從文的觀點鮮明激烈，在這場小範圍的論爭中，他明確闡述了現代主義的
美學立場，爲青年詩人在感受和傳達方式上的拓新進行了辯護，達到了廓清

〔註111〕馮文炳：《〈妝台〉及其他》，《談新詩》第 218 頁，人民文學出版社，1984 年。
〔註112〕陳丙瑩：《卞之琳評傳》第 12 頁。
〔註113〕卞之琳：《追憶邵洵美和一場文學小論爭》，《新文學史料》1989 年第 3 期。
〔註114〕沈從文：《關於看不懂（二）》，《獨立評論》第 241 號，1937 年 2 月 4 日。

現代主義詩歌特徵、確認新的美學觀念的目的。

　　年輕的方敬是北平詩壇上倍受關愛的小弟弟。他早年與何其芳相識,「在他熏蒸出來的詩的氣氛中」,「不知不覺地受到感染」,何其芳讀的詩大半他也讀,何其芳的詩大半他也愛,由此培養出接近現代派詩人群的美學觀念和理想。後來他來到北平,結交了一些年長的詩人和作家,如卞之琳、靳以、李廣田、曹葆華等。方敬在回憶中說:「他們都對我很好,關心和鼓勵我習作,給我可貴的幫助。」〔註115〕「抗戰前的那幾年,葆華和我同在北平。最初他還在清華園,每次進城,幾乎都到我住的景山東街旁古老的西齋宿舍小屋子來。他往往抱著一大包厚厚的外文書和詩稿譯稿,足音篤篤,急匆匆而來。他總是開口就先問又新寫了什麼,他想看看,然後他才說他也寫了詩,把詩稿取出來看,還念上幾行。隨興之所至,他就談起詩談起翻譯來,他總是稱讚別人,自己謙虛。他交遊比較廣,結識的師友比較多,愛與一些詩人、作家、翻譯家和教授往來,消息也靈通,告訴我不少有興味的新聞,特別是一些文壇和學府的佳話軼事,給我當時有些寂寞的生活添上了樂趣。」「他還給我介紹有著共同愛好的朋友。他的意思是以文交友。」〔註116〕

　　從方敬的身上,我們看到了其他年輕詩人在北平詩壇上的成長。正是這些生活上的關愛相攜和創作上的鼓勵鞭策,使得後起者逐漸跟上了前驅者的腳步,整個詩壇也隨之日益壯大。

　　在詩人交往中最值得一提、也取得了最大成就的,是「漢園三詩人」卞之琳、李廣田、何其芳的會聚。作為「前線詩人」群體的代表與核心,他們不僅是生活上的密友,更是志同道合的詩友。他們因共同的美學追求在詩創作的道路上不期而遇,既有一定的偶然性,又有很大的必然性。可以說,他們的結合是詩人會聚交流的一個最好代表,他們的詩合集《漢園集》也是 1930 年代北平詩壇最高成就的標誌之一。

　　卞之琳和李廣田都是 1929 年進入北大的,李廣田入學後先讀兩年預科,即與 1931 年入學的何其芳同年級。在徐志摩的影響下先步入詩壇的卞之琳,平時十分重視其他同學的詩創作,很快即發現了李、何二人。後來卞之琳回憶說:

〔註115〕方敬:《流光的影痕──記一個未曾畫圓的圓》,《新文學史料》1993 年第 4 期。

〔註116〕方敬:《憶曹葆華同志》,《新文學史料》1981 年第 2 期。

　　當時，每天清晨，我注意到在我們前邊的有小樹夾道的狹長庭院裏，
常有一位紅臉的穿大褂的同學，一邊消消停停的踱步，一邊念念有
詞的讀英文或日文書。經人指出，我才知道這就是李廣田。同時，
在『紅樓』前面當時叫漢花園的那段馬路南邊，常有一個戴著深度
近視眼睛，一邊走一邊擡頭看雲，旁若無人的白臉矮個兒同學，後
來認識，原來這就是何其芳。

　　我向來不善交際，在青年男女往來中更是矜持，但是我在同學中一
旦喜歡了哪一位的作品，卻是有點闖勁，不怕冒失。是我首先到廣
田的住房（當時在他的屋裏也可以常見到鄧廣銘同志）去登門造訪
的，也是我首先把其芳從他在銀閘大豐公寓北院……一間平房裏拉
出來介紹給廣田的。〔註117〕

他們三個最初以詩會友，後來又一起從事了不少與詩創作相關的工作，比如
幫臧克家出版《烙印》，幫靳以編輯《文學季刊》和《水星》等。

　　當然，更爲重要的是，在他們的詩歌創作當中，也流露出一定程度的共
鳴和一些相同的興趣。一個很有趣的例子是，1935 年，何其芳與卞之琳分別
在各自的散文和詩歌作品中使用了《聊齋誌異》中《白蓮教》的故事。何其
芳是在他發表於 1935 年 6 月的散文《畫夢錄》第三則中詳細鋪衍了這個「白
蓮教某」以「盆舟」牽繫海上航船的奇異「法術」的，詩人還對此注入了很
多個性化的奇麗幻想，大大豐富了原有的情節。同樣的故事也出現在卞之琳
同期的作品當中，在 1935 年 1 月創作的《距離的組織》中有這樣一行詩句：
「好累啊！我的盆舟沒有人戲弄嗎？」卞之琳雖在詩中把這個離奇故事濃縮
成了一個極爲精煉的意象，但他在一個長達百餘字的注釋中詳述了這個典故
的出處和內容。

　　在我看來，何其芳與卞之琳在同一時期的作品中採用同一典故並不是巧
合。因爲「白蓮教」的故事並非一個被廣泛引用的典故，所以，他們兩人對
其產生的共同興趣很可能是經過了交流探討或相互啓發的。顯然，在這個典
故中，體現出來的是他們當時對於「相對」問題的共同思考。何其芳感歎於
「半盆清水就是他的海」的奇異境界，詩性地思考著「大小之辨」，「時間的
久暫之辨」等命題。卞之琳則更是在自己的注釋中直白地指出：「這裡從幻想

〔註117〕卞之琳：《〈李廣田散文選〉序》，《李廣田散文選》第 1～2 頁，雲南人民出版
　　　　社，1980 年。

的形象中涉及微觀世界與宏觀世界的關係。」通過「白蓮教」的典故，何其芳、卞之琳思考著同一個問題並將之詩性地傳達了出來，而這種默契正源自於他們彼此間密切而且深刻的文學與思想的交往和交流。

這種交流和默契體現並進一步加深了卞之琳、何其芳等人在思想上和藝術上的共性。無怪乎 1934 年，當鄭振鐸編「文學研究會叢書」，要收一本卞之琳的詩集時，卞之琳把何其芳、李廣田二人到當時爲止的詩全部拿來，集合成了一本在統一的現代主義風格中又各有千秋的重要的詩合集──《漢園集》〔註118〕。

《漢園集》的出現標誌著「前線詩人」群體和北平現代主義詩壇的最終形成〔註119〕，更多的批評家由此開始注意到這一詩人群體共同的藝術傾向和先鋒姿態。李健吾也就是在這個時候冠之以「少數的前線詩人」的稱謂，肯定他們的全面的創新意義和藝術高度，稱他們的出現標誌著中國新詩「一個轉變的肇始」〔註120〕。李影心也準確地指出，《漢園集》標誌著「新詩在今日已然步入一個和既往迥然異趣的新奇天地。……新詩到如今方才附合了『現代性』這一名詞」〔註121〕。

批評家敏銳地看到了詩人們善於表現「人生微妙的刹那」，「以許多意象給你一個複雜的感覺」〔註122〕的創造性成就；看到了他們「無論爲捕捉人世間刹那感覺印象，掠取，變幻錯綜社會層各式光色，乃至復返各自內在心靈

〔註118〕《漢園集》直到 1936 年 3 月才由上海商務印書館出版。其中的編排依次爲：何其芳《燕泥集》16 首，創作於 1931 至 1934；李廣田《行雲集》17 首，作於 1931 至 1934；卞之琳《數行集》34 首，作於 1930 年至 1934 年。卞之琳在《題記》中解釋取名「漢園」的原因時說，是因爲「我們一塊兒讀書的地方叫『漢花園』。記得自己在南方的時候，在這個名字上著實做過一些夢，哪知道日後來此一訪，有名無園，獨上高樓，不勝惆悵。可是我們始終對於這個名字有好感，又覺得書名字取得老氣橫秋一點倒也好玩，於是乎《漢園集》。」《漢園集》奠定了卞、何、李三人的詩歌史地位，尤其是李廣田，《行雲集》幾乎可算是他唯一的詩集（1958 年出版《春城集》，其風格已完全不同）。此後他更專注於散文創作，《行雲集》奠定了他在現代派詩歌中的地位。此外，《數行集》和《燕泥集》還分別反映了卞、何二人從新月詩風向現代主義詩風的轉變。其中很多作品一直被公認爲現代派詩歌傑出的代表作。
〔註119〕《漢園集》的出版是在 1936 年，這裏所說的「出現」指其 1934 年的成集。
〔註120〕李健吾：《魚目集──卞之琳先生作》，《咀華集》第 131～135 頁，文化生活出版社，1936 年。
〔註121〕李影心：《〈漢園集〉》，《大公報·文藝》第 293 期，1937 年 1 月 31 日。
〔註122〕李健吾：《魚目集──卞之琳先生作》，《咀華集》第 131～135 頁。

覓尋眞摯的音籟，通過想像體會生命的純粹，概皆極力在擴展新奇的意象，企求於文字言語所揉合的感覺樣式的瑰麗與精絕。」更看到了「從前人們把詩當作表達感情唯一的工具的，現在則詩裏面感情的抒寫逐漸削減」，「具體的意象乃成爲詩的主要生命」〔註123〕。詩人如今不再滿足於「浪子式的情感的揮霍」，而是追求「詩的本身，詩的靈魂的充實，或者詩的內在的眞實」，「他們尋找的是純詩（Pure Poetry）」〔註124〕。正是在這些方面，「漢園」詩人們創造了「不與任何人物類同」的風格，他們的創新意義「不僅在來源，亦不僅在見解與表達的形式，而是從內到外的整個全然一起的變動，使現在的詩和既往全然改變了樣式。」「他們樹立了詩之新的風格與機能」，「這一肇變指示我們將來詩的依趨」〔註125〕。

「前線詩人」群體不僅得到了國內批評家的關注和肯定，而且也引起了世界詩壇的關注。1935年，美國意象派代表詩人、《詩刊》編輯孟祿（Harriet Monroe）女士訪華，回國後在該刊4月號編輯出版了「中國詩專號」，發表了孟祿的《在北京》和阿克頓（Harold Acton）的《當代中國詩歌》〔註126〕，並專門翻譯發表了何其芳、林庚等人的作品〔註127〕。

「前線詩人」群體就是這樣自覺地、逐漸地凝聚成形並日益壯大的。從寂寞到繁榮，從個人的摸索到群體的集合，其間歷經了整個1930年代。正如林庚所說：「像天文家發現海王星一般，希望的開始是悄悄而荒涼的；沒有人曉得，只有幾個天文家在冷清刻苦的探索著，終於這希望是證實了；於是熱鬧起來了；然而那最快樂的卻是曾經忍受著那寂寞的人。」〔註128〕

〔註123〕李影心：《〈漢園集〉》，《大公報・文藝》第293期，1937年1月31日。

〔註124〕李健吾：《魚目集——卞之琳先生作》，《咀華集》第131～135頁。

〔註125〕李影心：《〈漢園集〉》，《大公報・文藝》第293期，1937年1月31日。

〔註126〕參見《朱自清日記》，《朱自清全集》第9卷第360頁，江蘇教育出版社，1997年。

〔註127〕畢樹棠：《海外文壇近訊》，《天津益世報・文學副刊》第10期，1935年5月8日。

〔註128〕林庚：《甘苦》，《問路集》第180頁，北京大學出版社，1984年。

第二章 「荒原」與「古城」──「前線詩人」對西方現代主義詩潮的借鑒和吸收

　　中國新詩自發生之日起，就一直在吸取著外國詩歌的營養，以至於梁實秋說：「新詩，實際就是中文寫的外國詩。」〔註1〕這一說法雖然顯得極端化，卻在一定程度上說明了中國新詩發展初期對於外國詩潮的藉重。

　　其實，西方詩潮不僅催生了中國新詩，而且還在很大程度上參與了中國新詩的發展進程。卞之琳在後來總結「翻譯對於中國現代詩的功過」問題時說：「西方詩，通過模倣與翻譯嘗試，在『五四』時期促成了白話新詩的產生。在此以後，譯詩，以其選題的傾向性和傳導的成功率，在一定程度上，更多介入了新詩創作發展中的幾重轉折。」〔註2〕的確，無論是對外國詩歌理論的介紹還是對外國詩歌作品的翻譯，都深刻地影響著中國新詩的走向。可以說，外國詩學與中國古典詩學一樣，都是中國新詩發生發展的背景和養料庫，而新詩在二者之間的穿行、偏移、尋找和吸納，則構成了新詩發展的獨特的動態過程。因此，考察新詩對兩種傳統的繼承和發展，也一直是新詩研究的一個重要而基本的思路。

　　相對於其他流派而言，中國現代主義詩歌更是借鑒於西方詩潮的產物，其詩歌觀念、感情方式和藝術手法等方面，也都在更大程度上帶有西方詩學

〔註1〕梁實秋：《新詩的格調及其他》，《詩刊》創刊號，1931年1月。
〔註2〕卞之琳：《翻譯對於中國現代詩的功過》，《卞之琳──〈中國現代作家選集〉叢書》第209頁，張曼儀編，人民文學出版社・三聯書店香港分店，1995年。

的品質特徵。因此，討論「前線詩人」的現代主義詩學觀念和藝術風格，當然有必要追蹤他們對於西方現代主義詩潮的借鑒和吸收。更何況，以「前線詩人」為代表的 1930 年代的現代派詩人在借鑒西方詩學方面的貢獻也相當獨特，他們超越了初期白話詩人吸收外來營養的浮面化與單向化的傾向，達到了融會中西方詩學、貫通理論與實踐的高度。

在對西方現代主義詩潮的借鑒過程中，「前線詩人」對 T.S.艾略特及其《荒原》的譯介工作尤為集中和突出。可以說，若非葉公超、曹葆華、卞之琳等人對艾略特詩學理論的翻譯和闡釋，這位「晦澀」的現代主義大師也不可能如此清晰完整地進入中國新詩的視野，並對中國新詩造成如此巨大深遠的影響；而趙蘿蕤翻譯完成《荒原》的首部中譯本，更成為了中國現代主義詩壇上的一個標誌性事件。

最為珍貴的是，「前線詩人」在艾略特「荒原」精神的啓發下，結合北平古城的現實背景與各自的生命體驗，集中創造了一系列「古城」意象。這組意象不僅呼應了西方現代主義的「荒原」意識，而且獨具中國民族色彩和歷史意識，真正達到了「現代性」與「民族性」融合統一的境界，成為現代主義詩歌藝術中的一個經典意象，堪稱中國新詩借鑒西方詩潮並進行民族性創造的一次成功嘗試。

第一節　「前線詩人」對西方詩學的引進

一

以象徵派、意象派和英美現代派等為主要內容的西方現代主義詩潮，正是在 20 世紀 20 至 30 年代進入和影響中國詩壇的。其強大的影響成為推動中國新詩走向豐富化和複雜化的重要動力之一。但與此同時，中國新詩對國外——包括歐美和日本、印度等——詩歌觀念和創作方法的借鑒和吸收，就一直呈現出雜糅的狀況。在國外詩潮發展史上歷時發生發展和代興的詩歌潮流，在中國新詩壇上則集中為共時的，甚至順序顛倒。所以，即使將時空範圍劃定在 1930 年代北平現代主義詩壇之內，仍很難順序地、有層次地描繪出詩人和詩論家們對西方詩潮的線性引進，只能大致勾勒出一個主要輪廓。

袁可嘉認為：「五四前後對現代主義文學的評介是全面鋪開式的，多半側

重寫作技巧方面的借鑒，並未產生相應的中國流派」，直到「三十年代西方現代派文學的影響，加上國內的歷史條件，使我國文學界產生了自己的有明確特徵的現代主義流派和作品；以戴望舒、卞之琳為代表的象徵詩派」即是其中代表。〔註3〕

的確，在 1930 年代「前線詩人」群體出現以前，中國詩壇對西方現代主義詩潮的接近和譯介，不是呈現出籠統模糊的面貌，就是片面地截取某一部分為自己的理論觀念服務。比如 1915 年陳獨秀在《現代歐洲文藝史譚》〔註4〕一文中對西方象徵主義文學的介紹，就明顯屬於前者；而胡適對意象主義的提倡、化用和傳播，則接近後者的做法〔註5〕。

1920 年代初，波德萊爾及其所代表的法國象徵派被引入了中國詩壇。這是一個從思維方式、感覺方式和表達方式上都造成了詩歌重大變革的藝術流派，其中又以波德萊爾的影響尤為深遠。正如阿瑟‧西蒙斯所說：波德萊爾雖不是最偉大的詩人，然而他「比最偉大的詩人都更驚心動魄，更影響別人。」〔註6〕瓦雷里也發表過類似的觀點，說：「有了波德萊爾，法國的詩歌終於走出了國境！」〔註7〕的確，波德萊爾的影響波及全世界，其重要地位和作用也引起了中國詩壇的關注〔註8〕。波德萊爾帶來了對傳統美感的背離和挑戰，除去他作品中的西方宗教文化背景，中國詩人也足以為其強烈的反叛精神和獨

〔註3〕　袁可嘉：《西方現代主義文學在中國》，《文學評論》1992 年第 4 期。

〔註4〕　見《青年雜誌》第 1 卷第 3 號，1915 年 11 月 15 日。

〔註5〕　胡適將弗林特《意象主義》的三條原則（直接處理「事物」，無論是主觀的還是客觀的；絕對不使用任何無益於表現的詞；至於節奏，用音樂性短句的反覆演奏，而不是用節拍器反覆演奏來進行創作）和龐德的「六不」（不用多餘的詞語；不用抽象詞；不用劣詩來復述好散文已講過的東西；不要以為詩藝術比音樂藝術簡單；不要襲用別人的修飾性辭彙；不用修飾語或只用好的修飾語）與中國新詩革新文學語言和詩體的要求結合起來，在《文學改良芻議》中提出了「八事」（須言之有物；不模仿古人；須講求文法；不作無病之呻吟；務去爛調套語；不用典；不講對仗；不避俗字俗語）。

〔註6〕　阿瑟‧西蒙斯：《波特萊爾》，曹葆華譯，《詩與批評》第 45 期，1935 年 1 月 17 日。

〔註7〕　瓦雷里：《波德萊爾的位置》，轉引自《戴望舒譯詩集》第 105 頁，湖南人民出版社。

〔註8〕　劉延陵 1922 年發表的《法國之象徵主義與自由詩》比較全面地講到法國象徵派和波德萊爾的作品。張聞天的《波德萊爾研究》出版於 1924 年。徐志摩在《語絲》1924 年第 3 期上發表了根據英文轉譯的波德萊爾的《死屍》一詩，並在前言中將其稱為「詩集裏最惡亦最奇豔的一朵不朽的花。」

特的審美所震撼了。這一點，在聞一多的《死水》和徐志摩的《一片糊塗賬》等詩作中已有所體現。但儘管如此，開始對波德萊爾的譯介和模倣仍停留在較為浮面的層次，而真正「從思想到技巧，全面移植法國早期象徵派詩的一頁」，還是由「神秘詩人」李金髮「揭開」的〔註 9〕。李金髮大膽地將新奇的語言和象徵性的意象運用在詩歌創作中，達到一種朦朧暗示的藝術效果。雖然其中不免有故作神秘的傾向，但他畢竟為中國新詩開闢了一個新的境界。

　　與李金髮相比，1920 年代中期走近法國後期象徵派的戴望舒達到了更加成熟的境地。他追求朦朧與暗示相結合的傳達效果，希望在「表現自己和隱藏自己之間」〔註10〕尋找最恰切的藝術「分寸」。同時，他拋棄了對外在音樂性的追求，轉而尋找詩歌內部的韻律，用戴望舒自己的話來說，即

> 詩不藉重音樂，它應該去了音樂的成分。
>
> 詩不能藉重繪畫的長處。
>
> 韻和整齊的字句會妨礙詩情，或使詩情成為畸形的。儻把詩的情緒
> 去適應呆滯的、表面的舊規律，就和把自己的足去穿別人的鞋子一
> 樣。愚劣的人們削足適履，比較聰明一點的人選擇較合腳的鞋子，
> 但是智者卻為自己製最合自己的腳的鞋子。
>
> ……〔註11〕

顯然，戴望舒在放棄對外在韻律的刻意追求的同時，也就更接近了詩歌的本質，走向了對「純詩」的思考。他的核心觀點即所謂「詩情的程度」：

> 詩的韻律不在字的抑揚頓挫上，而在詩的情緒的抑揚頓挫上，即在
> 詩情的程度上。〔註12〕

仔細分析戴望舒的十七條「詩論零劄」可以發現，他雖然未建立宏篇巨製的詩歌理論體系，但實際上他的思考涉及了詩歌從內到外、從形式到內容的眾多方面，並達到相當的深度。因此可以說，這閃光的「零劄」正是中國新詩跨越浪漫主義詩學的界限，進入了現代主義詩學領域的重要標誌。

　　客觀地說，浪漫主義詩學和現代主義詩學二者之間是無從褒貶的。詩歌

〔註 9〕袁可嘉：《西方現代主義文學在中國》，《文學評論》1992 年第 4 期。

〔註10〕杜衡：《〈望舒草〉序》，《望舒草》第 2 頁，復興書局，1932 年。

〔註11〕戴望舒：《望舒詩論》，《現代》第 2 卷第 1 期，1932 年 11 月 1 日。

〔註12〕戴氏這一核心觀點，在袁可嘉看來，「正是意象派詩人的主張」(參見袁可嘉：《西方現代派詩與中國新詩》，《現代派論‧英美詩論》第 363 頁，中國社會科學出版社，1985 年版。)

潮流的產生雖有先後，可並不能說在藝術高度上就是後勝於前。但是，我們應該承認的是，現代主義詩學在觀念和創作方法等方面的確較之先前的詩潮更加複雜化了，這種複雜本身是現代人心理情緒和經驗發展的一種必然要求，同時也是詩人對前人成就的一種創新的企圖，在這個意義上說，這種複雜化就是詩歌藝術的一種發展。因此，雖然現代主義詩歌與其他詩潮不具有藝術上的可比性，但在文學史意義上，我們應當給予現代主義詩人一個開創者的肯定稱謂。

也正是出於這種對創新的要求，出於對自己繁複的思想的表達的需要，二十世紀二、三十年代的中國詩人才一步步地接近了現代主義。歷史地看，這種接近的過程是相當長的，絕不是一兩個人一蹴而就造成的。他們在象徵派那裡拋棄了外部詩形的束縛，擺脫了粗糙的呼喊和平直的敘述與解說，並且學會了在日常生活中發現詩情，暗示情緒和哲學。然後，他們在意象派那裡掌握了塑造和呈現意象的方法，並將之置於詩中靈魂的位置，使得再深再強的詩情也有了具體可感的依託，為在艾略特那裡接受「客觀對應物」的觀念和方法打下了基礎。

二

在 1930 年代的北平，「前線詩人」及其周邊的理論家們也在集中精力從事譯介西方現代主義詩潮的工作。在前一階段的詩人詩論家們已經建立的基礎上，他們進行了更加深入全面的努力。其中，貢獻最突出、工作最專注的首推曹葆華。

曹葆華最重要的成績之一就是主編了《北平晨報·北晨學園》上的《詩與批評》專欄。從 1933 年 10 月到 1936 年 3 月，《詩與批評》生存長達兩年零五個月，出版總數為 74 期。「這在『五四』以後自《晨報詩鐫》以來的詩歌創作及西方現代討論與批評的譯介的副刊，是絕無僅有的了。」〔註13〕《詩與批評》具有如此長久的生命力，這不僅可見編者付出的心血，同樣也反映出讀者對它的支持和需要程度。

《詩與批評》專欄自創刊始，就目的明確、始終如一。編者認為：「現代中國詩壇，真可說是十分沉寂，不但努力於詩的創作的人不十分多，介紹西

〔註13〕孫玉石：《〈北平晨報·學園〉附刊〈詩與批評〉讀箚（上）》，《新文學史料》
　　　　1997 年第 3 期。

洋詩的理論的文章更不多見。本刊為彌補這種缺陷，……主編『詩與批評』」。
〔註14〕在這一宗旨下，《詩與批評》上譯介外國詩歌理論文章佔據了相當重要
的篇幅。而其中由曹葆華本人親自翻譯的文章更占相當分量。曹葆華以《詩
與批評》為陣地，集聚了一批北平詩壇上的同道，素喜「以文會友」的他，
又編輯這樣一個特色鮮明目的明確的專刊，更加強了他在北平詩壇上穿針引
線的關鍵作用。

　　《詩與批評》中所譯介的西方詩學理論文章，內容主要涉及法國象徵主
義、英美意象派和英美現代派的理論思潮，並多為其具代表性的理論篇章。
如梵樂希的《詩》和《前言》、莫銳的《論詩》、墨雷的《純詩》和《批評的
信條》、魯衛士的《詩中的因襲與革命》、艾略特的《傳統與個人才能》、《批
評底功能》和《批評中的試驗》，以及瑞恰慈的《詩的經驗》、《詩中的四種意
義》和《實用批評》，雷達的《論純詩》和夏芝的《詩中的象徵主義》等。

　　在創刊號上刊登的第一篇譯文，即曹葆華本人翻譯的基爾白‧莫爾銳
（Gilbert Murray）的《論詩》。在正文前，譯者強調：「目下國內從事做詩的，
雖尚不乏人，但對於詩的理論加以深刻研究而為文發表的，似乎還很少見。
因此我譯出這篇文章，希望能作為對於詩有著興趣的朋友們的一種參考。」
這種強調譯文是為國內文壇服務的目的和針對性，是當時很多譯者的共同的
思路和認識。雖然在曹葆華這裡並不顯得怎樣深刻和與眾不同，但至少，從
這簡單明瞭的交待中，可以看出當時譯者的普遍思路。

　　1937 年，曹葆華將其在《詩與批評》上發表或連載過的 14 篇譯文結集出
版，書名為《現代詩論》。在該書的序言中，曹葆華又說：

> 近十餘年，西洋詩雖然沒有特殊進展，在詩的理論方面，卻可以說
> 有了不少為前人所不及的成就。在這本書中，譯者想把足以代表這
> 種最高成就的作品選譯幾篇，使國內的讀者能夠由此獲得一個比較
> 完整的觀念。〔註15〕

曹葆華等人這種自覺和精選的譯介意識，其作用與信手拈來自然大不相同。
《現代詩論》中的文章，不僅反映了較為完整且具代表性的思想觀點，同時，
也有相當的針對意義。在談到艾略特的《批評中的試驗》一文時，曹葆華就

〔註14〕《北晨學園附刊〈詩與批評〉創刊號明日出版》，《北平晨報‧劇刊》第 143
　　　期，1933 年 10 月 1 日。
〔註15〕曹葆華：《〈現代詩論〉序》，《詩與批評》第 33 期，1934 年 8 月 23 日。

明白地說：「那篇文章特別使我們心感，就因爲代替譯者說了許多應該向國內的讀者說的話。對於近代批評的本源，現況，和今後的趨向，他都深刻的剖析過了。這是一篇可以當作本書引論讀的文章。」〔註 16〕從中不難看出，當時的譯介工作有相當的目的性和針對性，他們是把譯介本身當作一種理論的倡導和傳播，目的是「向國內的讀者」說話。因此，《現代詩論》所包含的篇目，不僅涉及「純詩」理論，還涉及了現代詩人對傳統的認識問題，以及大量談論批評方法、批評理論的文章，「稱得上是 30 年代介紹西方詩學理論的最重要的一部分」〔註 17〕。而且，其範圍之廣泛、內容之全面，也反映出北平「前線詩人」群對譯介的態度和認識程度。

　　《現代詩論》所反映的譯者的思想與《詩與批評》的編撰思想是完全一致的。可以想見，這 14 篇已經見諸報刊的文章，再集爲出版物問世，兩種不同的形式無疑也在讀者和詩壇上造成了雙重甚至更強的影響。對文學史研究來說，書籍以其規模和份量更集中地顯示了作者的系統性和目的性，但在當時，報刊連載的影響恐怕要比專著還要廣泛得多，作爲譯者和編輯的曹葆華，其作用更是無人可以取代的。

　　除《現代詩論》以外，曹葆華還翻譯出版了瑞恰慈的專著《科學與詩》，這是「新批評」派的代表作之一，它必然也爲中國詩壇的批評理論提供了有益的啓示與思路。如葉公超在序言中就已明確指出的：

> 瑞恰慈在當下批評裏的重要多半在他能看到許多細微問題，而不在他對於這些問題所提出的解決方法。本來文學裏的問題，尤其是最扼要的，往往是不能有解決的事實上也沒有解決的需要，即便有解決的可能，各個人的方法也難得一致。……提出了這問題未必就能直接影響於讀者之鑒賞力，或轉變當代文學的趨向，不過總可以使關心的讀者對自己的反映多少增加一點理解，至少是增加了一種分析印象的方法。對於批評這已是不小的貢獻了。〔註 18〕

葉公超因此說：「我希望曹先生能繼續翻譯瑞恰慈的著作，因爲我相信國內現在最缺乏的，不是浪漫主義，不是寫實主義，不是象徵主義，而是這種分析文學作品的理論。」

〔註 16〕同上。
〔註 17〕吳曉東：《象徵主義與中國現代文學》第 76 頁，安徽教育出版社，2000 年。
〔註 18〕葉公超：《序曹譯〈科學與詩〉》，《詩與批評》第 30 期，1934 年 7 月 23 日。

　　曹葆華無疑是《詩與批評》的靈魂。他不僅親自在譯介實踐方面做出了巨大的努力，而且還把自己的詩論觀點始終貫徹於編輯思路當中，其譯介文章數量之大，及其對現代主義詩論之關注，在當時的理論翻譯界都顯得極為突出。

　　在曹葆華編輯思路的指導下，《詩與批評》的眾多稿件幾乎構成了一個西方現代主義詩學譯介的明晰的系統。比如，劉鎣就撰寫了一組文章，系統評介魏爾倫、波德萊爾、韓波等法國象徵主義詩人。文中系統介紹了詩人們的生平、著作和藝術觀等方面。論及魏爾倫對「音樂化的詩」和「暗示性」的主張〔註19〕，以及波德萊爾對「美」的特殊理解〔註20〕，此外，對於韓波〔註21〕，還介紹了他認為詩人必是「先知者（voyan）」〔註22〕的觀念，以及他對「聲色」關係的獨特理解〔註23〕等。這些簡括的評介，雖不能詳細全面地呈現法國象徵主義詩人的理論全貌，但仍有效地起到了讓中國詩人和讀者接近和瞭解西方詩學的橋梁作用。

　　曹葆華與《詩與批評》所做的專注而紮實的努力，在北平詩壇上顯得極為突出。他們代表了1930年代北平現代主義詩壇對引進西方詩學的特殊重視和集中努力。同時，他們還典型地體現了作為理論陣地的報刊與這樣一批專注於理論譯介的個人之間的相互依賴、相輔相成的關係。換句話說，沒有這批致力於外國文學譯介的主辦人和主撰人，就不可能出現這樣有特色有實效的報刊雜誌；而沒有這樣的理論陣地，也就無從聚集和培養這樣一個卓越的理論隊伍，體現他們的理論關注點和譯介思路。

　　像《詩與批評》這樣專門從事詩歌與詩論譯介和實踐的報刊數量雖然不多，但其他不少有現代主義思潮傾向或關注現代主義文學潮流的綜合性文學報刊，也都紛紛體現了對譯介西方文學思潮或詩潮的集中努力。他們與《詩與批評》一樣，也明確地抱有致力發展對西方詩歌與理論的譯介工作的思路。如天津《益世報‧文學副刊》的「發刊詞」中就聲明：

〔註19〕劉鎣：《詩人魏侖》，《詩與批評》第59期，1935年8月8日。
〔註20〕認為波德萊爾的「美中的成分必有不幸，美的本質必是逆遇，憂鬱，厭倦，憎惡和悲哀，這便是他對美的見解。」見劉鎣：《詩人鮑特萊》，《詩與批評》第61期，1935年9月12日。
〔註21〕劉鎣：《詩人藍葆》，《詩與批評》第73期，1936年3月12日。
〔註22〕即通常所說的「通靈者」。
〔註23〕文中說：「他對藝術方面，有一種空前的大發明，便是聲色的關係；以為字母中的五個正音的聲音，可以表示五種顏色的象徵；換句話說，便是令人聽了某一個正音的聲音，立刻可以引起一種顏色的感覺。」

> 我們讚助翻譯介紹。我們相信一個民族在最能創造的時代，同時就正
> 是她最能吸收的時代。宏保耳特（Wilhalm von Humbolat）有言：「一
> 種新的語言的獲得，是一種新的世界觀的獲得」，翻譯的意義是如此
> 既重且大的！大規模的創造，大規模的吸收，而且要熱切！〔註24〕

因此，《益世報‧文學副刊》在刊中設有「海外文壇近訊」專欄，專門及時而
且大量地把海外文學方面的發展通報給中國的作者和讀者，同時也涉及中外
文學交流等方面。此外，在《文學季刊》的「發刊詞」中，也明確提出了要
注重「世界文學的研究，介紹與批評」的指導思想。《學文》的編輯也表示：
「本刊決定將最近歐美文藝批評的理論，擇其比較重要的，翻譯出來，按期
披載。」〔註25〕凡此種種，都一致體現了「前線詩人」群體對於吸收借鑒西
方詩學的明確目的和意識。因為在他們看來，「西洋文學的精神，是中國現代
新文學精神的策源地。……西洋文學的精神是近代精神。」所以，「懂外國文
的，要趕快讀外國詩，讀高興了，要趕快翻譯。」〔註26〕可見，對他們而言，
這是一件急迫而充滿激情的工作。

當然，他們的吸收和借鑒並不因急迫就流於盲目。相反，他們對此是相
當清醒和理智的。他們提醒自己：

> 我們不能不知道，外國的文學，因為國情風土的不同，是不能馬上
> 令我們消化的，而且，外國文學的進展，不用說，比我們迅速，也
> 豐盛，巨大，和我們的一般的讀者，不能不說有著點距離，因此，
> 解說樣的介紹與批評是急需的，……「對翻譯過來的文藝作品，更
> 當抉示其優異，及可效法，可借鏡之點。〔註27〕

當然，選擇翻譯哪些理論文章，這本身就體現了譯者的觀點和思路。如果再
於翻譯過程中融入自己的理解和消化，並有意識地將西方詩學觀念與中國新
詩發展相結合，那無疑會具有更大的作用和價值。

梁宗岱就是這樣一位消化了西方詩學，並將之與中國詩歌相結合的獨特的
翻譯家和理論家。他的評論集《詩與真》、《詩與真二集》是集中傳倡現代主義
詩論的重要論著。尤其是在「前線詩人」的「純詩」追求中，他的譯介和生發

〔註24〕《發刊詞》，《天津益世報‧文學副刊》第 1 期，1935 年 3 月 6 日。
〔註25〕《編輯後記》，《學文》第 3 期，1934 年 7 月 1 日。
〔註26〕李長之：《論新詩的前途》，《天津益世報‧文學副刊》第 5 期，1935 年 4 月 3 日。
〔註27〕《發刊詞》，《天津益世報‧文學副刊》第 1 期，1935 年 3 月 6 日。

都起到了相當關鍵的推動作用。這一點後文將有專章論述，本章不作詳論。

梁宗岱專注於西方詩學的譯介和理論探討，將「創作」、「理論」與「翻譯」並稱爲中國新詩的努力的三大「步驟」〔註28〕。而且他還呼籲：「我們現代，正當東西文化……之沖，要把二者儘量吸取，貫通，融化而開闢一個新局面。」〔註29〕因此，他自覺地在翻譯西方詩學時，將其與中國傳統詩學範疇相結合，甚至把西方詩論的觀點與方法轉化爲中國詩學的概念、或中國詩人更易理解、接受和操作的理論。其中，他把中國傳統詩學中「興」的範疇與西方詩學中的「象徵」相對應的闡釋，就是最有代表性的一例。〔註30〕

作爲翻譯家和理論家的梁宗岱有兩大特點。其一即是他在理論文字中所流露出來的獨特的詩人氣質。這種氣質決定了梁宗岱的理論風格，也許他的理論闡述不及朱光潛等人那樣平實嚴謹，但他特有的靈動的感悟，卻最恰切地符合了詩歌美學的特質。比如，他在描述「象徵」的「境界」時說：「當我們放棄了理性與意志底權威，把我們完全委託給事物底本性，讓我們底想像灌入物體，讓宇宙大氣透過我們的心靈，因而構成一個深切的同情交流，物我之間同跳著一個脈搏，同擊著一個節奏的時候，站在我們面前的已經不是一粒細沙，一朵野花或一片碎瓦，而是一顆自由活潑的靈魂與我們底靈魂偶然的相遇：兩個相同的命運，在那一刹那間互相點頭，默契和微笑。……於是日常的物價表——大小，貴賤，美醜，生死——勾消了。毫末與丘山，星辰與露水，沙礫與黃金，莊周與蝴蝶，貴婦與暗娼……在詩人思想底光裏合體了，或攜手了。」〔註31〕這種闡釋顯然不是規範的理論闡釋，而體現著一種詩的風格，但在我看來，這樣的表達與理論本身所包含的觀念倒頗有相同的精神氣質，也易於爲寫詩和讀詩的人們所認識和接受。這當然不是說這樣的風格比其他風格優越，我衹是想說，作爲一個理論家，梁宗岱很好地樹立了自己獨特的理論風格。

梁宗岱的第二個獨特之處，就是他極爲深厚的法國詩學的修養和造詣。他曾以法文寫詩譯詩，並得法國象徵主義大師瓦雷里的親傳，「常常追隨左右，瞻其丰采，聆其清音」〔註32〕。因此，他最推崇和熟習的是瓦雷里的「純

〔註28〕參見梁宗岱：《新詩的分歧路口》，《詩與眞·詩與眞二集》，外國文學出版社，1984年。
〔註29〕梁宗岱：《論詩》，《詩刊》第2期，1931年4月20日。
〔註30〕參見梁宗岱：《象徵主義》，《詩與眞·詩與眞二集》第72頁。
〔註31〕梁宗岱：《象徵主義》，《詩與眞·詩與眞二集》第80頁。
〔註32〕梁宗岱：《保羅梵樂希先生》，《詩與眞·詩與眞二集》第17頁。

詩」觀念，這爲他在中國詩壇上介紹和提倡「純詩」理論提供了最重要的基礎和條件。他評介瓦雷里時說：「瑰豔的、神秘的象徵主義」「在保羅梵樂希身上發了一枝遲暮的奇葩：它底顏色是嫵媚的，它底姿態是招展的，它底溫馨卻是低微而清澈的鐘聲，帶來深沉永久的意義。」〔註 33〕這幾句概括實際上恰已包含了法國後期象徵主義詩學中的「純詩」理想，無論是「顏色」、「姿態」，還是聲音、意義等方面，都是瓦雷里倡導的「純詩」所必需的要素，同時也是中國現代主義詩人在中西詩學融合的追求中所最爲重視的幾個方面。

梁宗岱特別強調瓦雷里「純詩」追求中融內容與形式、意義與聲色於一體的方法。他稱瓦雷里「心眼內沒有無聲無色的思想，正如達文希底心眼內沒有無肉體的靈魂一樣。」〔註 34〕也就是說，他是以音樂的方式創作詩歌，不是「象徵了精神底產物」，而是「詩化了精神底自身」，因此也即成就了「偉大的哲學詩」。梁宗岱的這些解釋，其實已經涉及了現代主義的詩學追求中重要的一個方面——「知性化」追求。艾略特等人曾提出詩人要像感知玫瑰花的香味一樣感知思想，也就是說，思想與形象，思想與其「客觀對應物」應該完美地結合在一起，而不需要以其他的修辭方式來將它們進行人爲的結合。到了 1940 年代，袁可嘉等人提出「現實・玄學・象徵」相結合的新傳統，更是中國現代詩歌對「純詩」觀念和「知性化」追求的更深刻的理解和成熟的實踐。而這種深化和提高，離不開梁宗岱等人奠定的理論基礎。

除瓦雷里之外，梁宗岱還向中國詩壇系統地介紹了波德萊爾、馬拉美、魏爾倫、韓波等法國象徵主義詩人。尤其是在談到波德萊爾時，他說：

> 從題材上說，再沒有比波特萊爾底《惡之花》裏大部分的詩那麼平凡，那麼偶然，那麼易朽，有時並且——我怎麼説好？——那麼醜惡和猥褻的。可是其中幾乎沒有一首不同時達到一種最內在的親切與不朽的偉大。無論是傴僂殘廢的老嫗，鮮血淋漓的兇手，兩個賣淫少女互相撫愛底親昵與淫蕩，潰爛臭穢的死屍和死屍上面喧哄著的蠅蚋與洶湧著的蟲蛆，一透過他底洪亮淒惶的聲音，無不立刻輻射出一道強烈，陰森，莊嚴，淒美或澄淨的光芒，在我們靈魂裏散佈一陣「新的顫慄」——在那一顫慄裏，我們幾乎等於重走但丁《神曲》底歷程，從地獄歷淨土以達天堂。因爲在波特萊爾底每首詩後

〔註 33〕同上。
〔註 34〕梁宗岱：《保羅梵樂希先生》，《詩與眞・詩與眞二集》第 17 頁。

面，我們所發見的已經不是偶然或剎那的靈境，而是整個破裂的受
苦的靈魂帶著它底對於永恒的迫切呼喚，並且正憑藉著這呼喚底結
晶而飛升到那萬籟皆天樂，呼吸皆清和的創造底宇宙：在那裡，臭
腐化爲神奇了；卑微變爲崇高了；矛盾的，一致了；枯澀的，調協
了；不美滿的，完成了；不可言喻的，實行了。〔註35〕

梁宗岱對波德萊爾的闡釋當然並非對波德萊爾的唯一正確的理解，但他無疑
是眾多理解和闡釋中最能打動人感染人的一種。梁宗岱的這段話雖然不長，
但對人們理解波德萊爾的獨特性和特殊魅力起到了非常好的作用。同時，應
該指出的是，梁宗岱所指出的波德萊爾的這一特點也正是波德萊爾的開創性
的貢獻，是他和其後的艾略特等人相近的地方。中國詩人從詩歌美學等角度
說，未必可以也未必需要全盤接受西方詩學的思想和表達方式。但這一點，
確是最爲精髓的部分，也是後來中國現代主義詩人著重繼承的部分。這雖遠
非梁宗岱一人的貢獻，但他所作出的努力無疑是不應忽視的。

以梁宗岱對法國象徵主義詩潮的接近和瞭解程度論，他的理論譯介和倡
導當然具有一定的深度和權威性。僅憑這一點就可以想見，他對西方現代詩
學進入中國詩壇起到了怎樣與眾不同、無可取代的作用。

如果說曹葆華和梁宗岱都是更專注於西方詩論譯介的翻譯家和詩論家，
那麼，卞之琳則是一位在詩歌創作實績和西方詩論譯介兩方面成就更爲均衡
的詩人和譯者。這也就是說，卞之琳的詩名和譯名一樣顯著，在這兩個方面，
他都傾注了自己畢生的心血。

卞之琳從 1929 年進入北大英文系時就開始了對西方詩歌詩論的翻譯嘗
試。先是試譯莎士比亞的作品，到 1930 年他學習了一年法文後，又「迷上了
法國象徵主義、後期象徵主義及其後繼詩風」〔註36〕，並開始「自行選讀並
選譯少量波德萊爾、魏爾倫、馬拉美等的象徵主義詩歌」。〔註37〕他自己說，
當時「恰巧因爲讀了一年法文，自己可以讀法文書了，我就在 1930 年讀起了
波特萊，高蹈派詩人，魏爾倫，瑪拉梅以及其他象徵派詩人。我覺得他們更
深沉，更親切，我就撇下了英國詩。」〔註38〕

〔註35〕參閱梁宗岱：《象徵主義》，《詩與眞・詩與眞二集》。
〔註36〕卞之琳：《〈英國詩選〉前言》，《英國詩選》第 3 頁，商務印書館，1996 年。
〔註37〕參見張曼儀：《卞之琳年表簡編》，《卞之琳——〈中國現代作家選集〉叢書》
　　　　第 301～307 頁。
〔註38〕卞之琳：《開講英國詩想到的一些體驗》，《文藝報》1 卷 4 期，1949 年 11 月

　　在後來的幾年中，卞之琳曾陸續翻譯發表過波德萊爾的一些詩，還集中翻譯發表了包括《應和》、《音樂》、《流浪的波希米人》、《異國的芳香》等 10 首的《惡之花零拾（波特萊詩抄）》〔註39〕，以及馬拉美的《太息》〔註40〕、《海風》、《秋天的哀怨》〔註41〕，果爾蒙的《死葉》，以及瓦雷里的《友愛的林子》、《失去的美酒》〔註42〕，里爾克的《軍旗手的愛與死》〔註43〕；以及哈羅德尼柯孫著《魏爾倫與象徵主義》〔註44〕、艾略特著《傳統與個人的才能》〔註45〕，以及阿左林、紀德的不少詩文。特別是他 1936 年翻譯的紀德的《納蕤思解說》（又名《象徵論》），更是向中國文壇和詩壇譯介象徵主義詩學的一部重要力作。

　　同時，正因卞之琳本身從事詩歌創作實踐，所以他能將個人的創作和外國詩論的譯介結合起來，成為一個既有理論引進又有創作實踐的難能可貴的詩人。袁可嘉就曾指出：

> 卞之琳是從 30 年代開始譯介西方現代派詩用力勤、成績大的另一位詩人。……卞之琳的早期詩作主要借鑒法國象徵主義，他覺得魏爾倫的親切與暗示正是中國舊詩的特點，因此一拍即合。他受波德萊爾和阿索林的啓發，寫北平街頭的小人物以及江南和北方的小鎮、古鎮。他的《長途》一詩有意模倣魏爾倫的一首無題詩的整首各節的安排。《春城》發表在翻譯艾略特論文《傳統與個人才能》兩個月之後，運用了「主體與變奏」和「客觀聯繫物」的手法。〔註46〕

此外，卞之琳還爲梁宗岱所闡釋的「瓦雷里以及里爾克的創作精神」「大受啓迪」〔註47〕，在《距離的組織》和《圓寶盒》等作品中，體現出瓦雷里式的「知性」特徵。有研究者認爲，卞之琳與瓦雷里都「善於從心智出發，因意立象，爲觀念披上的意象的外衣甚至帶一點肉感，然而仍不過是他思辨活動的感性載體。」

　　　　10 日。
〔註39〕見《新月》第 4 卷第 6 期，1933 年 3 月 1 日。
〔註40〕見《詩刊》第 3 期，1931 年 10 月 5 日。
〔註41〕見《牧野》第 12 期，1933 年 4 月 21 日。
〔註42〕見《大公報·文藝》第 128 期（1936 年 4 月 15 日），並注：「詩中措辭盡簡潔　　　　之能事，……這是一首道地的象徵詩。」
〔註43〕見《大公報·文藝副刊》第 139 期，1935 年 2 月 17 日。
〔註44〕見《新月》第 4 卷第 4 期，1932 年 11 月 1 日。
〔註45〕見《學文》創刊號，1934 年 5 月 1 日。
〔註46〕袁可嘉：《現代派論·英美詩論》第 91 頁，中國社會科學出版社，1985 年。
〔註47〕卞之琳：《人世固多乖：紀念梁宗岱》，《新文學史料》，1990 年第 1 期。

但是，卞之琳「剔除了瓦雷里從馬拉美繼承下來並加以發展的、縈心於『純粹』與『絕對』的詩學中形而上的成分，而吸納了以可感的文字爲觀念的結晶、對不同的意象作智性的膠合的寫作方法，……用一系列繁富的意象來提示微妙的心智活動，在一個個意象脫離平常關係的跳躍聯綴中展開情思的脈絡」〔註48〕。因此，從新詩發展歷史的角度看，「在20世紀自由詩一步步確立其主導地位的大趨勢中，卞之琳所做的努力與瓦雷里近似。有論者說，『正當大家力圖把詩歌從形式的約束中解放出來的時候，瓦雷里卻從這些約束中看到詩歌的本質；他正是利用這些約束把詩歌從內容的要求中解放出來。』（皮埃爾·吉羅）這樣的評語，完全適用於中國新詩發展中的卞之琳。」〔註49〕

可見，卞之琳所受的瓦雷里的影響是非常深入的，他把瓦雷里的創作精神和詩歌美學與自身的詩歌追求與探索完全融會在一起，達到了一種「我中有你」的境界。因此，在多年之後，當有人問到卞之琳「你最喜歡哪一個西方詩人」的時候，他毫不猶豫地回答說：「Valéry（瓦雷里）。」〔註50〕

可以說，卞之琳的詩歌創作與其理論譯介之間形成了一種互動互益的關係。他的詩歌審美傾向決定了他理論譯介的關注點，而他的理論譯介又反過來推動了他詩歌藝術方法的豐富與發展。這種良性的互動，也許即是卞之琳詩歌藝術成就的成因之一。

當然，對西方詩潮的譯介絕不是依靠幾個人的力量就可以完成和做好的。本節只著重談及曹、梁、卞三人，一方面是因爲他們的譯介工作成就突出且各具特色，另一方面則是希望以他們爲代表，從中透視出詩人和理論家們在辦刊、翻譯、評論和創作實踐等全方位的努力與成就。

第二節　艾略特及其《荒原》的影響

一

在西方現代主義詩潮中，T.S.艾略特無疑是一位劃時代的人物。他在詩學理論、文學批評和詩歌創作等方面開風氣之先，被譽爲「現代派一個披荊斬棘的先驅者」〔註51〕。尤其是他創作於1922年的長詩《荒原》，更是現代主

〔註48〕江弱水：《卞之琳詩藝研究》第201頁，安徽教育出版社，2000年版。
〔註49〕同上，第204頁。
〔註50〕參見木令耆：《湖光詩色——寄懷卞之琳》，《卞之琳與詩藝術》，第154頁。
〔註51〕此爲1948年艾略特獲諾貝爾文學獎時獲得的讚譽。參見龔翰熊：《20世紀西

義詩歌的經典傑作。「《荒原》雖不過幾百行，但它在內容和詩藝方面都爲英美詩帶來全新的氣象。有的評論家略帶誇大的說自《荒原》誕生以來，很長一個時期，西方文學是在這巨幀壁畫上添加細節和人物，可見它的概括性之強。」〔註52〕也正是在《荒原》中，艾略特第一次以「現代人」的姿態反思了現代社會對人類精神的擠壓和扭曲，其思想深度和創作方法都在世界範圍內產生了極爲深遠的影響。這影響當然也波及到中國，波及到二十世紀二、三十年代正強烈地渴望著新詩潮、渴望著新的詩歌觀念和方法的中國詩壇。

艾略特及其《荒原》的確推動了中國現代主義詩歌發展的進程，形成了一股「《荒原》衝擊波」〔註53〕，影響到中國新詩的語言、技巧，及思想內容等各個方面。比如在「前線詩人」中，就有不少人受到了艾略特和《荒原》的影響，他們或多或少地借鑒《荒原》的方法技巧，在《荒原》的啓發下深入了自己的詩思。

卞之琳曾說過「寫《荒原》以及其前短作的托・斯・艾略特對於我前期中間階段的寫法不無關係」〔註54〕。方敬也在回憶曹葆華時說：「葆華逐漸愛上了法國象徵派和英美現代派的詩，受到波德萊爾、韓波、龐德、T.S.艾略特等詩人的影響。詩風起了變化，爲探異尋幽而苦掘出來的有些奇特的形象和語言表現在他的詩裏。」〔註55〕曾在燕京大學借讀的徐遲也承認：「我是遵循著艾略特的指導」，「我得益於艾略特的實在很多」〔註56〕。在1930年代的當時，已經明確地說出這種影響的是何其芳，他說：「當我從一次出遊回到這北方大城，天空在我眼裏變了顏色，它再不能引起我想像一些遼遠的溫柔的東西。我垂下了翅膀。我發出一些『絕望的姿勢，絕望的叫喊』。我讀著 T.S.愛里略忒。這古城也便是一片『荒地』。」〔註57〕

艾略特的名字在1920年代初即已進入了中國作家的視野，但那時，他們

方文學思潮》第152頁，河北人民出版社，1999年。

〔註52〕鄭敏：《從〈荒原〉看艾略特的詩藝》，《詩歌與哲學是近鄰──結構─解構詩論》第118頁，北京大學出版社，1999年版。

〔註53〕參見孫玉石：《現代詩歌中的現代主義》，《西方文藝思潮與二十世紀中國文學》第297～299頁，中國社會科學出版社，1990年。

〔註54〕卞之琳：《〈雕蟲紀歷〉自序》，《雕蟲紀歷》第16頁，人民文學出版社，1979年。

〔註55〕方敬：《寄詩靈》，《方敬選集》第76頁，四川文藝出版社，1991年。

〔註56〕徐遲：《江南小鎮》第135頁，作家出版社，1993年。

〔註57〕何其芳：《論夢中道路》，《大公報・文藝》第182期，1936年7月19日。

還未將這個名字與《荒原》和整個現代主義詩潮聯繫在一起。1928 年，徐志摩爲他的詩作《西窗》加上一個副標題——「仿 T.S.艾略特」，這位浪漫詩人第一次在詩作中使用艾略特式的反諷手法：形容「弄堂裏的人聲／有時比狗叫更顯得鬆脆」，同時他以「這人間世在洪荒中不住地轉，／像老婦人在空地裏撿可以當柴燒的材料！」的詩句模倣艾略特對人類歷史的宏大主題的反諷式思考。這種流於浮面的模倣在卞之琳這樣後來參透現代主義眞諦的詩人看來，當然是模倣得「一點也不像」〔註 58〕。但不可否認，徐志摩的做法讓我們看到了艾略特的巨大影響力。有人認爲，徐志摩如果不是過早夭亡，新月派會自己成長爲現代派。這個假設當然沒有實際意義，但從徐志摩模倣艾略特的作品中，卻著實可見這點端倪。

徐志摩的模倣固然有「隔靴搔癢」之憾，但無論如何，藝術如果停留在模倣上，即使怎樣逼肖，也都會令人產生缺乏創造力的遺憾。比如孫大雨發表於 1931 年的《自己的寫照》即是如此。這首詩對《荒原》的模倣可謂神形兼備，同樣是紐約，同樣是「叢山似的大都會」和稠密得勝過「舊約裏嚇死聖人的大蝗災」，以及那些「和螞蟻一般繁的打字女工」，「除了打字／和交媾之外，她們無非／是許多天字一等的木偶。」這些意象和形象顯然都脫胎於《荒原》中「並無實體」的倫敦維也納，脫胎於同樣墮落的女打字員。當然，孫大雨表達了一定的個性意識和民族性創造，但總體來說依然是模倣得太像，淹沒了東方詩人應有的個性。

在孫大雨之後，中國理論家和詩人對艾略特及其理論的介紹和借鑒開始了對簡單模倣的超越。他們不僅加強了對其理論和詩歌作品的譯介，同時更在創作中將艾略特的現代意識與中國傳統的民族精神相結合。

第一個系統介紹艾略特的詩歌和理論，並加入自己的理解與生發的人，是葉公超。

葉公超早年留學美英，在英國時即與艾略特相識，而且「常和他見面，跟他很熟」。基於這種關係，葉公超成爲最早接近和瞭解艾略特理論和詩歌的中國詩人。因此他曾很自信地說：「大概第一個介紹艾氏的詩與詩論給中國的，就是我。」〔註 59〕

〔註 58〕卞之琳：《〈徐志摩選集〉序》，《人與詩：憶舊說新》第 39 頁，三聯書店，1984 年。

〔註 59〕葉公超：《文學‧藝術‧永不退休》，《新月懷舊——葉公超文藝雜談》第 179

　　1932 年，葉公超在《施望尼評論四十周年》〔註60〕一文中第一次提到艾略特，說他是「現代知名的英美作家」之一，是「詩人與批評家」。隨後，他又在《美國〈詩刊〉之呼籲》〔註61〕中再次談起艾略特，說他與瓦雷里、喬伊斯等人一樣，都具有「新的情緒，新的覺悟，還要用新的技術來表現它們。」他們的作品都代表了一種「新知覺的探索，新方法的表現」。

　　葉公超當時身在北平，是清華的教師，主講英美文學。不用說，他對艾略特的熟知與瞭解也必然在他周圍的學生中造成一定範圍的影響。因此，就目前所見的報刊而言，北平地區最早對《荒原》的介紹即從清華校園內開始，也許並非偶然。

　　1933 年 10 月，《清華周刊》第 40 卷第 1 期上發表了一篇由文心翻譯的文章《隱晦與傳達》（Obscurity and Communication），作者是英國著名批評家斯帕羅（John Sparrow）。文中這樣談到《荒原》：「的確，就全體說，《荒地》（The Wasted Land）是比較更難的詩，正如它之更可理解一樣。我們聽說，那裡面至少有一大部分是可解的，有小心的象徵在裏面穿過，並且富有知識上的用典（intellectual reference），像一切飽學有創作力喜用省文的詩人的作品一樣，解釋這些東西是困難的。」可惜的是，這篇文章只著意於《荒原》的隱晦問題，並沒有提供更多的資訊。

　　相比之下，一年以後發表在《清華周刊》第 42 卷第 6 期上的默棠翻譯的 R.D.Charques 的《論現代詩》一文就要具體全面得多了。這篇文章是目前見到的最早最全面的評介《荒原》的譯文。他不僅介紹了一些具體情況，提供了一定的解讀路徑，而且論及了《荒原》的主旨和對其他詩人的影響。作者說：

　　　　與詩的想像底傳統背景相對，愛略特（Eliot）君底《荒地》（The Wasted
　　　　Land）在十一年前出版時頗震驚一時。在現在這時候我們對這首名
　　　　詩還來說什麼呢？現在要拿來當作一個題目討論的還不是愛略特君
　　　　底詩底內在價值，而是他對於別的詩人及現代一般詩的影響。關於
　　　　《荒地》，我們見著各個注釋者對於這詩有著各不相同的解釋，對於
　　　　這詩說的什麼或愛略特君寫這詩的藝術的動機是什麼也沒有一致的
　　　　意見，而愛略特君本人似乎提示這詩底主要的文學的影響應求之於

　　　　頁，學林出版社，1997 年。
〔註60〕見《新月》第 4 卷第 3 期，1932 年 10 月 1 日。
〔註61〕見《新月》第 4 卷第 5 期，1932 年 11 月 10 日。

拉福格（Jules Laforgue）底詩與後起衣里沙白時代作家的散文與韻文中。這詩充滿了文學的典故與文學的假借，而且在它四百行詩後邊還有七頁注釋來把讀者勉強從愛略特君底淵博底迷惑中引導出來。詩中整段的引用外國語至六種之多，中有一種爲梵文。在某一意義《荒地》既不是晦澀的也不是難懂的詩──至少在現時看來已不如最初那樣晦澀與難懂──不過它底含義卻不定。詩底整個顯然比各部分加在一塊更大，而疑難處也正在愛略特底到的體系。此外，本詩包含有許多行的華美的意象，不過其中哪些是詩人自己的，哪些是從別的作家借用來的，除過量的博覽之士外，這對於大家倒是一個問題。

　　愛略特君對他同時代人的巨大的影響是不成問題的。這裡並不想來對這影響試作一個公正的評判，更不想來探究他心靈底深邃與複雜。……現在試放開《荒地》來看他另一首比較簡單的詩，也許可以因而抓住他對於詩的概念的一個主要點。……這裡明白地表現出來的是愛略特君底對於庸俗 Vulgarity 的畏懼。……庸俗就是《荒地》詩中的流氓，惡魔，而常與過去的虛構的榮華相對比。

也許是看到了這篇文章的重要性和對中國讀者的切實幫助，一位名叫馬驪的譯者又不約而同地將之重譯了一遍，發表在 1935 年 1 月《詩與批評》第 46 期上〔註62〕，題目爲《英國現代詩歌》，使更廣泛的讀者得以從中獲益。由此也可見北平的「前線詩人」對於艾略特《荒原》的熱心推重了。

　　作爲譯介西方現代主義詩歌理論的重要陣地的《詩與批評》，在 1934 年 7 月的第 28、29 期上曾連載宏告翻譯的瑞恰慈的《哀略特底詩》一文：

　　如果要用幾個字來標明哀略特君底技巧底特點，我們可以稱他的詩爲「觀念底音樂」（Music of ideas）。觀念有各種各樣：抽象的與具體的，一般的特殊的；像音樂家的 phases，它們底排列不是爲了告訴我們什麼東西，而是要使加於我們的效果能合成一個情感與態度協調的整體，或者能產生意志底特殊解放。這些觀念期待你的反應，並不期待你的思索或尋譯。這自然是許多詩歌中一再應用的一個方法，而且祇是詩歌底一般方式中的一種之重用與專用而已，哀略特君後期更難懂

────────────

〔註62〕從文字上看不是同一篇譯文。

的作品便是有意和幾乎專一地引用這一方法。……《荒土》……純粹
是「觀念底音樂」，已經全然不裝作有一條聯想的線索了。

　　一味指斥和荒涼祇是他底詩底表面而已。有些人以為他僅只把
讀者引到「荒土」就不管了，在他最後的一篇詩中他自認不能致此
濟世的水。我們的答覆是：有些讀者在他的詩中不僅是比任何處所
更明白更完全的自己的苦況（一代人全部的苦況）底實現，而且由
於那個實現所發放的這種力量，得到一個濟世熱情的返臨。

瑞恰慈對艾略特的瞭解和評價比其他人或可更加深入貼切，他不僅指出了「觀
念的音樂」這一重要方法，而且還說明了《荒原》在批判與荒涼的表象背後，
如何反映「一代人全部的苦況」的現實主題，進一步啟發讀者去發現和體味
艾略特在詩中隱藏的「濟世熱情」。瑞恰慈是艾略特在理論上的同盟者和頗能
會意其作品的分析者，因此，他 1929 年的北平之行也必然在一定程度上推動
了對《荒原》的引進工作。

　　另外，在《詩與批評》第 36 期和第 53 期上分別刊登的曹葆華翻譯的《論
隱晦》和《現代詩歌底趨勢》中，也都提到過《荒原》和艾略特的深遠影響。
從這些材料已可以看出，北平詩壇對《荒原》的譯介已經涉及到其藝術特徵、
思想內容，以及對其他詩人的影響等諸多方面。對北平詩人來說，《荒原》無
論從方法上還是精神上都具有極強的吸引力，同時，全世界都承認的《荒原》
的「晦澀」也不可避免地困擾著北平讀者。他們希望找到理解這首長詩的鑰
匙，希望重尋作者的思路，他們這種渴求表現出來，就是對外國評論文章的
選擇和翻譯。

　　在逐步的接近和瞭解中，很多人注意到這樣一個問題：艾略特的詩「尤
其是以《荒原》為代表作品，與他對於詩的主張確是一致的」，「所以要想瞭
解他的詩，我們首先要明白他對於詩的主張。」〔註63〕因此，與譯介《荒原》
同步進行著的，是對艾略特文學理論的介紹。譯者們顯然是有意識、有目的
地進入了艾略特的文學世界。

　　在《詩與批評》中，翻譯登出了 5 篇艾略特的文章《詩與宣傳》、《批評
中的實驗》、《批評底功能》、《完美的批評家》、《論詩》，其中《論詩》一篇分
別在第 39 期由曹葆華和第 74 期上署名靈風的譯者翻譯了兩遍。事實上，這

〔註63〕葉公超：《愛略特的詩》，《清華學報》第 9 卷第 2 期，1934 年 4 月。

篇《論詩》就是艾略特最著名的理論文章《傳統與個人才能》。這篇文章早在
1934 年 5 月已由卞之琳譯出，以《傳統與個人的才能》爲題發表在由葉公超
主編的《學文》創刊號上。在短短的時間內 3 次刊登同一篇文章，這不僅說
明了北平詩壇對這篇文章的重視，更說明了他們對這篇文章的重要性有著相
當準確的認識。

　　前文已經說過，曹葆華的譯文集《現代詩論》中也收入了艾略特的《傳
統與個人才能》、《批評底功能》和《批評中的實驗》三篇文章。曹葆華在自
序中這樣說：「愛略特和梵樂希的詩論與他們的創作是分不開的，彷彿不知道
他們的理論，就不能完全瞭解他們的詩。」「愛略特那篇文章特別使我們心感，
就因爲代替譯者說了許多應該向國內的讀者說的話。對於近代批評的本源，
現況，和今後的趨向，他都深刻的剖析過了。這是一篇可以當作本書引論讀
的文章。」〔註 64〕的確如曹葆華所說，艾略特的詩論與創作是分不開的，因
此，北平詩人對兩者的介紹也是同步的，相輔相成的。介紹他的理論，一方
面有助於理解他的作品，同時，他的理論本身也同樣影響著北平的現代派詩
人。他們從中得到的啓發和共鳴都清楚地表現在他們的觀點和創作中。

　　在對作品和理論的雙重研讀中，北平詩壇上出現了自己解讀《荒原》的
聲音。

　　1934 年，葉公超在《清華學報》上發表了《愛略特的詩》〔註 65〕一文，
是目前發現的這類文章中最早的一篇，涉及對《荒原》主題的理解和對艾略
特詩歌技巧的分析。

　　關於《荒原》的主題，葉公超說：

> 「等候著雨」可以說是他《荒原》前最 serious 的思想，也就是《荒
> 原》本身的題目。

> 《荒原》是他成熟的偉作，這時他已徹底地看穿了自己，同時也領
> 悟到人類的苦痛，簡單的說，他已得著相當的題目了，這題目就是
> 「死」與「復活」。

葉公超注意到，「《荒原》是大戰後歐洲全部荒蕪的景象」，而艾略特不僅僅是
揭示這種荒蕪，更重要的是，他表達出自己的「悔悟自責」和追求的幻滅。

〔註 64〕曹葆華：《現代詩論序》，連載於《詩與批評》第 33 期（1934 年 8 月 23 日）、
　　　　第 34 期（1934 年 9 月 3 日）。
〔註 65〕見《清華學報》第 9 卷第 2 期，1934 年 4 月。

在此基礎上，葉公超準確地發掘了艾略特的「現代」性：「這些詩的後面卻都閃著一副莊嚴沉默的面孔，它給我們的印象不像個冷譏熱嘲的俏皮青年，更不像個倨傲輕世的古典者，乃是一個受著現代社會的酷刑的、清醒的、虔誠的自白者。」「他是一位現代的形而上學派的詩人」。

在詩歌技巧方面，葉公超的見解也達到了相當的深度和高度。他看到了艾略特在語言方面的「刺激性」和「膨脹的知覺」，注意到了他對隱喻（metaphor）和客觀對應物（objective correlative）的應用，認識到「《荒原》是艾略特「詩中最偉大的試驗」，「他的詩其實已打破了文學習慣上所謂的浪漫主義與古典主義的區別」，是現代主義的發端。因此，葉公超準確地說：「愛略特的詩學以令人注意者，不在他的宗教信仰，而在他有進一步的深刻表現法，有擴大錯綜的意識，有為整個人類文明前途設想的情緒」〔註66〕。

葉公超是中國最早引進並完整闡釋《荒原》的人，他對中國現代主義詩歌發展的影響是相當重要的，卞之琳就曾說過：葉公超「是第一個引起我對二、三十年代艾略特、晚期葉芝，左傾的奧頓等英美現代派詩風興趣的」人〔註67〕。

對艾略特的文學理論和詩歌的譯介的工作積累了三、四年後，全文翻譯《荒原》的條件漸漸成熟。中國詩壇和翻譯界終於等到這樣一個契機，出現了一個連艾略特本人都曾親自對她表示了真誠的感謝的功臣——趙蘿蕤。

趙蘿蕤「初對於艾略特的詩發生了好奇的興趣」約在 1934 年，她「在仔細研讀之餘，無意中便試譯了《荒原》的第一節。這次的試譯約在 1935 年 5 月間。」但隨後，「因為那種未研讀之先所有的好奇心已漸漸淡滅，而對於艾略特的詩的看法又有了一點改變」，翻譯的工作又停了下來。1936 年底，上海新詩社聽說了她曾譯過一節《荒原》，就主動與她聯繫，希望她完成譯文，交給他們出版。於是，趙蘿蕤「便在年底這月內將其餘的各節也譯了出來」，並將「平時留記的各種可參考可注釋的材料整理一下，隨同艾式的注釋編譯在一起」寄出付印〔註68〕。1937 年夏天，《荒原》的譯本出版，一共印行簡裝 300 本，豪華 50 本。

《荒原》中譯本的出現無疑是中國詩壇上的一件大事。雖然此前很多詩人

〔註66〕曹葆華：《現代詩論序》，連載於《詩與批評》第 33 期（1934 年 8 月 23 日）、第 34 期（1934 年 9 月 3 日）。

〔註67〕卞之琳：《星水微茫憶〈水星〉》，《讀書》1983 年第 10 期。

〔註68〕趙蘿蕤：《艾略特與〈荒原〉》，《我的讀書生涯》第 7 頁，北京大學出版社，1996 年。

已接觸過原文,但全文翻譯才是《荒原》的引進達到一個新高度的標誌。因此,趙蘿蕤的譯本一出現,立刻有評論稱:「艾略特這首長詩是近代詩的『荒原』中的靈芝,而趙女士的這冊譯本是我國翻譯界的『荒原』上的奇葩」〔註69〕。

面對如此「冗長艱難而晦澀的怪詩」,趙蘿蕤僅憑好奇是不能完成翻譯工作的,打動她的是艾略特的全新詩歌觀念和深刻的精神內容,而這一點,也正是《荒原》打動所有年輕的中國詩人的地方。趙蘿蕤發現,「艾略特的詩和他以前寫詩的人不同,而和他接近得最近的前人和若干同時的人尤其不同。他所用的語言的節律、風格的技巧、所表現的內容都和別人不同。」她看到了艾略特的「懇切、透徹、熱烈與誠實」,也深刻理解到艾略特所表達的現代人特有的「荒原求水的焦渴」,看到「歐戰以後,人類遭受如此大劫之後」,只有艾略特「將其中隱痛深創作如此懇切熱烈而透徹的一次傾吐」。另外,趙蘿蕤自身作為一個詩人,也敏銳地感受到艾略特在技巧上帶來的衝擊,她看到他的用典的客觀性和綜合性造成的詩歌佳境,也看到其「由緊張的對襯而達到的非常尖銳的諷刺的意義」,因此趙蘿蕤說:「往往我們感覺到內容的晦澀,其實祇是未能瞭解詩人他自己的獨特的有個性的記述。一件特殊的經驗必有一特殊的表現方法,一個性靈聰慧,天資超絕的詩人往往有他特殊的表現。」「所以艾略特的晦澀並不足以使我們畏懼他,貶降他的價值,同樣亦不必因他的晦澀,因好詭秘造作而崇拜他」,趙蘿蕤要求中國的讀者「經過虛心的研讀與分析」,真正的瞭解,公正的評價。此外,趙蘿蕤翻譯《荒原》還有其現實的自覺性和目的性,她發現「艾略特的處境和我們近數十年來新詩的處境頗有略同之處」,因此她希望《荒原》的全新觀念也能促進中國新詩的發展。她「大大地感觸到我們中國新詩的過去和將來的境遇和盼望。正如一個垂危的病夫在懊喪、懈怠、皮骨黃瘦、色情穢念趨於滅亡之時,看見了一個健壯英明而堅實的青年一樣。」〔註70〕因此她說:「我翻譯《荒原》曾有一種類似的盼望:我們生活在一個不平常的大時代裏,這其中的喜怒哀樂,失望與盼望,悲觀與信仰,能有誰將活的語言來一瀉數百年來我們這民族的靈魂裏至痛至深的創傷與不變不屈的信心。」由此可以說,趙蘿蕤們正是通過引進《荒原》表達出他們對新詩「現代化」的迫切要求。

因為葉公超對趙蘿蕤翻譯《荒原》提供的重要幫助,也因為葉公超是北

〔註69〕趙蘿蕤:《我的讀書生涯》,《我的讀書生涯》第 2 頁。
〔註70〕趙蘿蕤:《艾略特與〈荒原〉》,《我的讀書生涯》第 18 頁。

平詩壇上最權威的艾略特的研究者之一,所以,趙蘿蕤請葉公超爲她的譯本作序,由此產生了一篇「眞正不朽的」序言。在這篇序中,葉公超側重討論了艾略特的藝術技巧,並獨樹一幟地將艾略特的用典與中國宋詩中的「奪胎換骨」法相比,進一步擴大了對《荒原》理解的思路。最重要的是,葉公超在序中稱艾略特的詩歌觀念爲「新傳統的基礎」,認爲「他的影響之大竟令人感覺,也許將來他的詩本身的價值還不及他的影響的價值」〔註71〕。他眞正將《荒原》定位於新詩潮的經典地位,爲尋找西方資源的中國詩人提供了一幅標誌鮮明的「地圖」。

二

趙蘿蕤說:「我們要瞭解現代詩,一定要瞭解艾略特的精神所指的路徑,雖然有若干的批評家覺得他的創造生命已經過去(《荒原》序言亦說過),但他的影響已深入了許多新詩人的靈感中了。」〔註72〕那麼,這深入詩人靈感、融進詩人血脈的「荒原」精神,到底包含哪些主要內容呢?

首先,《荒原》具有濃厚的宗教色彩。這是因爲艾略特的「中古世紀的宗教意識和他家庭傳統上的 puritanism」〔註73〕。在《荒原》所用的典故中,與《聖經》有關的多達十餘處。此外還有直接引用的佛教經典。全詩的核心意象「荒原」就來自諸多聖經故事涉及到的上帝對人類罪孽的懲罰。比如創世初因爲「人在地上罪惡很大,終日所思想的盡都是惡」〔註74〕,耶和華降下的四十晝夜的大雨和長達一百五十天的洪災,令大地頓成一片荒原,只留下了一隻諾亞方舟;再比如爲讓以色列人逃出埃及,耶和華降下了「水變血」、青蛙、虱、蒼蠅、畜疫、冰雹、蝗蟲等等多次災難,讓失去虔誠信仰的人們在毀滅性的荒涼中懂得自己的過錯〔註75〕;還有《荒原》中提到的耶和華令行惡的以色列人祭壇荒涼、偶像被打碎,整個城邑變成荒場等等。因此,從宗教背景來看,艾略特使用「荒原」這一意象就已經包含了對人類喪失信仰的譴責和對人類行惡的最終後果的預示。在他的筆下,不僅斯丹卜基西是一個現代荒原的代表,而且,那攢動著云云眾生的倫敦、維也納在城市的虛幻

〔註71〕 葉公超:《〈荒原〉序》,《荒原》,上海新詩社,1937年。

〔註72〕 趙蘿蕤:《艾略特與〈荒原〉》,《我的讀書生涯》第7頁。

〔註73〕 葉公超:《愛略特的詩》,《清華學報》第9卷第2期,1934年4月。

〔註74〕 見《聖經‧舊約全書‧創世紀》。

〔註75〕 見《聖經‧舊約全書‧出埃及記》。

外表之下呈現出來的真正「實體」也是荒原。

艾略特的宗教思想的另一體現就是對情欲的排斥。

> 四月是最殘忍的一個月，荒地上
>
> 長著丁香，把回憶和欲望
>
> 參合在一起……

實際上，《荒原》就是一個關於「回憶和欲望」的詩篇，而這「欲望」就是情欲，因爲這欲望的綻開，這季節才會變得「殘忍」，這土地才變成「荒原」。他使用大量典故，諸如埃及女王克里奧佩特拉和變成了夜鶯的翡綠眉拉等等，來說明情欲的醜惡。

確切地說，艾略特在「情」和「欲」之間劃分了一條明確的界線。「情」並不是他所批判的，而沒有「情」作爲基礎的「性」和「欲望」才是他所鄙棄的。因此，在現代的「荒原」上，性關係都是醜惡骯髒的，比如背叛了丈夫的麗兒、賣淫的博爾特太太、以及赤裸裸地無情地縱欲的女打字員等等。他們毫無情感，祇是沈溺於性欲的水中，他們面臨的是同樣的結局——「水裏的死亡」。艾略特用水的無情來象徵的正是性與欲對人類情感、靈魂和生命的吞噬：

> 海下一潮流
>
> 在悄聲剔淨他的屍骨。在他浮上又沉下時
>
> 他經歷了他老年和青年的階段
>
> 進入漩渦。

這四行詩形容的就是一個人的生命和時間是怎樣在欲望中耗盡的。艾略特不僅用西方宗教來宣揚節欲，還用東方的佛陀的「火誡」來加深這一主題。他用「燒啊……／主啊你把我救拔出來」的詩句企求人類脫離「情欲之火」、「色情之火」，而對這一切充滿「厭惡」，因爲佛告諸衆僧說：「有此厭惡，則盡掃情欲，情欲既去，人即自由，已得自由，即知自由；」〔註76〕從這自由中，人類將能夠獲得解脫。

《荒原》最後歸結於一種期待和呼喚，呼喚現代人類重新找回虔誠的信仰。這是艾略特找到的拯救現代社會的唯一途徑，是《荒原》的精神主旨，也是他的寫作目的。因爲在他看來，現代人已經遠離了虔誠和信仰，「至於教堂／則是有一個空的教堂，僅僅是風的家」，人的靈魂已經遠離了宗教的家園。人類只有

〔註76〕參閱《荒原》注釋第73條「原注」。

「同情」和「克制」，才能打破靈魂的「監獄」，回歸家園，只有那樣，「燕子」才會歸來，春天才會重現，人類才能獲得拯救，在焦渴的荒原上重獲生命之水。

宗教思想是《荒原》的主線，也是艾略特思想的核心。艾略特曾用三句話形容自己，第一句就是「在宗教上是英國國教式的天主教徒」〔註77〕。理解《荒原》是不能拋開其宗教背景的，但是，正如葉公超所說，「除了宗教與哲學之外，我們還感覺有詩在」，所以，中國的現代派詩人雖然全面理解了《荒原》中的宗教思想，但在自己的創作中，他們卻沒有過多受到其影響。

透過《荒原》的宗教的光暈，人們發現的，是艾略特冷靜的面孔和批判的眼神。《荒原》不僅是現代人第一次對自身「隱痛深創」的「傾吐」，更是現代人第一次對全人類精神世界的整體性的反思與剖析。他展現在人們面前的是「一片大的人類物質的精神的大荒原」，「其中的男女正在烈火中受種種不堪的磨練」〔註78〕。這片荒原因缺水而荒蕪：

　　這裡沒有水只有岩石
　　岩石而沒有水而有一條沙路
　　那路在上面山裏繞行
　　是岩石堆成的山沒有水
　　……

　　死了的山滿口都是齲齒吐不出一滴水
　　這裡的人既不能站也不能躺也不能坐
　　山上甚至連靜默也不存在
　　只有枯乾的雷沒有雨
　　山上甚至連寂寞也不存在
　　只有絳紅陰沉的臉在冷笑咆哮
　　在泥乾縫裂的房屋的門裏出現

葉公超說過，「等候著雨」是《荒原》最基本的主題。「雨」是艾略特對宗教信仰的象徵，是一種生命乾渴中對精神甘霖的渴求，如果拋開宗教的思想，我們也可以把雨理解為「生命」和「思想」，它是帶來生命活力的水源，也是滋潤靈魂的智慧的源泉。因為乾渴，「我們曾經是活著的現在也快要死了」；因為乾渴，「在岩石中間人不能停止或思想」，生命力與思想能力的匱乏使整個人類走向滅

〔註77〕葉公超：《愛略特的詩》，《清華學報》第9卷第2期，1934年4月。
〔註78〕趙蘿蕤：《艾略特與〈荒原〉》，《我的讀書生涯》第18頁。

亡。所以，對乾渴荒原的詛咒，實際上就是艾略特對人類喪失思想和信仰的詛咒和批判，也就是對現代物質文明對人類精神進行戕害的反思。

《荒原》融合了古代與現代的景觀，其彼此影射的用意是相當明顯的。在涉及現代生活的題材時，艾略特將城市人群作爲首要的描寫對象。

> 並無實體的城，
>
> 在冬日破曉時的黃霧下，
>
> 一群人魚貫地流過倫敦橋，人數是那麼多，
>
> 我沒想到死亡毀壞了這許多人。

艾略特的倫敦宛如波德萊爾的巴黎，「鬼魂在大白天也抓過路的人」〔註79〕，成群的男女變成無名的符號，徒有肉體，沒有靈魂荒蕪著，生活在只有空殼的城市裏，「在無邊的平原上蜂擁而前，在裂開的土地上蹣跚而行」，成群地走向精神的死亡。山那邊的城市「在紫氣暮色中開裂、重建又爆炸、傾塌」。艾略特的思想如一曲音樂的主旋律，反反覆復地回蕩著，在這個主旋律中，樹立起一種否定的、不認同的姿態。

《荒原》的批判突出表現在「性」方面。這裡有宗教意識，但也有現實指涉。艾略特在呼喚生命、呼喚思想、呼喚信仰的同時，也呼喚真正的愛情。工業時代剝奪了人的愛情，男女之間只剩下了欲望的吸引。而艾略特的詩中反覆出現象徵著繁殖的漁王和聖杯，就是代表著那種健康的、能夠帶來繁榮的愛情。

正如瑞恰慈所說，「一味指斥和荒涼祇是他底詩底表面而已」。不錯，走向毀滅並非荒原精神的全部，艾略特也並非祇是單純地絕望和詛咒，在批判和否定之中，艾略特始終隱藏著他內心的渴求——對「水」的渴求，對生命的渴求，也就是對重建社會秩序的渴求。這就是瑞恰慈所說的「一個濟世熱情的返臨」。這一點，正是「荒原」精神最爲生動、積極和深刻的精神內涵。

除了宗教意識和批判精神之外，「荒原」意識還隱含著一個現代知識份子的形象。這是一個沉思的人，富有自我意識的人，他與一望無際的荒原相對比，顯得高大偉岸。這個形象就像是兼否定者與重建者於一身的艾略特自己，他在擁擠麻木的人群中孤獨著、清醒著，也痛苦著。《荒原》充滿了冷靜、客觀的風格，這種風格排斥抒情性的主人公，但卻鮮明地顯現出一個思想者的主體形象。艾略特將這一形象隱藏於帖瑞西士的身上，這是一個「瞎了眼」的「年老的男子」，但是他卻能「看到了這段情節，預言了後來的一切」。他

〔註79〕 參閱《荒原》注釋第 22 條「原注」。

穿越於長長的時間隧道，是人類歷史的見證。艾略特自己在注解中透露給讀者：「帖瑞西士所看見的，實在就是這首詩的本體。」趙蘿蕤更貼切地補上了一句：「帖瑞西士亦影射冷眼旁觀的詩人」。

艾略特用他客觀的眼睛和超然的態度審視荒原上的事事物物，洞悉荒原的命運，思索荒原的未來。正是這種主體意識，突出了現代人的內心痛苦，這是一種具有代表性的「全人類痛苦的精華」〔註80〕。在全詩的最後，艾略特有抒情性的詩句：「我什麼時候才能像燕子——啊，燕子，燕子」。這正是沉思者的自問，他希望自己能夠為整個人類帶來再生的訊息。

再有，「荒原」這一意象本身不僅在空間上帶給人一種闊大無際的遼遠感覺，同時，它給人以清晰的時間縱深感，或者說是一種深刻的歷史感。這荒原上凋落的生命示人以生命由榮到枯的歷史過程。艾略特在自己的注釋中引用了這樣四行詩：

> 但是在我背後我總是在聽
> 時間的飛輪在急急地走近，
> 在那裡我們所看見的一切
> 是廣大無邊永生的荒野。

個人生命是易熄滅的，但人類的歷史永生；人的肉體是脆弱的，但宗教精神長存。這就是艾略特的思想。所以，在《荒原》裏，現實生活中的人們不停地催促著「請快些，時間到了」，使他痛感時間的逼迫。但在宗教的「避風所」——「紅石下的影子」裏，「……它既不像／你早起的影子，在你後面邁步，／也不像傍晚的，站起身來迎著你」。這裡消解了時間，也就沒有了對時間的恐懼。葉公超說，艾略特找到了相當的題目，就是「死」與「復活」，在我看來，這實際上是指毀滅與新生——肉體枷鎖的毀滅和宗教精神的永生。

當然，「荒原」意識實在有太多值得剖析的內涵，況且仁者見仁智者見智，對它的理解甚至可能是無限的。本章擇取幾點較為明顯的特徵來談，目的在於重現中國詩人——尤其是 1930 年代北平的「前線詩人」——所面對的《荒原》的思想精神資源。

《荒原》的複雜錯綜的思想內容，在中國詩人那裡被有選擇地吸收下來。如對麻木人群的精神世界的批判、對民族生命力的渴望、對重建家園的憧憬，以及對歷史的深刻反思等等。「前線詩人」以他們的作品個性地繼承著《荒原》

〔註80〕孫大雨：《自己的寫照》，《詩刊》第 2 期，1931 年 4 月 20 日。

的影響，淡化或摒棄了不符合民族心理的宗教虔誠和對情欲泛濫的譴責。

這裡無意將中國詩人在作品中表現出來的思想與《荒原》的影響一一對號，在完成對「荒原」意識的影響分析之後，我發現了中國現代詩人最爲成功的創造——「古城」意象。這是他們將自己的文化背景和現實體驗融入對「荒原」意識的思考之後，再造的一個獨具東方民族色彩，甚至說獨具北平城市特色的整體意象。這個意像在意義和價值上不亞於波德萊爾的巴黎和艾略特的倫敦，它沒有發達的工業文明的景觀，但它突出了東方的歷史文化色彩，豐富了世界城市現代主義詩歌的意象群落。

第三節　「古城」意象

一

1933 年 1 月，早在艾略特和《荒原》尚未大規模地在報刊上得到譯介之前，北平的大學校園內誕生了一個規模雖小但意義重大的刊物，它的名字叫《牧野》。《牧野》由北大的李廣田和鄧廣銘二人主編，主要撰稿人中就有「前線詩人」的代表「漢園三詩人」。

《牧野》的創刊號上有這樣一篇《題辭》：

> 我們常四顧茫然。如置身無邊的荒野中，只聽得狗在噪，狼在叫，鬼在號啕，有時也可以聽到幾聲人的呼喊，卻每是在被狗群狼群和魔鬼的群所圍困所吞噬著的時候。多麼樣的荒涼，多麼樣的淒慘啊！於是感到了孤立無援的驚悚。
>
> 怎麼樣才可以衝破這恐怖的，濁重的氛圍呢？
>
> 我們時常爲這問題所困惑，卻總不敢挺身而出，承當這重圍的責任，因爲自己感覺到，能力是太有限了。作不出『戰士的熱烈的叫喊』，因而也作不成『濁世的決堤的狂濤』。但這怵目驚心的慘劇又實在看不慣，有時便也忘記了自身力量的微弱，感到興奮，想要振作。這樣，偶爾地，由於一個人的提議，經過三數人的贊同和磋商，便有了這小小刊物的誕生。
>
> 人手，雖然少，卻還是烏合，沒有長期的準備，也缺少具體的計劃，尤其是，如上所說，自己便已覺察到力量的綿薄，雄偉的企圖是沒

有的，浮誇的標榜叫囂也相戒弗爲。所具有的決心，指向誠懇地從
事於各人能作的工作，將各人在這人生的途程中所體驗到感受到的
一切，眞正地表曝出來，無論是社會的一角的解剖，是自身的衷情
的訴說，是被噬時的絕叫或反噬時的怒吼，都按期彙集起來，呈供
大家。內容的龐雜是將不免的，思想上原即不想定於一尊，然而龐
雜中也期其能略有一致的傾向。在艱苦中奮鬥著掙扎著的青年同
輩，如能因此而不至感到絕對的空漠虛無，能覺到尚有在通路上喘
息奔波的旅伴，我們也將作爲莫大的欣幸了。

我在這裡不厭其煩地抄錄整篇《題辭》，目的在於全面呈現「漢園三傑」等詩人
當時的心態。從這篇《題辭》中可以看到，「前線詩人」與艾略特有著深層的默
契。他們常感如置身荒野，荒涼而且孤獨，清醒的批判和反思是他們最常有的
思緒。他們有現實的抱負，渴望改變現狀，但他們又深知自己作爲思想者的無
能爲力，因此產生苦悶矛盾的情緒，並將這些情緒體現在詩歌作品中。

從時間上說，我無法斷定《牧野》的創辦已經受到《荒原》的啓發，而
且在一共只有 6 期的刊物中，他們也沒有提及艾略特或《荒原》。因此，我不
想妄下結論，說這「牧野」就是那「荒原」。我袛是通過比較認爲，「前線詩
人」在 1930 年代初已經萌發了與「荒原」意識相通相近的思想和情感。正是
這種共通爲他們接受艾略特和《荒原》奠定了重要的基礎。在這個基礎上，
詩人們遇到《荒原》後必然會產生強烈的共鳴。

同樣能說明問題的是，這種「四顧茫然」，「如置身無邊的荒野」的感覺，
更早地出現在卞之琳的詩歌作品中。他在 1930 年創作的《黃昏》一詩中寫出
這樣的詩句：

　　爐火餓死了，
　　昏暗把持了
　　一屋冷氣，
　　我四顧蒼茫，
　　像在荒野上
　　不辨東西。

即便是這樣相似的表達，也許仍無法證明《牧野・題辭》就是由卞之琳撰寫
的，但這並不重要，重要的是，從二者的精神聯繫中我們可以看出，自 1930
年開始直至 1933 年甚至其後，卞之琳等人的思想情感和心態中始終貫穿著這

種「彷彿置身荒野」的意識。在這個意義上說，他們能在思想上、藝術上接受艾略特《荒原》的影響，是有其內在基礎和必然性的。這個基礎就是他們在 1930 年代北平現實環境中生成的特殊心態，這種心態令他們與艾略特的「荒原」意識產生了共鳴，並進而使得他們在藝術方式上也更易接近了以《荒原》為代表的現代主義詩潮。

在北平的現代主義詩作中，「古城」、「古都」、「荒城」等意象的出現頻率相當高。這類意象既與「荒原」精神相通，又保持了鮮明的民族特色和獨特的文化性格。因為，「荒原」是抽象的，而「古城」具體真切；「荒原」是帶有西方宗教色彩的，而「古城」純然脫胎於東方歷史文化氛圍。這就是說，「古城」意象並不是對「荒原」精神的機械模倣，而是一種帶有民族性的創造。

「古城」意象和「荒原」意象一樣，首先帶有濃厚的感情色彩。它不僅是對北平歷史地位的客觀概括，同時也傾注著中國知識份子對歷史民族和傳統等方面的深刻感情和思索。因此，這個意象帶給人的感受首先是寂寞和憂憤，體現出一種無法掙脫陳舊歷史的文化情結。

北平詩人創造的「古城」意象既有現實的提煉，又有藝術的昇華。

一方面，北平的確是一個衰落的古都，這裡沒有上海那樣「彙集著大船舶的港灣，奏響著噪音的工場，深入地下的礦坑，奏著 Jazz 樂的舞場，摩天樓的百貨店，飛機的空中戰，廣大的競馬場」〔註 81〕，也沒有悶熱的「沙利文」〔註 82〕和摩天樓上如「都會的滿月」一樣巨大的時鐘〔註 83〕。現實的北平本來就是「風沙萬里的荒原」〔註 84〕，還有那些與氣候一樣寒冷乾燥的人面人心。寫古城的荒涼本來也算忠於現實，但另一方面，北平的詩人又超越了這個現實，為「古城」意象注入了深廣的歷史意識和現代人獨特的情感內容，使「古城」不僅是北平本身，更因為濃縮了千年的民族歷史而成為一個巨大的隱喻，深藏著對詩人對民族命運的反思和預言。

「古城」與「荒原」最表層的共同點就是自然環境的荒涼。這種外在的相似最先引起了詩人的共鳴。因此，詩人在描繪自然環境的作品中突出了最具北方特色的「風沙」，以此營造出乾燥寒冷的荒涼境界。「風沙」本是北平

〔註 81〕施蟄存：《又關於本刊中的詩》，《現代》第 4 卷第 1 號，1933 年 11 月 1 日。
〔註 82〕施蟄存：《夏日小景》。
〔註 83〕徐遲：《都會的滿月》。
〔註 84〕林庚：《長城》。

自然環境的一大特徵，老北京所謂「無風三尺土，有雨一街泥」的說法，就是它的真實寫照。這樣的自然環境固然無法給人以自然美的感受，但其鮮明的北方特色倒也給很多來自南方的詩人以相當深刻的印象和影響，產生一種特殊的美感（如荒涼、憂鬱和頹敗之類的特殊美感）。特別是，在詩人的眼中，「風沙」這一天氣特徵所蘊含的藝術上的象徵意義，一經與詩人的情緒相結合，就成為一種獨特的詩歌意象。遮天蔽日的風沙使古城愈顯滄桑破敗，古城彷彿終將被現實和歷史的黃土埋葬。

> 忽然狂風像狂浪卷來
> 滿天的晴朗變成滿天的黃沙
> ……
>
> 卷起我的窗簾子來：
> 看到底是黃昏了
> 還是一半天黃沙埋了這座巴比倫？〔註85〕
>
> ……這座城
> 是一隻古老的大香爐
> 一爐千年的陳灰
> 飛，飛，飛，飛…〔註86〕

「巴比倫」和「大香爐」都帶有強烈的象徵意義。它們象徵著古城的古老死寂、了無生機。前者的終成廢墟和後者的灰飛煙滅更象徵著古老文明不可避免的衰落命運。在這風沙裏，詩人看到的只有被埋葬的歷史和被渴死的生命，卻看不到絲毫對未來的希望。風沙中「慘白的」、「晦澀而無光」的「日影」就像「二十世紀的眼睛」〔註87〕，它沒有光芒、沒有熱情，預示著整個人類的悲劇命運。

並不是因為寒冷的風沙磨礪了詩人的感情，詩人就滿腹牢騷，也不僅是風沙和寒冷才讓詩人感到置身荒原，他們的苦悶更來自心靈的寂寞和焦渴。他們的作品都沒有停留在對風沙的描繪上，而是傳達出在這種「風沙」的日日夜夜中，詩人內心所感受到的灼痛和焦慮。在風沙中，他們說：「我的牆壁更厚了／一層層風，一層層沙。」〔註88〕風沙的牆壁象徵著詩人的心靈與社

〔註85〕何其芳：《風沙日》。
〔註86〕卞之琳：《風沙夜》。
〔註87〕林庚：《風沙之日》。
〔註88〕何其芳：《病中》。

會的隔絕。所以，詩人表面上詛咒的是風沙，實際上詛咒的是社會氣候的乾冷壓抑。他們從描繪自然環境的「荒」深入到揭露社會現實的「荒」。

同時，北平的風沙、寒冷和乾燥，給人帶來的無疑是一種置身「荒漠」的蒼涼感。何況北平作為一座古城，本身也是一個帶有濃厚歷史舊迹的地方。這種「陳舊」的感受與「荒漠」感結合在一起，就更令原本對這個城市充滿新鮮渴望的年輕詩人倍感寂寞悲涼。因此，在即使不以「風沙」命名的作品中，也仍體現出類似的情緒和體驗。曹葆華的詩句——「塵沙蒙蔽了銳敏的兩眼，／禮教枷鎖著活潑的性靈。」——就十分明確地將風沙與束縛靈魂的壓抑力量並置在了一起。不難看出，在詩人的藝術世界中，北平的「風沙」已經超越了現實意義上的自然氣候的層面，成為荒涼、衰落、冷漠、隔膜，甚至精神壓抑的象徵。

二

自然的荒涼還不足以令人憂憤，真正蘊含在這種「古舊」中的更是社會環境和人心的「荒涼」。

苦悶的心情令「前線詩人」更貼近和認同了艾略特筆下的現代「荒原」，也更喚起了他們清醒的現實批判精神。卞之琳的名句「北京城：垃圾堆上放風箏」〔註89〕與《荒原》的首句「四月……荒地上／長著丁香」就有深刻的相似性：風箏和丁香是美麗的事物，但卻發生於骯髒荒涼的垃圾堆和荒地上。對此詩人的心理是複雜的，他們有批判、有惋惜，甚至還對美超越醜寄予些許希望。實際上，這種心理也是艾略特和北平詩人批判精神的基調。他們不是單純的絕望和詛咒，而是懷有虔誠的濟世熱情。即如有研究者指出的：「與《荒原》中城市的隱喻一樣，卞之琳的《春城》描寫的也是一座城市中人們普遍的精神麻木和墮落。千年的陳灰沿街滾撲，滿城的古木徒然大呼，一如《荒原》中那些並無實體的城中彌漫著灰霧。『琉璃瓦』暗喻的昔日輝煌在『垃圾堆』中淪落，也似《荒原》裏古希臘『白銀與金黃』的榮華蒙塵於棄滿空瓶、廢紙、煙屁股的河旁。詩人沒有正面批評，祇是將他的意見通過一系列事物和景象曲折地傳達出來，這就似艾略特所謂『客觀對應物』（objective correlative）的手法。」〔註90〕

〔註89〕卞之琳：《春城》。
〔註90〕江弱水：《卞之琳詩藝研究》第190頁。

　　正像《荒原》中「期待著雨」的濟世主題，在北平「前線詩人」的作品中也可以發現神似的表達。比如，何其芳在《雨前》中這樣鋪張自己對雨的渴望：

> 幾天陽光在柳梢上撒下的一抹嫩綠，被塵土埋掩得有憔悴色了，是需要著一次洗滌。還有乾裂的大地與樹根也早已期待著雨。雨卻遲疑著。
>
> 我懷想著故鄉的雷聲和雨聲。那隆隆有力的搏擊，從山谷返響到山谷，彷彿春之芽就從凍土裏震動，驚醒，而怒茁出來。……我心裏的氣候也和這北方大陸一樣缺少雨量，一滴溫柔的淚在我枯澀的眼裏，如遲疑在這陰沉的天空裏的雨點，久不落下。
>
> ……
>
> 然而雨還是沒有來。〔註91〕

當然，《雨前》的情感內蘊是豐富的，可以進行多個層面的解讀，而在「荒街」上期盼著「雨」的主題，祇是其中的一個重要方面。這裡並不是要通過這種主題的相似性來簡單地推證說《雨前》就是受到了《荒原》意識的影響，我想說明的是，剝離掉詩人在乾旱的北平街頭渴盼下雨的具體真實的生活背景，人們會發現，那種荒街上的乾燥死寂與南方撼人心魄的雷雨的對比，正象徵著詩人身處的現實與其懷抱理想之間的巨大差異。而這種失望、焦渴的情緒，又恰能與艾略特在《荒原》中表達的那種對生命之水的企盼產生共鳴。這是一種現代人之間思想和情感的共鳴，在這個基礎上，北平詩人又融入他們在特定環境中的獨特感受，便得以營造出既具現代詩歌共性又充滿時代環境特色的個性化詩境。

　　卞之琳曾經說過：「我前期最早階段寫北平街頭灰色景物，顯然指得出波特萊爾寫巴黎街頭窮人、老人以至盲人的啟發。寫《荒原》以及其前短作的托・斯・艾略特對於我前期中間階段的寫法不無關係。」〔註92〕這就是說，他吸取了兩位詩人的共同點——對大城市的批判精神，並將之融入了自己對北平景物的描寫和思考中。

　　卞之琳的說法可以代表一大批前線詩人，他們大多具有這樣的思想基礎。他們用一系列作品共同勾畫出荒涼冷漠、衰弱麻木的「古城」巨象，尤其描繪出了「古城」中喪失生命力的沉默民眾的群像。他們的思想也許受到艾略特關於人心「苦旱求雨」的啟發，但更多的，應該是承自「五四」的思

〔註91〕何其芳：《雨前》，《何其芳全集》第1卷第85～87頁。

〔註92〕卞之琳：《〈雕蟲紀歷〉自序》，《雕蟲紀歷》第16頁。

想傳統，是對麻木愚昧的「國民性」的最深切的體會和批判。身處「五四」的發祥地，北平詩人們依然沿襲著那光榮的思想傳統，就像《牧野·題辭》中說的，他們深知自己無力掀起社會變革的巨浪，於是就用詩的方式揭開社會的一角，以現實的情懷和藝術的手法勾勒出一個古國的現代性荒蕪。

在對現實的批判中，北平的現代派詩人與其他啟蒙知識份子一樣，首先指向沉默麻木的「國民性」。

> 白日土崗後蜿蜒出火車
> 許多人在鐵道不遠站著
> 當有一隻鳥從頭上飛過
> 許多人仰頭望天
> 許多欺負人的事，使得
> 一個好人找不到朋友
> ……
> 大人拍起桌子罵得更生氣
> 四鄰呆若木雞
> 孩子撅著小嘴
> 站著
> 像一個啞叭的葫蘆
> 搖也搖不響〔註93〕

魯迅筆下麻木不仁的「看客」形象出現在現代主義的詩歌作品裏，顯得那樣樸素凝練。他們看稀奇的火車，也看並無稀奇的飛鳥，更看別人痛罵自己的孩子，一切都是麻木沉默的，沒有同情、沒有尊嚴，就連小孩子也「像一個啞叭的葫蘆」，從此喪失發出自己聲音的意識和能力。寥寥數筆，詩人就勾勒出一幅沉默冷漠的國民群像。

麻木的人們無法體會到自己的悲劇命運，更無法明白民族的苦難和危亡。也正因為這種麻木性格的加重，理想的民族精神也更快地接近了消亡。

> 有客從塞外歸來，
> 說長城像一大隊奔馬
> 正當舉頸怒號時變成石頭了。

〔註93〕林庚：《沉默》。

  ……

    說是平地裏一聲雷響，

    泰山：纏上雲霧間的十八盤

    也像是絕望的姿勢，絕望的叫喊。

  ……

    悲世界如此狹小又逃回

    這古城。風又吹湖冰成水。

    長夏裏古柏樹下

    又有人圍著桌子喝茶。〔註94〕

民族精神中昔日的剛烈英勇已經如受了魔法和詛咒的石頭一樣不再復活，而作為民族精神象徵的「泰山」也終於發出了「絕望的姿勢，絕望的叫喊」。塞外的胡沙和大漠風雖然能夠越過長城這自然的屏障，但卻永無辦法喚醒古城的死寂、撕開人心麻木的外殼。詩人悲憤地看著麻木的人群年復一年地重複著他們沉默空虛、昏昏噩噩的生活，哀歎「地殼早已僵死了」。在他強烈的批判背後，更流露出長久深沉的內心痛苦。

  北平的現代派詩人並沒有模倣西方詩人那樣描寫大城市中擁擠的人群，他們衹是揀取北平街頭常見的風景，用白描的手法勾勒出「古城」中的自然和人物，但他們與西方現代主義詩人一樣觸及到了人類靈魂喪失的深刻主題。應該說，他們的作品在這一點上已經很好地結合了西方現代主義思想與古城北平的現實。

三

  但是，如果僅僅停留在暴露和批判的層次上，還不足以體現出北平詩人的現代性品格。前線詩人的先鋒姿態就表現在他們對象徵性、隱喻性內涵的大力深入和開拓上。他們將現實的批判意識與古城特有的歷史縱深感結合起來，這種結合使他們的批判超越了一時一地的現實層面，具有了更加深廣的象徵意義和隱喻性質。

  「古城」的歷史實際就是「古國」歷史的縮影。詩人將「古城」意象加以擴展，縱向涵蓋了千年的歷史，橫向象徵著整個國家和民族。

〔註94〕何其芳：《古城》。

如果只停留在冷峻的批判，還不足以構成藝術上的震撼，也不足以體現中國知識份子的複雜心態。正如魯迅的冷中帶熱一樣，北平的詩人也是如此心存熱望，正因爲這種熱望，才在現實的荒涼中尤顯沉痛。

在古城北平，有數不清的歷史遺迹，故宮、煤山、長城、圓明園等都進入過詩人的作品。他們或象徵英烈的忠魂，或象徵怨女的幽情，或代表曾經輝煌的古代文明，或代表不堪回首的屈辱和滄桑。這些遺迹是古城中固有的，但又因詩人的藝術昇華而象徵了整個中華古國。

在諸多意象中，石獅子是藝術效果最強最獨特的一個，它就是整個民族歷史的隱喻體。中國人向來以石獅子作爲民族精神的象徵，「古城」中的石獅子因其威武的過去與破敗的現狀間的巨大反差更深刻地象徵了古國的現代遭遇和命運。在北平詩人的作品中，有的「石獅子流出眼淚」〔註 95〕，有的則滿腔「古國的憂憤」，「張著口沒有淚」〔註 96〕，更有曹葆華講述了一個「石獅子眼裏／流血的故事」〔註 97〕。石獅子流淚、流血的意象可謂驚心動魄，其強烈的感染力和藝術效果將全民族的悲劇命運與民族精神在苦難中的掙扎更加淋漓盡致地表現了出來。這血淚是全民族的千年血淚，古國的歷史也就是一部血淚的歷史。詩人以憂憤的石獅子象徵著民族的歷史與現狀，寄託了他們深沉的思考和憂患。這種隱喻的運用實現了艾略特等人將「現代」與「傳統」融於一詩的現代主義詩學追求。

自然環境乾燥寒冷、歷史環境衰敗荒涼，而現實中的人又是那樣沉默麻木，靈魂亦是一片荒蕪，這一切都令詩人感到了巨大的寂寞和憂憤。這憂憤如此宏大，大過了「古城」的上空，大過了「古國」的疆土，一直指向了整個人類的歷史：

> 唉，我也逃不出這古城
>
> 縱有兩隻不倦的翅膀
>
> 飛過大海，飛向長天……
>
> 還得跟著冷冷的影子
>
> 在荒街上同月亮競走〔註 98〕

〔註 95〕何其芳：《夜景》。
〔註 96〕曹葆華：《無題》。
〔註 97〕曹葆華：《無題》。
〔註 98〕曹葆華：《無題》。

「古城」的意像在詩人的筆下得到了極度的拓展，它已不再是一個有形的城市，而成爲一個無形的、巨大的隱喻體。它不僅象徵著打破了地理概念和時間界限的「古國」，也象徵著包括古國在內的整個人類歷史，更象徵著全人類都無法逃脫的悲劇命運。北平詩人以「古城」寄託自己對人類歷史的宏大反思和現代性焦慮，這與「荒原」精神的深層內涵實在是非常一致的。這「古城」其實也就是一片具有東方民族色彩和歷史意識的現代「荒原」。

　　當然，在「古城」與「荒原」的相似與共鳴之外，畢竟也還存在著一些不同。除了前文所提到過的民族色彩、歷史意識和宗教背景等因素外，最關鍵的問題在於，「古城」比「荒原」更具有現實性和複雜性，因而也更反映出詩人多層面的精神世界和複雜的心態。

　　與「荒原」相比，「古城」畢竟還負載著歷史與文明，而這種歷史和文明正是滋養詩人的血脈的一支。因此，詩人若以一種決絕的姿態否定「古城」，就如同艾略特否定「荒原」那樣，無疑是不可能也不現實的。所以，詩人們在寂寞、憂憤甚至批判「古城」的同時，又對其懷有一種惋惜和依戀之情。這種情緒是複雜的，正如一個久遊的浪子看到殘敗的故鄉時的心情。因此，與艾略特對「荒原」的摒棄性的批判相比，北平詩人更多的仍是有所期待。當然艾略特也「期待著雨」，懷有「濟世的熱情」，但他畢竟沒有北平詩人那種身在城中、血肉相連的焦慮與沉痛。而在我看來，這份血肉感情的有無，就正是「古城」與「荒原」之間最根本的不同。

　　來到「古城」，走近「荒原」，是「前線詩人」在人生道路與藝術道路上的雙重選擇。曾與何其芳共同創辦《紅砂磧》這樣一個浪漫刊物的朱企霞，就在一篇散文詩中象徵性地寫出了這種人生軌迹，從中，我們不僅能夠看到年輕詩人在生活上和心態上的轉變，同時也可看出其美學選擇的改變。他說：

> 從前有一個時期，我在世上發現過一座花園。我非常地景慕它。因此我曾經什麼事都丟下不管，一天天生活著祇是爲了不停地繞在它底周圍散步，而就是那麼繼續地繞著繞著，一連就經過了好些個年頭哩。〔註99〕

但是後來，「我」離開了那座「花園」，選擇了「向一個荒原上走去」的道路：

> 忽然我發現自己對於帶著一把鋸在一個荒原上漫步著的自己，不禁強烈地愛好起來了。……想著有一個身軀昂藏的人，地之子，手裏

〔註99〕朱企霞：《鋸》，《華北日報·每周文藝》第 2 期，1933 年 12 月 12 日。

> 帶著一把鋸，茫茫蒼蒼地在一個荒原邁著大步，秋日的慘澹的斜陽
> 不能添加他臉上的悒鬱——我對於那幅圖畫於是喜歡得不禁在心裏
> 發痛了起來。那是我自己。

這個帶著鋸在荒原中漫步的形象，與那個留連在美麗花園周圍的形象之間，已產生了相當的距離。從某種角度說，後者就是前期忘情於浪漫主義詩歌藝術世界的詩人的「過去」，而前者則象徵著追求現代的精神與藝術，深受「荒原」意識等現代主義思想影響的詩人的「現在」。

這篇散文詩從一個側面清晰地描繪出詩人從浪漫主義過渡到現代主義的藝術道路，從中，我們得以透視他們在精神世界、審美原則等方面發生的巨大轉變。從浪漫地歌頌「花園」之美，到以「利鋸」批判地走上「荒原」，「花園」時期的浪漫情懷和審美已不能再現。因此詩人說：「如今卻祇是偶然有的時候我才又攀到了一個高地方去，將那座花園略略作了一個鳥瞰，如是而已。」

其實，早在 1931 年，還在編輯《紅沙磧》的何其芳也曾在給友人的信中眞誠地說：「我們的缺點，是我們的興趣領域太小了，這是危險的事。一年年，喜歡的，喜歡去做的東西漸漸減少，在減少到最後一點，再一下消滅，那就是死。」〔註100〕正是這種危機感促使詩人們走向了更新更先鋒、同時也更適合於表達他們自己的現代性焦慮的方式的探索。在這種時刻，他們從「花園」中走出，從狹窄中走出，而走向相對複雜深刻和闊大的「荒原」，幾乎是一種必然的選擇。

是「古城」促進了朱企霞、何其芳們的轉變。何其芳日後曾說：「假若這數載光陰過度在別的地方我不知我會結出何種果實」。的確，是古城北平將他們送到了詩神的身邊，是「那無雲的藍天，那鴿笛，那在夕陽裏閃耀著凋殘的華麗的宮闕」〔註101〕，賦予了他們詩的靈感。但同時，是否可以這樣反過來說：假若沒有這些詩人的創作，「古城」北平也許永遠祇是一個歷史地理的名稱。沒有他們，「古城」就不能被賦予那樣深厚的歷史意義和文化品格，也無法成爲一個帶有典型意義和象徵意義的獨特的詩歌意象。

「古城」雖「古」，但其精神實質是極先鋒、極現代的。它將與波德萊爾筆下的巴黎和艾略特筆下的倫敦一樣，成爲現代主義詩歌中經典的城市意象和特定的文化象徵。

〔註100〕何其芳：《致吳天墀（1931 年 8 月 20 日）》，《何其芳全集》第 8 卷第 101 頁，
　　　　河北人民出版社，2000 年。
〔註101〕何其芳：《論夢中道路》，《大公報·文藝》第 182 期，1936 年 7 月 19 日。

第三章　晚唐的美麗──「晚唐詩熱」 與「前線詩人」對傳統詩學的 重釋

在北平「前線詩人」群中，曾出現過一股「晚唐詩熱」，主要代表人物是廢名、林庚、卞之琳、何其芳等。他們提倡以「溫（庭筠）李（商隱）」為代表的晚唐詩風，對中國詩歌傳統進行了一次獨到的重新發掘與闡釋。在探討有關詩歌觀念、美學原則、傳統詩學與新詩發展的關係等一系列問題的同時，他們還將這些思考融入了自己的創作實踐和藝術風格之中。

「晚唐詩熱」主要發生於北平現代派詩壇的「前線詩人」中，雖然規模不大，但它卻集中體現了「前線詩人」自覺的藝術探索，並折射出他們的詩歌審美觀念和對待傳統詩學的獨特態度。雖然戴望舒、施蟄存等身居上海的現代派詩人也有過對晚唐詩風的喜愛與迷戀，但北平「前線詩人」卻有著更明晰的探索理論和創作實踐，因此他們的努力也顯得更為集中，蘊含了對傳統的一種新的美學尋求。

「晚唐詩熱」作為一種傳統的返尋，肯定了以綺美幽深為特徵的晚唐詩風，並將之與現代派詩歌藝術存在根據進行契合的理解。在此之前，由於新詩對傳統進行變革的需要和審美觀念的引導，以胡適為代表的初期白話詩的倡導者們提出了繼承「元（稹）白（居易）」通俗易懂詩風的主張。胡適認為，「明白清楚」是文學的第一「要件」，此外沒有「孤立的『美』」〔註1〕。在這

〔註 1〕 胡適：《什麼是文學──答錢玄同》，《胡適文集》第 3 卷第 165～167 頁，人民文學出版社，1998 年。

一美學觀念的指導下,「晦澀難懂」的「溫李」詩當然就成爲了他必須否定的對象,被他稱爲「笨謎」、「鬼話」和「妖孽詩」。「晚唐詩熱」卻體現了與胡適們截然不同的另一種美學追求和選擇。他們看重詩「質」、認同「含蓄幽深」之美,「超越胡適的『白話』與『反白話』的二元對立的文學觀念,由新詩傳達的語言層面進入了對於詩的本質這個核心問題的思考」,體現了他們「已經進入對於傳統具有現代性眼光的選擇與觀照的自覺,對於西方現代派詩歌與中國傳統詩歌之間藝術聯繫的溝通與對話的努力。」〔註2〕

可以說,「晚唐詩熱」體現了「前線詩人」在詩歌美學觀念和對待傳統詩學態度上的雙重轉變,這種轉變已經構成了對新詩觀念的一次衝擊。它不僅在現代主義詩潮史上,甚至在整個新詩發展史上都產生了一定的影響,具有理論價值和實踐意義。因此,「晚唐詩熱」不僅是北平詩壇上一個值得關注的文學現象,更是「前線詩人」對中國新詩現代性發展如何返觀傳統所作出的一份獨特貢獻。

第一節 作爲文學現象的「晚唐詩熱」

一

中國現代主義詩歌是中西詩學合璧產生的「寧馨兒」。詩人在借鑒西方現代主義詩潮觀念和方法的同時,也有意識地把目光投向了中國數千年的詩歌藝術傳統。

新詩發展到 1930 年代,「在白話新體詩獲得了一個鞏固的立足點以後,它是無所顧慮的有意接通我國詩的長期傳統,來利用年深月久、經過不斷體裁變化而傳下來的藝術遺產」,「傾向於把側重西方詩風的吸取倒過來爲側重中國舊詩風的繼承。」〔註3〕這種「傾向」在一些詩人中漸成一種自覺,在「前

〔註 2〕 孫玉石:《新詩:現代與傳統的對話——兼釋 20 世紀 30 年代的「晚唐詩熱」》,《現代中國》第 1 輯,湖北教育出版社 2001 年。孫玉石先生這篇文章通過清理「興」、「象」和「隱」等美學理論範疇,探討廢名等「前線詩人」對傳統的重新選擇和進行東西詩學對話的努力。該文重點討論中西詩學在理論範疇的聯繫與呼應,藉以分析詩人們傾向含蓄詩美的審美原則。我完全贊同孫先生的觀點,但本章的側重點與之不同。本章的討論偏重於晚唐詩審美原則、傳達方式和創作心態等方面的特徵在「前線詩人」理論和創作中的體現。
〔註 3〕 卞之琳:《戴望舒詩集·序》,《人與詩:憶舊說新》,三聯書店,1984 年。

線詩人」身上表現得就更是大膽而急切。他們因「獲得了一個鞏固的立足點」而充滿自信，得以更加「無所顧慮」地在傳統詩學中發掘寶礦，有意識地建設一種融合中西詩學優長的新詩傳統。因此，他們在理論上和創作中都表現出一種積極的努力，即在理智地吸收西方詩風的同時，也注重對傳統詩學的繼承。

　　本來中國自古便是一個詩的國度，強大的詩歌藝術傳統始終橫亙在新詩作者的面前，並不會因任何人的忽視或迴避而消失。傳統詩詞中的意境、題材、意象等等，都薰陶和影響了許多現代詩人。其實，中國文人對包括晚唐詩在內的傳統詩歌的熟悉程度都相差不多，而晚唐詩境在新詩中的化用也並非自「前線詩人」才開始。比如聞一多的著名詩句「鴉背馱著夕陽」與其說是化自馬致遠的《天淨沙》，還不如說更直接得自於溫庭筠的「蝶翎胡粉重，鴉背夕陽多」。此外，戴望舒的《舊錦囊》中的不少作品也都明顯地「回響著中國傳統詩詞的一種題材和意境」〔註4〕。但是，這些大都還是由於個人詩情的喜好和個別意象的借鑒而產生的對晚唐詩美的親近，而真正將晚唐詩風作為一種美學理論的發現並在創作中有意識傾近認同的，還是北平「前線詩人」群體。無意識的因襲和有意識的繼承，其意義是完全不同的。「前線詩人」們有意識地在報刊上、論著中，以及大學課堂上提倡晚唐詩歌及其美學風尚，並在創作中加以吸收和轉化，顯然是有意識地在繼承和重釋傳統中努力豐富和樹立自己的詩歌美學觀念。

　　之所以說提倡晚唐詩風就說明了一種詩學觀念的轉變和推進，還因為「晚唐體」本身獨特的美學特徵一直沒有受到中國詩歌傳統的肯定和張揚。這種情況源於其與主流詩歌美學的分歧。因此，「前線詩人」在 1930 年代重提晚唐詩，這不僅是對十餘年的新詩美學的挑戰和調整，甚至具有更為深遠的意義。

　　所謂「晚唐體」，這個概念最早提出於嚴羽的《滄浪詩話‧詩體》：

> 以時而論，則有建安體、黃初體、正始體、太康體、元嘉體、永明體、齊梁體、南北朝體、唐初體、盛唐體、大曆體、元和體、晚唐體、……。〔註5〕

〔註4〕同上。
〔註5〕參見郭紹虞：《滄浪詩話校釋》第52～53頁，人民文學出版社，1983年。又：
　　　　王瑋慶《滄浪詩話補注》：「案儀卿（按：嚴羽）及明高棅分為四唐：武德至

雖然對於晚唐詩歌的具體範疇和時限的劃分，古代文學研究界至今仍爭論不休，但這並不影響我們討論晚唐詩風的特點及其對現代主義詩歌的影響。晚唐詩的「綺靡」與「隱僻」兩個重要特徵已爲歷史所公認，而代表「綺靡」風格的溫庭筠和代表「隱僻」風格的李商隱，也正是晚唐詩歌最高藝術成就的代表。

近千年來，人們對晚唐詩的評價總體來說並不很高。根本原因大概在於他們纖巧多情的個性特徵與中國詩人歷來所追求向往的盛唐氣象相距甚遠。從文學審美的角度說，這本是兩種無所謂高下的不同的美學風格，但在歷代很多文人眼中，晚唐詩風卻成了詩風不振的代表。宋人魏慶之《詩人玉屑》引《蔡夫寬詩話》（又名《詩史》）云：「晚唐人詩多小巧，無風騷氣味。」俞文豹《吹劍錄》評爲：「局促於一題，拘攣於律切，風容色澤，輕淺纖微，無復渾涵氣象」。此外，還有「綺靡乏風骨」（羅大經《鶴林玉露》），「下細功夫，作小結裏」（方回《瀛奎律髓》），「小家門徑」（吳可《藏海詩話》），「小家舉止」（朱庭珍《筱園詩話》），「失之太巧」（方南堂《輟鍛錄》）等大同小異的評價。

與這些批評觀點相比，嚴羽的觀點則更加複雜也更爲重要。一方面，嚴羽持有鮮明的貶抑晚唐詩風、推宗盛唐詩境的立場。即如郭紹虞所說，「滄浪所謂晚唐體」與蔡夫寬、俞文豹等人的觀點評價相同，因覺其格調不高，「故稱爲止入聲聞辟支之果」〔註6〕。在嚴羽看來，「大曆之詩，高者尙未失盛唐，下者漸入晚唐矣。晚唐之下者，亦墮野狐外道鬼窟中。」依他的詩歌審美標準來衡量，「晚唐體」與「盛唐體」眞可謂高下優劣相差懸殊。涉及到具體的詩人作品的評價，嚴羽亦採用這一評判標準，如其評戎昱之詩云：「戎昱在盛唐爲最下，已濫觴晚唐矣。戎昱之詩，有絕似晚唐者。」很顯然，嚴羽對晚唐體詩的評價是帶有價值判斷的。他的這種褒盛唐抑晚唐的觀點，對後世的詩歌批評產生了極爲重大的影響。

太極爲初唐，開元至大曆爲盛唐，建中至長慶爲中唐，寶曆至天祐爲晚唐。」（《滄浪詩話校釋》第 55 頁注一）此外，嚴羽在《答出繼叔臨安吳景仙書》中亦有「晚唐本朝，謂其如此，可也，」「韓柳不得爲盛唐，猶未落晚唐」之稱謂（《滄浪詩話校釋》第 252 頁）。

〔註 6〕參見郭紹虞《滄浪詩話校釋》第 57 頁注一四。嚴羽《滄浪詩話·詩辨》云：「論詩如論禪：漢魏晉與盛唐之詩，則第一義也。大曆以還之詩，則小乘禪也，已落第二義矣。晚唐之詩，則聲聞辟支果也。」（《滄浪詩話校釋》第 11～12 頁）。

　　但從另一方面來看，嚴羽在批評晚唐詩風的同時，也從文體和風格等方面看到了晚唐詩所體現出來的一種變化與新異。雖然他對此並未加以肯定和認同，但對這種變化本身，他作出了很有見地的論斷。他說：

　　　　大曆以前，分明別是一副言語；晚唐分明別是一副言語；本朝諸公，

　　　　分明別是一副言語。如此見，方許具一隻眼。(《滄浪詩話‧詩評》)

這個論斷不僅印證了以「詩體」劃分不同詩歌風格的合理性和可行性，同時更將文學風貌與時代因素聯結在一起，揭示出不同時代的詩人因經驗情感的差異而產生的對詩歌傳達方式和審美原則的不同追求。換句話說，盛唐體、晚唐體、宋詩體等幾副「言語」，反映的不僅是相異的詩歌藝術風貌，更是不同的詩歌審美原則和傳達方式。

　　當然，晚唐體與其他詩體之間的不同「言語」，表現在題材、語言、藝術手法、情思意境等各個方面，絕非三言兩語可以說清的。總體來說，晚唐詩所呈現出來的對日常生活的關注，對個體心靈的吟味，對生活小景的雕琢，以及對含蓄優美的偏愛等等，都體現著一種與盛唐體等其他詩體所不同的詩歌美學追求。而在這當中，則又以對蘊蓄詩美的追求為其核心內容與特徵。

　　也恰恰是在肯定詩歌蘊籍之美的這個方面，晚唐詩風與嚴羽的詩歌美學發生了契合。嚴羽「以禪喻詩」，旨在「妙悟」，尤重「透澈之悟，偏於神韻一邊」〔註7〕。而這種所謂「妙悟」，即表現為一種「捨真實而求虛幻，厭切近而慕闊遠」〔註8〕的詩歌美學標準。因此嚴羽在其《滄浪詩話‧詩辨》中提出，詩歌藝術的最高境界「惟在興趣，羚羊掛角，無迹可求。故其妙處透徹玲瓏，不可湊泊，如空中之音，相中之色，水中之月，鏡中之象，言有盡而意無窮。」這無疑是對含蓄蘊籍的詩歌美學追求的高度肯定與認同。

　　但是，雖然嚴羽有此美學觀念和追求，他卻並未在晚唐詩人的作品中發現和肯定這種蘊蓄詩美，因此他在總體上仍貶低了晚唐詩風。也就是說，嚴羽對蘊蓄詩美的肯定和提倡，與以溫李為代表的晚唐詩人的詩歌理論與實踐，祇是一種不自覺的碰撞與契合，而真正自覺地發現並肯定晚唐詩蘊蓄之美的，還是以北平「前線詩人」為代表的 20 世紀 30 年代的現代派詩人。換句話說，「前線詩人」們既承襲了中國傳統詩歌美學的重要一脈，又同時以新

〔註7〕 參見郭紹虞「釋」語，《滄浪詩話校釋》第 21 頁。

〔註8〕 劉克莊：《題何秀才詩禪方丈》，《後村大全集》九十九，參見《滄浪詩話校釋》
　　　　第 17 頁。

的角度和現代的眼光觀照和重釋傳統，從而獲得了對古詩傳統的新的認知，並在現代與傳統之間建構了一種新的美學聯繫。

其實，盛唐詩體與晚唐詩體這兩副「言語」，一直在詩歌藝術的傳統中起伏隱現，雖然其不同之處是多方面的，但它們之間並非「非此即彼」的對立關係。作為兩種詩風的典型代表，無論後人評價如何，二者都是傳統詩學中的寶貴遺產。「前線詩人」在豐富的詩歌藝術傳統中選擇了晚唐詩風，給予很高評價並努力繼承，這是建立在他們自己的詩學觀念和美學原則的基礎之上的。所以說，他們並不是在嗜愛傳統時無意發現了晚唐，而是因藝術共鳴而有意追認了晚唐。

以「溫李」為代表的晚唐詩風，並非一直與「元白」詩風相對立，而「晦澀難懂」與「明白清楚」之爭也只不過是詩歌的語言層面上的一個問題。實際上，「溫李」與「元白」的對立，從根本上說，是詩歌的不同傳達方式的對立，這種對立的提出，更多的是源於新詩自身生存或美學建設的需要。也就是說，是新詩的理論者和實踐者在尋找自身存在依據和適當的詩歌傳達方式時出現了分歧與爭論，在對「含蓄」或「明白」的不同取捨中，他們分別選擇了晚唐詩風作為切入口，對「溫李」或反對或讚賞，實際上反映出的正是新詩美學中兩種不同的觀念。

這兩種觀念的分歧一直貫穿在新詩理論的發展線索中，而「難懂」和「易懂」的問題也成為了詩人和詩論家們的爭論的焦點。在胡適等人看來，「元白」的「白話」詩才是新詩應承襲的淵源，那種「明白清楚」的美最能符合他們「有什麼材料，做什麼詩；有什麼話，說什麼話」的「詩體大解放」的主張〔註9〕。而像李商隱那種「獨恨無人作鄭箋」的「其實看不懂而必須注解的詩，都不是好詩，祇是笨謎而已。」〔註10〕

但是，在持另一種美學觀念的人看來，胡適等人的主觀「不僅是反舊詩的，簡直是反詩的；不僅是對於舊詩和舊詩體底流弊之洗刷和革除，簡直是把一切純粹永久的詩底真元全盤誤解與抹殺了。」〔註11〕這種美學原則指導下的作品「都像是一個玻璃球」，「缺少一種餘香與回味」〔註12〕。他們認為，

〔註 9〕 胡適：《答朱經農》，《胡適文集》第 3 卷第 78 頁。
〔註10〕 胡適：《談談「胡適之體」的詩》，《自由評論》第 12 期，1936 年。
〔註11〕 梁宗岱：《新詩的分歧路口》，《詩與真·詩與真二集》第 167 頁，外國文學出版社，1984 年。
〔註12〕 周作人：《〈揚鞭集〉序》，《語絲》第 82 期，1926 年 6 月 7 日。

「胡適之先生所認爲反動派『溫李』的詩，倒似乎有我們今日新詩的趨勢。」
〔註13〕

　　本章無意系統整理兩種詩學的分歧和爭論〔註14〕，我想說的祇是，從舊詩的傳統裏尋找什麼、發現什麼、追認什麼，其實都是新詩作者和理論家們觀念的直接映像。美學標準的差異決定了詩人們對詩歌傳統的不同發現和對詩歌發展前途的不同構想。從這個角度來認識「晚唐詩熱」，並把它納入整個新詩發展流變的歷史中，則不難看出，對晚唐詩的追認、肯定和利用，無疑是一次有意識的理論建設，在這個過程中，他們既發現了傳統的現代性功用，又使現代主義詩歌觀念本身找到了淵源和依據。

二

　　「晚唐詩熱」發生在 1930 年代北平「前線詩人」群體當中，雖然在報刊上有一定的反映和體現，但很顯然，他們並未刻意營造浩大的聲勢。儘管他們的目的性不可謂不明確，但這股「熱」潮仍是一種詩人圈子中的帶有學術性質的自覺的詩藝探索。

　　「晚唐詩熱」從表面上看，首先表現爲詩人們對以「溫李」爲代表的晚唐詩歌的親近。廢名曾在北大課堂上公開說：「現在有幾位新詩人都喜歡李商隱的詩」。而且「新詩人林庚有一回同我說：『滄海月明珠有淚，藍田日暖玉生煙』李商隱這兩句詩眞寫得好。」〔註15〕當然，稱讚李商隱的佳句「眞寫得好」並不能反映出他們的理論主張。但這句話畢竟透露了一個資訊，那就是在胡適曾經全面否定李商隱的「晦澀難懂」，稱之爲「妖孽詩」和「鬼話」之後，廢名、林庚等人卻公開將「滄海月明珠有淚，藍田日暖玉生煙」這一堪稱千古詩謎的詩句提出來加以肯定，這本身就是一種姿態，反映出兩種評價背後的兩種詩歌美學觀念的公開對立。

　　林庚不僅欣賞晚唐詩美，更將這種美注入了自己的藝術風格。廢名最瞭解也最稱讚林詩中的晚唐詩意，他說：

〔註13〕馮文炳：《已往的詩文學與新詩》，《談新詩》第 37 頁，人民文學出版社，1984年。

〔註14〕與胡適停留在詩歌傳達方式的層面不同，廢名等人的理論和實踐都還更深入更廣泛地涉及到詩歌本質、感覺方式等方面。在這個意義上說，他們之間的爭論是一場力量並不均衡的爭論。

〔註15〕馮文炳：《已往的詩文學與新詩》，《談新詩》第 37 頁。

> 我讀了他的詩，總有一種『滄海月明』之感，『玉露凋傷』之感了。
> 我愛這份美麗。
>
> 在新詩當中，林庚的分量或者比任何人要重些，因為他完全與西洋
> 文學不相干，而在新詩裏很自然的，同時也是突然的，來一份晚唐
> 的美麗了。〔註16〕

這份「晚唐的美麗」，早在林庚的第一本詩集出版之際，就已得到了他在清華的同窗好友李長之的發現和肯定。李長之在評價《春野》一詩時說：「從本質上，林庚的詩是傳統的中國詩的內容的，也是一個優美閒雅的中國氣息的詩人，也很少有染到近代世界性的觀感，這首詩就直然像五代人的詞了。」〔註17〕李長之的話說明了兩個方面的問題，一是林詩「內容」上的傳統色彩，這更多地得之於詩歌意象和意境的選用，而至於其「優美閒雅的中國氣息」，則可能更多地指的是詩人的心態情緒和感受方式。這裡不妨讀一下原詩：

> 春天的藍水奔流下山
>
> 河的兩岸生出了青草
>
> 再沒有人記起也沒有人知道
>
> 冬天的風那裡去了
>
> 彷彿傍午的一點鐘聲
>
> 柔和得像三月的風
>
> 隨著無名的蝴蝶
>
> 飛入春日的田野

這首詩的意境誠如李長之所說，「很少有染到近代世界性的觀感」，春水、鐘聲、蝴蝶、野風……，詩中到處彌漫著一種「優美閒雅」的情趣，而這種情趣，正是一種中國傳統文人的「趣味」，那樣的從容不迫、天人和諧……。這正是李長之所謂的「中國氣息」。正是因為這種看似模糊不可解的「氣息」為林庚等人的詩風帶來了那份「晚唐的美麗」，這種「氣息」存在於意象的使用中、體現在意境的營造上，更蘊含在詩歌的整體情緒和節奏裏。

廢名欣賞林庚的「晚唐的美麗」，他自己也在創作中接近和實踐著晚唐風格，甚至將之融入小說創作中。他說：「就表現手法說，我分明地受了中國詩詞的影響，我寫小說同唐人寫絕句一樣，」「對歷史上屈原、杜甫的傳統都看

〔註16〕馮文炳：《林庚同朱英誕的詩》，《談新詩》第 185 頁。
〔註17〕長之：《春野與窗》，《益世報·文學副刊》第 9 期，1935 年 5 月 1 日。

不見了，我最後躲起來寫小說乃很像古代陶潛、李商隱寫詩。」〔註 18〕例如他的小說《橋》中就彌漫著這類重意象不重情節的幽深綺美的晚唐意境。朱光潛曾明確指出：「《橋》裏充滿的是詩境，是畫境，是禪趣。」「廢名最欽佩李義山，以爲他的詩能因文生情。《橋》的文字技巧似得力李義山詩。……《橋》的美妙在此，艱澀也在此。《橋》在小說中似還未生影響，它對於卞之琳一派新詩的影響似很顯著，雖然他們自己也許不承認。」〔註19〕

當然，肯定和接近晚唐詩詞的人絕不止林庚和廢名兩人。卞之琳說自己「前期的詩作裏好像也一度冒出過李商隱、姜白石詩詞以至《花間》詞風味的形迹。」〔註 20〕辛笛也承認「對我國古典詩歌中老早就有類似象徵派風格的手法的李義山、周清眞、姜白石和龔定菴諸人的詩詞，尤爲酷愛。」〔註21〕

此外，何其芳也曾明確表述過自己對晚唐詩詞的親近。他說：

> 我讀著晚唐五代時期的那些精緻的冶豔的詩詞，蠱惑於那種憔悴的
> 紅顏上的嫵媚，又在幾位班納斯派以後的法蘭西詩人的篇什中找到
> 了一種同樣的迷醉。〔註22〕

這句話已足以說明何其芳對晚唐詩詞的親近和在中西詩學中的溝通。晚唐詩詞中那種「憔悴紅顏上的嫵媚」與「法蘭西詩人的篇什中」的帶有頹廢色彩的濃鬱之美相近相通，體現了晚唐詩風與現代主義詩人在審美觀念上的共鳴。二者爲何其芳帶來的「同樣的迷醉」，這也正是吸引他既貼近現代主義又沉醉於晚唐的眞正原因。

何其芳還說：

> 我曾經說過一句大膽的話：對於人生我動心的不過是它的表現。我
> 是一個沒有是非之見的人。……顏色美好的花更需要一個美好的姿
> 態。
>
> 對於文章亦然。有時一個比喻，一個典故會突然引起我注意，至於
> 它的含義則反與我的欣喜無關。
>
> 有一次我指著溫庭筠的四句詩給一位朋友看：

〔註18〕廢名：《〈廢名小說選〉序》，《廢名小說選》人民文學出版社，1957 年。
〔註19〕孟實：《〈橋〉》，《文學雜誌》第 1 卷第 3 期，1937 年 7 月 1 日。
〔註20〕卞之琳：《〈雕蟲紀歷〉自序》，《雕蟲紀歷》第 15～16 頁，人民文學出版社，1984 年。
〔註21〕辛笛：《〈辛笛詩稿〉自序》，《辛笛詩稿》，人民文學出版社，1983 年。
〔註22〕何其芳：《論夢中道路》，《大公報·文藝》第 182 期，1936 年 7 月 19 日。

楚水悠悠流如馬，

恨紫愁紅滿平野，

野土千年怨不平，

至今燒作鴛鴦瓦。

我說我喜歡，他卻說沒有什麼好。當時我很覺寂寞。後來我才明白
我和那位朋友實在有一點分歧：他是一個深思的人，他要在那空幻
的光影裏追尋一份意義。我呢，我從童時翻讀著那小樓上的木箱裏
的書籍以來便墜入了文字的魔障。我喜歡那種錘煉；那種彩色的配
合，那種鏡花水月。我喜歡讀一些唐人的絕句。那譬如一微笑，一
揮手，縱然表達著意思但我欣賞的卻是姿態。

我自己的寫作也帶有這種傾向。我不是從一個概念的閃動去尋找它
的形體，浮現在我心靈裏的原來就是一些顏色，一些圖案。〔註23〕

何其芳所欣賞的唐人的「姿態」，其實也正是他自己作品裏突出體現的一種獨
特「姿態」。他在意的是「錘煉」和「文字」，是「空幻的光影」、「彩色的配
合」和「鏡花水月」的意境，而不是在「光影」裏強要的那一份「意義」。說
到底，他追求的就是詩歌的感覺方式和傳達方式之美。從現代主義詩學的角
度說，這一點體現了何其芳重「感覺」、重「體驗」的思想；而從傳統詩學的
方面看，則又說明了他對意境之美的追求。

當然，除了個人對晚唐詩美的欣賞和接近之外，詩人們還有意識地將這
種思想傳達給更多的人。他們利用的一個重要園地就是《世界日報》的文學
副刊《明珠》。

1936 年 10 月，《世界日報・明珠》改版，由周作人領銜，實際編務工作
由林庚擔任，而最主要的撰稿人則是廢名、俞平伯等人。可以說，這份每日
一刊的專版幾乎完全成了周作人、廢名、林庚等人「自己的園地」。這當然不
會是因為缺乏來稿而自己拼湊，我認為，他們如此集中而專注地從事一個副
刊的編寫，保持純粹的「同人」的小圈子，是為了有目的、有意識地提倡一
種文學思想和文學趣味，周作人稱之為「新的啓蒙」：

那時是民國廿五年冬天，大家深感到新的啓蒙運動之必要，想再來
辦一個小刊物，恰好《世界日報》的副刊《明珠》要改編，便接受

〔註23〕何其芳：《論夢中道路》，《大公報・文藝》第 182 期，1936 年 7 月 19 日。

了下來，由林庚編輯，平伯、廢名和我幫助寫稿，雖然不知道讀者
覺得何如，在寫的人則以為是頗有意義的事。〔註24〕

從《明珠》上的文章內容可以看出，這次「啟蒙」並非「五四」那種思想啟
蒙，而是一次美學上的啟蒙。他們是在有意識地傳達著一種審美的理念，而
對晚唐詩風的提倡、對古詩傳統的重視和詮釋，則是其中相當重要的一個部
分。這一點，從其連載專欄《詩境淺說》〔註25〕中可見一斑。

《詩境淺說》是一個專門進行唐詩導讀的專欄，其作者「龍禪居士」即
為俞平伯之父俞陛雲〔註26〕。此專欄篇幅不大，每期選取一首或幾首五絕唐
詩配以文言撰寫的簡單的導讀文字。在一共92期《明珠》中，該專欄共導讀
了 49 位唐代詩人的 64 首作品。其中包括虞世南、盧照鄰、王維、李白、杜
甫、韋應物、柳宗元、劉禹錫、李賀等 20 餘位初、盛唐及中唐詩人的作品，
以及賈島、張仲素、令狐楚、王涯、李商隱、施肩吾、許渾等十幾位晚唐詩
人的作品〔註27〕。

重要的是，在《詩境淺說》專欄中，無論是初盛唐時期的詩作，還是晚
唐詩人的作品，大都偏重於含蓄蘊藉的風格。在解讀鑒賞的文字中，俞陛雲
本人對深幽婉曲詩風的認同與偏愛也時有流露。比如，在選講劉禹錫的《秋
風引》〔註28〕時，他就曾明確地說：「五絕以含蓄不說盡為貴。」並認為該詩
「若因聞秋風而言愁思若何，便徑直少味。此僅言孤客先聞，其善於言情處，
在孤字先字之妙。」〔註29〕寥寥幾句評論，就已充分顯示了俞氏本人的審美
取向。此外，在對王維《臨高臺送友》〔註30〕一詩的評論中他也曾指出：「詩
但言暮鳥歸巢，征人不息，未言分袂情態，而黯黯離情，勞勞行役之意，皆
處楮墨之外。……可為學詩者瀹其思路也。」〔註31〕

〔註24〕藥堂：《懷廢名》，廢名著《論新詩及其他》第 146 頁，遼寧教育出版社，1998
年。

〔註25〕該專欄雖非每天一期，但出現頻率很高，平均下來大體相當於隔期出現。

〔註26〕俞平伯《秋荔亭日記》（二）1937 年 1 月 6 日記有：「父作《詩境淺說》始寄
到，京滬間費時二十一日，可謂遲矣。」（《俞平伯全集》第 10 卷第 247 頁，
花山文藝出版社，1997 年）。另，俞陛雲《詩境淺說》於 1947 年由開明書店
出版，其中即含《明珠‧詩境淺說》中刊載過的內容，但文字有修改。

〔註27〕荊叔、洞庭龍女、湘驛女子、劉采春、張文姬五人時代未詳。

〔註28〕原詩為：「何處秋風至，蕭蕭送雁歸，朝來入庭樹，孤客最先聞。」

〔註29〕見《明珠》第 49 期，《世界日報》1936 年 11 月 18 日。

〔註30〕原詩為：「相送臨高臺，川原杳無極，日暮飛鳥還，行人去不息。」

〔註31〕見《明珠》第 16 期，《世界日報》1936 年 10 月 16 日。

由此可見，《詩境淺說》雖非單獨提倡晚唐詩，但從其對含蓄深婉的詩歌美學原則的提倡和偏好中，仍可看出《明珠》同人對以晚唐溫李爲代表的蘊蓄詩風的認同和傾向。

當然，俞陛雲並不屬於《明珠》同人，而且他寫作《詩境淺說》的初衷也祇是爲了指導自己初學爲詩的孫兒女〔註32〕，並不見得抱有啓蒙詩壇的目的。但是，作爲報紙編撰人的林庚、廢名等人，擇取刊登這一系列文章並建立專欄，卻不可能是隨意或無意的。他們堅持以如此固定的欄目、重要的篇幅和密集的程度來刊載這些含蓄蘊籍的古詩作品及其文言體的解讀文章，就足以體現他們對於傳統詩學的重視態度和返觀詮釋古詩傳統的思路與興趣，以及啓發「學詩者」，並「濬其思路」的「美學啓蒙」的目的。可以說，建立《詩境淺說》專欄本身，即體現了《明珠》同人面對傳統詩學的一種獨特姿態。

在情感上的接近和「啓蒙式」的提倡之外，廢名他們當然要進行更深入明晰的理論倡導。不如此，我們也無法將「晚唐詩熱」視爲一個眞正意義上的「文學現象」。

在理論方面，廢名首先強調了「詩的內容」和「詩的感覺」這兩個屬於詩歌本質範疇的問題。他說：「李商隱的詩應是『曲子縛不住者』，因爲他眞有詩的內容。」而溫庭筠的詞「眞有詩的感覺」，這種感覺是「立體的感覺」。因此，「溫庭筠的詞簡直走到自由路上去了，在那些詞裏表現的東西，確乎是以前的詩所裝不下的。這些事情仔細研究起來都很有意義」〔註33〕。

正是這種「詩的內容」和「詩的感覺」，使晚唐詩符合了「我們今日新詩的趨勢」。因爲在廢名看來，「我們的新詩首先要看我們的新詩的內容，形式問題還在其次。」而「解放的詩體最不容易屬假，一定要詩的內容充實。」有了「詩的內容」，文字是新是舊、是文言是白話並不重要，因爲「我們的新詩一定要表現著一個詩的內容，有了這個詩的內容，然後『有什麼題目，做什麼詩；詩該怎樣做，就怎樣做。』要注意的這裡乃是一個『詩』字，『詩』該怎樣做就怎樣做。」〔註34〕

也就是說，在廢名等人的詩學觀念中，令「詩」成其爲「詩」的「內容」才是首位的，有了這種確立詩本質的「眞的內容」，形式才可以更加自由和無

〔註32〕 參見《詩境淺說・序》，《詩境淺說》第 1 頁，開明書店，1947 年。

〔註33〕 馮文炳：《新詩應該是自由詩》《談新詩》第 27 頁。

〔註34〕 馮文炳：《新詩應該是自由詩》《談新詩》第 21～22 頁。

所顧慮，新詩由此也才能找到根本的立足點，而絕不僅僅將眼光侷限於語言和形式之類的外部層面上。

再進一步，廢名要說明的是，詩的內容取決於詩的「感覺」。他說「溫庭筠的詞不能說是情生文文生情的，他是整個的想像，大凡自由的表現，正是表現著一個完全的東西。好比一座雕刻，在雕刻家沒有下手的時候，這個藝術的生命便已完全了。」〔註35〕這也是當下新詩需要繼承的一個方面。因此，他自己的創作也追求「天然的，是偶然的，是整個的不是零星的，不寫而還是詩的。」〔註36〕這種「整個」的想像、渾然的「感覺」，無疑是廢名詩學觀念中的上乘境界。這種境界，在溫庭筠的詩詞中出現，也延續在他自己的創作當中，可以看出，他是多麼有意識地在和他所追求的晚唐詩歌保持一致的追求、一致的「姿態」。

有了這種「內容」和「感覺」，詩歌的表現就得以歸於自由。無論是否「明白曉暢」，詩歌本身的藝術價值都不會再丟失。因此在廢名的眼中「溫詞為向來的人所不能理解，誰知這不被理解的原因，正是他的藝術超乎一般舊詩的表現，即是自由表現，而這個自由表現又最遵守了他們一般詩的規矩」，所以他說：「溫詞在這個意義上真令我佩服。」〔註37〕

在我看來，廢名在理論上的舉義，比林庚、何其芳等人在創作中的默默實踐具有更明晰和廣泛的影響，因此，他的貢獻在文學史上也更值得稱道。尤其是他如此明確地聲明「現代派是溫、李一派的發展」，清楚地勾勒出現代主義詩歌與晚唐詩人在情感上、精神上、趣味上的內在聯繫。他說：「我的意思不是把李商隱的詩同溫庭筠的詞算作新詩的前例，我祇是推想這一派的詩詞存在的根據或者正有我們今日白話新詩發展的根據了。」〔註38〕「這一派的根苗又將在白話新詩裏自由生長，這件事固然很有意義，卻也是最平常不過的事，也正是『文藝復興』，我們用不著大驚小怪了。」〔註39〕

將「溫李」視為「今日白話新詩發展的根據」，將晚唐詩的「根苗」接種在現代主義的園圃裏，這的確是一件「很有意義」的事情。「前線詩人」將自身的詩歌藝術血脈與晚唐詩傳統相接續，不僅標舉了自己獨特的理論觀念，同時也顯示出一種重釋傳統的智慧與勇氣。在新詩發展的幾十年間，詩人和

〔註35〕馮文炳：《已往的詩文學與新詩》，《談新詩》第30頁。
〔註36〕馮文炳：《〈妝台〉及其他》，《談新詩》第217頁。
〔註37〕同上。
〔註38〕馮文炳：《已往的詩文學與新詩》，《談新詩》第28頁。
〔註39〕馮文炳：《已往的詩文學與新詩》，《談新詩》第39頁。

詩歌理論探索者們對待傳統詩學的態度也幾經起伏，經歷了揚棄重釋的複雜過程，最終逐漸形成並一步步深化了對傳統的認識。在眾多流派當中，以「前線詩人」爲代表的現代主義詩人的融合中西詩學的努力是相當突出的。他們借鑒外國詩潮，在詩歌感覺方式、傳達方式等方面表現出「先鋒」的姿態，同時，他們也積極全面地進入傳統詩學領域，勇敢而理智地繼承和重釋。正是在他們掀起「晚唐詩熱」之後，新詩的理論和實踐才更進一步地擺脫了語言形式的羈絆，更深入地貼近了詩歌的本質。

三

如前所述，「晚唐詩熱」不僅反映了「前線詩人」自身的詩學理論取向，同時也充分說明了他們對待傳統詩學的態度。兩者在文學史上都具有獨特而不可忽視的價值和意義。

討論「前線詩人」對待傳統的態度之前，先來看何其芳的兩首詩歌作品。第一首是發表於 1933 年的《古鏡》：

> ……
> 苔染的古潭中有好事的過路者
> 投下疑問的石子不聞回答
> 我徒然以瘦指摩挲著
> 你背面漫漶的年號
> 你圓圓的青春底墓
> 長眠著無數朱唇上的驕矜
> 無數解語的眉目底放蕩
> 你底蒇默激起我固執的叩問
> 叩問你以我抑鬱的目光
> 若秋燕告別的嘴輕敲在窗間
> 你匿秘著憧憬陰影的隱暗裏
> 有一個是我前身底容顏麼
> 我前身底華年
> 豈亦消逝在歔泣底風雨裏
> 夜夜在退色的窗幃下

挑燈自畫自媚的長眉〔註40〕

「古鏡」這個意象本身就具有豐富而深刻的象徵意味。「鏡」首先是一個客體，但它又是一個詩人得以自我觀照的載體，也就是說，詩人借助鏡象反觀自身，同時又獲得自我客體化的體驗。其次，這面鏡還是一面「古鏡」，它隱匿著歷史的迹象卻付之於緘默，不對「疑問的石子」和「固執的叩問」作任何回答。其實，詩人自己就是那個「好事的過路者」，他不斷地追問「前身底容顏」和「前身底華年」，一方面像是要超越時間反思自我的心靈，另一方面，他似乎還企圖追問一些更宏大的問題。我以為，這不僅是青年何其芳對自我生命的追問，更隱約地顯示了他對於「過去」與「歷史」的一種急切固執的探詢的態度。

與《古鏡》有著相近思想情緒的是何其芳其後不久創作的另一首詩《古代人的情感》：

……

彷彿跋涉在荒野

循磷火的指引前進

最終是一個古代的墓壙

我折身歸來

心裏充滿生底搏動

但走入我底屋子

四壁剝落

床上躺著我自己的屍首〔註41〕

這兩首詩，雖然前者多情嫵媚，後者幽森淒怖，卻都體現了詩人同樣的企圖和努力，即以現代的「自身」與古代的「前身」對話的企圖和努力。

無論是現代自身在追尋古代前身，還許是古代人折回現代看到自己再生的肉體，在詩歌藝術的離奇外表下，都昭示著詩人探尋傳統並與傳統溝通交流的強烈渴望。看得出，新的「自身」與舊的「前身」發生對話和共鳴，彼此之間的關係不是斷裂，更不是排斥，而是一種親和與理解。從這一點上不難看出，何其芳等現代詩人對傳統所抱有的態度與感情。

其實，談論現代派詩人對傳統、尤其是對詩學傳統的態度，不能忽略一個重要的事實。那就是：雖然這些活躍在 1930 年代北平詩壇的詩人們普遍比

〔註40〕見《北平晨報‧詩與批評》第 5 號，1933 年 11 月 13 日。
〔註41〕見《北平晨報‧詩與批評》第 14 號，1934 年 2 月 12 日。

較年輕，但他們的童蒙教育都無一例外地是傳統的文學教育。在中國的傳統文學啓蒙教育中，傳統詩文的教授和訓練是其中最爲重要的部分。因此，即使是後來以不同方式在不同場合接觸和接受了現代主義詩潮的影響的現代詩人，這種潛在的舊詩修養仍影響著他們的文學觀念和審美取向。只不過，這種修養和底蘊可能被對新文學的向往有意識地抑制，也可能會在一定的時候得到特殊的激發。

這裡僅舉兩例——

卞之琳七歲時進入私立國民小學，沿用文言課本。對他來說，更多的文學修養來自他自己從父親讀《千家詩》的過程，那時，他「喜翻閱家中所藏的詞章一類書籍」。〔註42〕

何其芳念私塾時就「自己讀完過大型六家選本《唐宋詩醇》。他能熟背許多古詩詞，多數是唐詩，尤其是溫、李爲代表的晚唐五代詩詞。」〔註43〕他在回憶文章中多次提到，在他寂寞的童年時期，古詩詞曾給予他年幼的心靈極大的精神滋養。他說：「我最大的享受與娛樂是以做完正課後的光陰去自由的翻閱家中舊書箱裏的藏書，從它們我走入了古代，走入了一些想像裏的國土。我幾乎忘記了我像一根小草寄生在乾渴的岩石上，我不滿意的僅僅是家裏藏書太少。」〔註44〕

此外，何其芳的第一位私塾先生也是對他影響很大的人，何其芳多年後仍憶起：「在家藏的舊書箱裏還有著半本他抄寫來給我讀的唐詩，我翻開它，看著那些蒼老的蜷曲的字便想起了他那向前俯駝的背。」〔註45〕「我那時候彷彿心靈的眼睛突然睜開了，在家藏的舊書箱裏翻出許多書籍，熱狂的閱讀著，像一個饑餓的人找尋食物。」〔註46〕何其芳晚年的一首《憶昔》生動地描寫了古典詩歌對於他這個現代詩人的重要意義：

　　　憶昔危樓夜讀書，
　　　唐詩一卷瓦燈孤。

〔註42〕張曼儀：《卞之琳年表簡編》，《卞之琳——〈中國現代作家選集〉叢書》第301頁，人民文學出版社，1995年。
〔註43〕方敬、何頻伽：《何其芳散記》，四川教育出版社，1990年。
〔註44〕何其芳：《我們的城堡》，《何其芳全集（一）》第288頁，河北人民出版社，2000年。
〔註45〕何其芳：《私塾師》，《何其芳全集》第1卷第292頁。
〔註46〕何其芳：《私塾師》，《何其芳全集》第1卷第295頁。

> 松濤怒湧欲掀屋，
>
> 杜宇悲啼如貫珠。
>
> 始覺天然何壯麗，
>
> 長留心曲不凋枯。
>
> 兒時未解歌吟事，
>
> 種粒冬埋春復蘇。

與卞之琳、何其芳相似的情況當然還會有很多，這種來自舊詩詞的藝術熏陶和底蘊，正是聯結新詩與傳統詩學之間的重要橋梁，它潛移默化地影響了新詩作者的藝術風格、審美情趣、語言方式等各個方面，使得新詩即便表面上看來要與舊詩「決裂」，但在更深的層面上，一種藝術傳統的連續性仍保持了下來。即如葉公超所說：「舊詩詞的文字與節奏都是那樣精煉純熟的，看多了不由你不羨慕，從羨慕到模倣乃是自然的發展。」〔註47〕可以說，沒有這些源於「看多了」的準備與影響，就等於沒有「種粒冬埋」，那樣的話，即使春天的氣候再相宜，「復蘇」也是妄談。

　　但是，修養是自在的，提倡卻源於自覺。「晚唐詩熱」的提倡者們與那些「對於舊詩詞用過一番工夫，一時不容易打破舊詩詞的鐐銬枷鎖」〔註48〕的詩人們之間最突出的差別就在於，他們具有理論的自覺。正是這種自覺，激發了他們藝術修養中的潛在因素，使他們得以既貫通中西古今又不會迷失自己的方向。

　　這裡所說的「理論的自覺」，包含兩個方面。第一是詩歌觀念方面：他們在晚唐詩風中發現了「今日白話新詩發展的根據」和「趨勢」，並自覺地將那種「詩的內容」、「詩的感覺」，以及那「一微笑，一揮手」的「姿態」，與西方現代主義詩歌藝術相融合，既保留傳統詩歌的意境、意象之美，又傳達現代人的情感和智慧。這一自覺的實踐，在他們的詩歌作品中被不同程度地體現出來。

　　第二，在對待傳統詩學的態度方面：他們除了情感上的對晚唐詩美的親近之外，也自覺地進行著「文藝復興」的努力。這當然不是真正的「復興」，而是一種現代性的創造。就如同那位對他們影響巨大的詩人和理論家艾略特所說的：「當一件新的藝術品被創作出來時，一切早於它的藝術品都同時受到了某種影響。現存的不朽作品聯合起來形成一個完美的體系。由於新的（真正新的）藝術品加入到它們的行列中，這個完美體系就會發生一些修改。」

〔註47〕葉公超：《談新詩》，《文學雜誌》第 1 卷第 1 期，1937 年 5 月。

〔註48〕胡適：《〈蕙的風〉序》，《胡適文集》第 3 卷第 177 頁。

而一個現代的詩人，「他的作品中最好的部分，而且最具有個性的部分，很可能正是已故詩人們，也就是他的先輩們，最有力地表現了他們作品之所以不朽的部分。〔註49〕

艾略特對「前線詩人」的影響之巨，本書第二章中已有詳述。他對傳統的獨特認識與理解，當然也會深深地影響這批詩人的思想。〔註50〕在艾略特觀點的支持下，「前線詩人」至少可以重新考慮自己對傳統的理解和運用，他們至少可以更加「理直氣壯」地把潛在的對傳統的親近表達出來，表達在他們自己的以創新為目的的詩歌作品當中。

同時，艾略特的話也恰當地說明了北平現代主義詩歌與晚唐詩風的互動關係，「前線詩人」並非單向地在傳統中尋找自己生存和發展的依據，現代主義詩歌與晚唐詩風之間，應該是一種雙向的碰撞。對晚唐詩的重釋，不僅對現代主義詩歌的藝術追求發生著作用，同時也「修改」著傳統的詩歌觀念。「晚唐詩熱」的理論提煉與創作實踐為晚唐詩風賦予了一種新的意義和現代的品格。他們將現代主義的詩歌觀念注入了豐富而沉默的晚唐詩歌遺產，使之重新煥發出新鮮的價值。就這一點而言，「晚唐詩熱」的意義已遠遠大於其所表現出來的啓迪詩歌藝術風格的意義。大而言之，「晚唐詩熱」不僅是一次新詩對詩學傳統的參與和調整，同時也是一種新的詩歌傳統的樹立，此後，恐怕任何人也無法斷言「新詩，實際就是中文寫的外國詩」〔註51〕了。

第二節　「晚唐詩熱」與「前線詩人」的美學主張

一

以廢名〔註52〕為代表的「晚唐詩熱」的提倡者們重釋詩學傳統，其目的更在於標舉和確立自己的理論觀念。他們追認晚唐詩風，是因為晚唐詩風中某些重要因素與他們的詩歌觀念和美學原則相符合。因此，討論「晚唐詩熱」

〔註49〕艾略特：《傳統與個人才能》，《艾略特文學論文集》，百花洲文藝出版社，1994年。

〔註50〕這種影響的深刻程度，只需看《傳統與個人才能》一文在1934年前後被翻譯發表了3次就可以想知。

〔註51〕梁實秋：《新詩的格調及其他》，《詩刊》創刊號，1931年1月20日。

〔註52〕廢名是「晚唐詩熱」提倡者中最有代表性的一人，他的相關理論思考形諸文字的最多也最集中，因此對「晚唐詩熱」的理論討論需以他為中心。

的理論內涵，也就是在討論這一詩人群體自身的美學主張。

在我看來，廢名等人的理論架構中最為重要的一環，即為對「詩的內容」的關注和探索。可以說，廢名認同晚唐詩風，首先即是認同其「眞有詩的內容」。

表面看來，「晚唐詩熱」似乎與胡適等人提倡的「元白」詩風相針對。因為以「溫李」為代表的晚唐詩，究其風格，是以「隱僻」為重要特徵的。胡適斥「溫李」為「反動」，其原因也正在於「溫李」的「晦澀難懂」與他所提倡的「明白清楚」的美學原則相違背。但是，「溫李」與「元白」的分歧畢竟祇是詩歌傳達方式上的分歧，在這個分歧的背後隱藏的卻是更為深刻的詩歌觀念的根本差異。

胡適等人的問題在於，他們「重視詩內容上思想啓蒙的功能和傳達上達到『明白清楚』的『白話』手段，並且使傳達的手段變成了詩美的本體，在很大程度上淡漠或取消了詩的審美功能。他們以古典詩向白話新體詩語言、韻律轉換的『詩形』變革代替了新詩『詩質』的建立。」〔註53〕因此，梁實秋早就批評過胡適他們注重的是「白話」而不是「詩」。也就是說，他們由於片面追求「詩體大解放」，所以只看重了「詩體」，相對忽略了詩「質」。而廢名等人對晚唐詩的提倡，正可算是對這一片面追求的反撥。

廢名等人關注詩「質」，即不以外部的語言、形式等層面的因素來區別「詩」與「非詩」。在他們看來，眞正的詩「好比一座雕刻，在雕刻家沒有下手的時候，這個藝術的生命便已完全了。」這就是說，詩的內容的健全和渾然是決定詩之為詩的關鍵，而外在的形式如何則不會影響到詩「質」的眞偽和價值。

正是依循這樣的標準，廢名才會認同和肯定晚唐詩風。原因在於「李商隱的詩應是『曲子縛不住者』，因為他眞有詩的內容。」而「溫庭筠的詞簡直走到自由路上去了，在那些詞裏表現的東西。確乎是以前的詩所裝不下的。」所謂「曲子縛不住」和「以前的詩所裝不下的」，更明確地說，就是那個不依賴於詩「形」而存在的詩「質」。有了這樣的詩「質」，無論文字形式看起來像不像「詩」，都不妨礙詩本質的自我確立。從另一方面說，有了詩「質」的保證，詩的形式則可以更加得到自由和解放。也就是說，是詩質規定了詩形，使其成其為「詩」，而不是靠詩的外形的區分，使詩得以被認定為「詩」。在廢名的觀念中，很多舊詩是靠詩形而決定了詩的存在，而眞正的詩，應是靠詩質起決定性作用的。

〔註53〕孫玉石：《新詩：現代與傳統的對話》，《現代中國》第 1 輯。

　　廢名提倡這種詩「質」，是有爲新詩觀念服務的自覺目的的。在他看來，這種「詩的內容」正是現代詩人可以從傳統中承繼的東西，這種「內容」也正是舊詩傳統中有價值的部分。因此，對傳統的取捨，首先應是從這種「詩的內容」入手，而不是以其是否「白話」，是否明白清楚、婦孺能懂爲唯一取捨標準的。建立在這樣的基礎觀念之上，廢名的新詩理想就非常明確了：「我們的新詩首先要看我們的新詩的內容，形式問題還在其次。」〔註54〕

　　有了這一認識，詩的內容與文字的關係當然也就隨之明確。廢名反覆強調：

> 如果要做新詩，一定要這個詩是詩的內容，而寫這個詩的文字要用散文的文字。已往的詩文學，無論舊詩也好，詞也好，乃是散文的內容，而其所用的文字是詩的文字。我們只要有了這個詩的內容，我們就可以大膽的寫我們的新詩，不受一切的束縛，「不拘格律，不拘平仄，不拘長短；有什麼題目，做什麼詩；詩該怎樣做，就怎樣做。」我們寫的是詩，我們用的文字是散文的文字，就是所謂自由詩。……中國的新詩，即是說用散文的文字寫詩，乃是從中國已往的詩文學觀察出來的。〔註55〕

同樣是著眼於「中國已往的詩文學」，胡適們的選擇和廢名們的選擇有很大的不同。究其原因，就在於兩派詩人的基本詩學觀念的不同——胡適們重「詩體」，廢名們更重詩「質」。這種根本的分歧造成了他們對傳統看法的巨大差異，在廢名看來，「胡適之先生所認爲反動派『溫李』的詩，倒似乎有我們今日新詩的趨勢。」

　　其實，廢名和胡適的觀念並不完全相悖。客觀的說，廢名更像是給胡適的觀念設定了一個重要的基礎和前提。他說：「我們的新詩一定要表現著一個詩的內容，有了這個詩的內容，然後『有什麼題目，做什麼詩；詩該怎樣做，就怎樣做。』要注意的這裡乃是一個『詩』字，『詩』該怎樣做就怎樣做。」這句話非常明確地說明，對於廢名等人來說，最重要的是「詩」本身，是要「詩」首先成其爲「詩」，然後才能談得上「體」，談得上「文字」。這就是說，詩「質」與「詩體」並非對立不容，但詩「質」決定「詩體」，「詩體」依賴於詩「質」而存在。

〔註54〕馮文炳：《新詩問答》，《談新詩》第231頁。
〔註55〕馮文炳：《已往的詩文學與新詩》，《談新詩》第37頁。

　　所以，當胡適本人的作品具有廢名所看重的詩「質」時，廢名也會對此大加肯定。在評價《蝴蝶》一詩時，廢名認爲，「作者因了蝴蝶飛，把他的詩的情緒觸動起來了，在這一刻以前，他是沒有料到他要寫這一首詩的，等到他覺得他有一首詩要寫，這首詩便不寫亦已成功了，因爲這個詩的情緒已自己完成，這樣便是我所謂詩的內容，新詩所裝得下的正是這個內容。若舊詩則不然，舊詩不但裝不下這個詩的內容，昔日的詩人也很少人有這個詩的內容，他們做詩我想同我們寫散文一樣，是情生文，文生情的，他們寫詩自然也有所觸發，單把所觸發的一點寫出來未必能成爲一首詩，他們的詩要寫出來以後才成其爲詩，所以舊詩的內容我稱爲散文的內容。」〔註56〕

　　「詩的內容」是廢名詩學觀念的核心和前提，它貫穿了廢名的整個詩學思想。廢名反覆強調：「新詩應該是自由詩」，「如果要做新詩，一定要這個詩是詩的內容，而寫這個詩的文字要用散文的文字。」〔註57〕直到1940年代，在他的詩論文章裏仍不斷出現「新詩要詩的內容，散文的文字」這樣的論點。

　　那麼，這種詩的本質、「詩的內容」到底具有什麼特徵、包含哪些因素呢？用廢名自己的話來說，首先就是要擺脫「情生文，文生情」的「敘事描寫」，不要讓詩「寫出來以後才成其爲詩」〔註58〕，而要建立在一種「整個的」、「立體的」、「渾然的」「詩的感覺」上，「不寫便已成功」。說得更明確些，詩的本質和內容首先來自「詩的感覺」，而這種「感覺」則是要擺脫敘述和說理，建立在「幻想」與「想像」之上的。因此，廢名盛讚「溫李」，說溫庭筠「是整個的想像」，而「李商隱的詩，都是借典故馳騁他的幻想」。

　　也是基於這一原則，廢名和林庚批評一些舊詩「單把所觸發的一點寫出來」，再把僅有的一句話敷衍成爲一首詩。他們認爲，這樣的詩是爲固定的詩形所禁錮，爲了滿足文字上的要求而破壞了「整個」的詩的內容。其實，這樣的問題在新詩中也有，廢名曾指出胡適的《嘗試集》裏有不少作品是「將一點『煙士披里純』敷衍成許多行的文字。」這種爲「詩」而「詩」的文字操作，在廢名們看來是缺乏「詩的感覺」，不符合詩的本質的。

　　廢名他們所要求的渾然的詩的感覺，表現在創作中即爲「詩意充足」。這種「詩意」不依賴語言而存在。眞正的好詩，「詩之來是忽然而來，即使不寫

〔註56〕馮文炳：《嘗試集》，《談新詩》第5頁。
〔註57〕馮文炳：《新詩應該是自由詩》，《談新詩》第24頁。
〔註58〕馮文炳：《嘗試集》，《談新詩》第5頁。

到紙上也已成功了。」既然不依賴語言而存在，那麼至於是什麼樣的語言，什麼樣的詩體就更次要了。這是廢名對詩本質，即決定什麼是詩，什麼不是詩的因素的一個思考。因為若是如此，則舊詩與新詩在語言方面的區別就可以被取消，而新的對詩的本質區別的判定隨之而來，即以「內容」和「感覺」為標準。也就是說，如果「內容」是詩的，「感覺」是詩的，則無論詩體如何，都是真正的詩；而如果「內容」是散文的，沒有詩的「感覺」，那麼就無論形式怎樣，也不能稱之為詩。這也就是說，新詩與舊詩的語言層面的差別在廢名等人的眼裏已被超越了，代之而來的，是對詩本質的更深層面的界定。對此，廢名也有明確的表述：「我的意思便在這裡，新詩要別於舊詩而能成立，一定要這個內容是詩的，其文字則要是散文的。舊詩的內容是散文的，其文字則是詩的，不關乎這個詩的文字擴充到白話。」〔註 59〕

在這個意義和立場上，廢名們對新詩和舊詩的關係的看法當然也與胡適等人的進化論思想產生了分歧。廢名說：「總而言之，我以為中國的詩的文學，到宋詞為止，內容總有變化，其題材也剛剛適應其內容，那一些詩人所做的詩都應該算是『新詩』，而這些新詩我想總稱之曰『舊詩』，因為他們是運用同一性質的文字。初期提倡白話詩的人，以為舊詩詞當中有許多用了白話，因而把那詩詞認為白話詩，我以為那是不對的，舊詩詞，即我所稱的『舊詩』實在是在一個性質之下運用文字，那裡頭的『白話』是同單音字一樣的功用，這便是我總稱之曰『舊詩』之故。……體裁是可以模倣的，內容卻是沒有什麼新的了。」〔註 60〕因此，「現在作新詩的青年人，與初期白話詩作者，有著很不同的態度。……他們現在作新詩，祇是自己有一種詩的感覺，並不是從一個打倒舊詩的觀念出發的，他們與中國舊日的詩詞比較生疏，倒是接近西方文學多一點，等到他們稍稍接觸中國的詩的文學的時候，他們覺得那很好。他們不以為新詩是舊詩的進步，新詩也祇是一種詩。……我以為這個態度是正確的，可以說是新詩觀念的一個進步。」〔註 61〕

這的確是「新詩觀念的一個進步」。即便用今天的眼光來看，這些觀點也具有相當重要的意義和價值。新詩至此走出了在「詩體」層面上的自我定位，彷彿一下子進入了一片自由的天地，無論中西古今的詩學傳統，都成了新詩

〔註 59〕馮文炳：《新詩問答》，《談新詩》第 232 頁。
〔註 60〕馮文炳：《新詩問答》，《談新詩》第 230 頁。
〔註 61〕馮文炳：《新詩問答》，《談新詩》第 226 頁。

的營養源頭。詩人們的對藝術的追求也由此變得更加深入和從容。

這種對詩歌本質的關注，在我看來，和「前線詩人」對「純詩」的提倡有關。也許就像「前線詩人」重尋傳統的動機那樣，有先天的來自傳統血脈的因素，也有來自西方詩學和文學觀念的啓發，有意識地將傳統賦予現代意義的一個方面。在對於詩本質的思考中，「前線詩人」一方面有對當時詩壇創作現實的思考，希望將對形式（「詩體」）的側重轉移到對內容和本質的偏移。用廢名的話說，就是「要注意的乃是一個『詩』字」。另一方面，在關注詩本質的同時，也就自然將接受的來自西方的「純詩」的理論一同融入和貫穿了進去。

「前線詩人」一直是這樣，一隻眼睛看西方詩學，一隻眼睛搜尋著中國古詩中的精粹。而這，也許正是他們的一個重要特點。因爲這樣的特殊視角，他們的詩歌成就——無論是創作實踐方面還是理論建設方面——都達到了一個前人未及的高度和新鮮程度。可以說，在新詩發展的前 20 年中，北平「前線詩人」是最恰當地將「現代性」和「民族性」融合在一起的一個創作和理論群體。

二

在廓清了詩歌本質的基礎上，「前線詩人」們當然還要思考詩歌的語言方式、感覺方式、意象使用等藝術手法方面的問題。這些問題是現代主義詩歌美學所關注的基本問題，而同時也恰是晚唐詩風中獨特而重要的風格特徵問題。

首先還是「詩的感覺」。

在廢名的理論探討中，出現了兩種不盡相同的「詩的感覺」的概念。其一是前文所述的關乎「詩的內容」、包含了「詩意」和想像力的那種「詩的感覺」。它更接近於詩的本體，是決定「詩」能否爲「詩」的標準之一。此外，廢名還在另一方面使用過「詩的感覺」的概念，即其所謂：

> 晚唐人的詩，何以能說不及盛唐的呢？他們用同樣的方法做詩，文字上並沒有變化，祇是他們的詩的感覺不同，因之他們的詩我們讀著感到不同罷了。……感覺的不同，我只能籠統的說是時代的關係。因爲這個不同，在一個時代的大詩人手下就能產生前無所有的佳作。〔註62〕

在我看來，這裡所說的「詩的感覺」並不關涉詩歌本質，而更側重於詩歌的感覺方式和傳達方式等方面。也就是說，這種「感覺」並不能決定一首作品

〔註62〕馮文炳：《新詩問答》，《談新詩》第 227 頁。

能否成爲「詩」，它決定的是詩歌作品的藝術風格的差異。

　　廢名說晚唐產生了「前無所有的佳作」，其實指的是晚唐詩風在藝術風格和審美心理上出現了巨大的轉變。有研究者指出：晚唐時期，「在詩歌理論上，『氣骨』不再被重視，而發展了另一概念──『興象』，其標誌就是晚唐最重要的詩歌理論著作──《詩品》的出現。詩歌的最高標準不再是感情是否充沛，氣勢是否悠長。所謂『近而不浮，遠而不盡，然後可以言韻外之致耳』」〔註63〕。昔日盛唐詩人那種飽滿的熱情和闊大的胸襟不見了，代之以「素處以默，妙機其微」的沖淡和「不著一字，盡得風流」的含蓄，詩人更看重的是「前人少有的細膩的情感和敏感的心靈。」這當然是情感方式和傳達方式範疇的問題。晚唐詩人看重個人的體驗和細微的情感，並以極端個人化的方式傳達出來，在取消了表層的浪漫色彩的同時，更沉入了對個體心靈的關注。無疑的，晚唐詩風所表現出來的這些方面，正符合了現代主義詩歌的審美標準。

　　與「盛唐氣象」相比，晚唐詩風之所以給人「纖小」和「衰颯」的印象，關鍵之處即在於晚唐詩人的「回歸內心」。「伴隨著自我信念的失落，詩人的內在感受卻在加強。他們相對較少或不再關注身外那既不精彩又很無奈的世界，而是沉浸在自己的情感世界之中，體會心靈的痛苦，撫摸內在的創傷。因此，作爲詩人，李商隱雖不具李白的豪邁瀟灑，卻有著更深的敏感和多情。在他那幽奧婉麗的詩的世界裏，我們時時可以通過那些複雜的暗示和微妙的象徵來體驗詩人所特有的那種惝恍迷離的心緒，從而獲得另一種風格的審美享受。」〔註64〕

　　「回到內心」這種情感方式，使詩歌更具有個人化的情感色彩。其實細究起來，這一源頭並不始自晚唐，而是肇始於六朝時期。〔註65〕晚唐詩歌上接六朝詩文，下啓宋詩，它承啓的最重要的藝術元素就是這種文人對自我個性的張揚和以獨立知識份子立場所進行的理性思考和反省。正是這種個性和獨立意識，使得晚唐詩歌在看似華美精豔的外表下，仍回蕩著一股富有人性思想和情感魅力的人格力量。而這種將形式的錘煉與個人或沉鬱或豐沛的情

〔註63〕任海天：《晚唐詩風》第 22 頁。

〔註64〕任海天：《晚唐詩風》第 24 頁。

〔註65〕所以從這一角度說，「晚唐詩熱」更是一種表徵，因爲它的提倡者們尋找和發掘並爲自己的詩學理論服務的東西，正是中國傳統詩學中的一系血脈，而晚唐詩風則是這一系血脈之中突出的亮點之一。

感完美地結合在一起的，正是杜牧、李商隱和溫庭筠。這大概就是爲什麼在晚唐詩人絢麗錯雜的藝術風格中，「溫李」始終是最受人推崇的一宗。

當然，在「溫李」二人之間，同樣存在著風格特徵上的差別。與溫庭筠相比，李商隱更凸顯了文人內心的沉鬱，可以說，他是更注重於「回到內心」的，而且這個「內心」往往就是他自己的真實內在、他的靈魂深處。用今天的研究者的話說，即「主觀化創作傾向在李商隱詩中可以說是滲透性的、彌漫性的。」〔註66〕

應該說，晚唐詩人回到內心的方式與其外部的社會環境相關，這也就是廢名所說的「時代的關係」。因爲「只有到了晚唐，詩歌才由對外部世界的關注而折返入對心靈世界的探求，從而以其深幽的情懷獨勝。詩作主要成爲平靜主體心靈的需要，而不奢望對外部世界有何觸及補救，事實上詩人也的確有心無力，無可奈何。社會因此也不再關注詩人，『自牧之後，詩人擅經國譽望者概少，唐人材益寥落不振矣。』（《唐音癸籤》卷二五）因爲社會不再關注詩人，所以詩人也漸漸喪失了關注社會的熱情和激情。這是時代環境造成的結果。對當時的詩人個體而言，無疑是一種悲劇。但對文學藝術來說，卻促使了一種新的風格的生成。因爲與這種心態相應，晚唐詩歌在意象和意境方面出現了新貌，表現詩人日常生活情趣的詩歌意象大量湧現，甚至到了泛濫的程度。」〔註67〕

回到內心與回到個人，使得在晚唐詩中大量出現表現日常生活情趣的意象，大大豐富了原有的詩歌意象世界。同時，意象的使用也突破了審美點綴的功用，成爲一種直接呈現作者生活和心境的方法和載體，這使得意象使用本身也更趨普遍而靈活。可以說，正是這種意象的豐富性和使用的普遍性，構成了晚唐詩歌「姿態」的另一重要特徵。

廢名曾經將溫庭筠的詩譽爲「視覺的盛筵」。所謂「視覺的盛筵」，說得清晰些，其實就是指意象的豐富性。廢名說：「中國詩裏簡直不用主詞，然而我們讀起來並不礙事，在西洋詩裏便沒有這種情形，西洋詩裏的文字同散文裏的文字是一個文法。」〔註68〕廢名所謂「文法」實際上涉及了詩歌傳達方式的問題。也就是說，是以一種敘述描寫的方式傳達詩人情感，還是以意象

〔註66〕董乃斌：《精神自由的強烈呼喚──論李商隱詩的主觀化特徵》，《李商隱研究論集》第540頁，王蒙、劉學鍇主編，廣西師範大學出版社，1998年。
〔註67〕任海天：《晚唐詩風》第45頁。
〔註68〕馮文炳：《新詩應該是自由詩》，《談新詩》第26頁。

的方式呈現詩人的心靈體驗，這才是問題的關鍵。晚唐詩人開闢的，正是這條以意象呈現體驗的道路。因為這條道路這種方法，晚唐詩歌中才出現了「視覺的盛筵」的藝術效果。

注重意象的塑造，這是 1930 年代現代主義詩人理論探討和創作實踐中極為關注的一個重要方面。在經過了從胡適至穆木天等初期理論倡導者的探索之後，現代派詩人也對這一重要詩學範疇有了進一步的探索。李健吾在對卞之琳的詩歌進行批評的時候提及「如今的詩人」的「具體的描畫」的手法，指的也主要是意象的營造手法。他說：「從正面來看，詩人好像雕繪一個古詩的片斷；然而從各面來看，光影那樣勻襯，卻喚起你一個完美的想像的世界，在字句以外，在比喻以內，需要細心的體會，經過迷藏一樣的捉摸，然後盡你聯想的可能，啟發你一種永久的詩的情緒。」〔註 69〕這種「描畫」的方法所喚起的「完美的想像的世界」，不也是一種「視覺的盛筵」麼？

此外，朱光潛對「意象」的概念和理論也有重要的探討。他從心理學的角度入手，生發出更多新鮮的見解。他認為，「意象是所知覺的事物在心中所印的影子」〔註 70〕，而意象的生成得自於「創造性的聯想」。朱光潛力圖將中西詩學融會在一起，將傳統詩學中「即景生情，因情生景」的理論範疇中的「景」與「意象」相併置，接通中西詩學的基本概念和內容。他將克羅齊的理論——「藝術把一種情趣寄託在一個意象裏，情趣離意象，或者是意象離情趣，都不能獨立。」——與中國傳統詩學中的「情景相生」相互印證，說明意像在詩的境界中的重要地位和作用。

朱光潛認為，「情趣與意象之中有⋯⋯隔閡與衝突。打破這種隔閡與衝突是藝術的主要使命，把它們完全打破，使情趣與意象融化得恰到好處，這是達到最高理想的藝術。」以這個標準來衡量，「中國古詩大半是情趣富於意象。」在朱光潛看來，「詩藝的演進可以從多方面看，如果從情趣與意象的配合看，中國古詩的演進可以分為三個步驟：首先是情趣逐漸征服意象，中間是征服的完成，後來意象蔚起，幾成一種獨立自足的境界。」而達到他所說的這「第三步」，即意象成為「獨立自足的境界」，正是六朝詩。因此朱光潛說：「一般

〔註 69〕劉西渭：《〈魚目集〉——卞之琳先生作》，《咀華集》第 129 頁，文化生活出版社 1936 年。

〔註 70〕朱光潛：《文藝心理學》，《朱光潛全集》第 1 卷第 386 頁，安徽教育出版社，1987 年。

批評家對於六朝人及唐朝溫、李一派作品常存歧視。其實詩的好壞決難拿一個絕對的標準去衡量。」「唐人的詩和五代及宋人的詞尤其宜於從情趣意象配合的觀點去研究。」〔註71〕

朱光潛的觀點非常鮮明，他肯定了六朝及晚唐詩中「情趣」與「意象」配合的程度，並指出這是「詩藝的演進」的一個方面。也就是說，以這個標準來衡量「詩的好壞」，則六朝、晚唐詩不僅不應被歧視，反而應得到高度的評價。

據此，朱光潛稱讚晚唐詩「以意象觸動視聽的技巧」。他說：「一首詩的意象好比圖畫的顏色陰影濃淡配合在一起，烘托一種有情致的風景出來。李義山和許多晚唐詩人的作品在技巧上很類似西方的象徵主義，都是選擇幾個很精妙的意象出來，以喚起讀者多方面的聯想。」〔註72〕意象的象徵性和暗示性，正是現代主義詩歌的追求和創造，朱光潛在李商隱等晚唐詩人的作品裏就發現了最好的例證。由此可見，重「意象」的現代主義詩人大力提倡晚唐詩風，實在是必然的了。

在理論上關注「意象」問題的同時，「前線詩人」在創作實踐中也突出了對意象塑造的重視，而且，他們塑造的很多詩歌意象都具有鮮明的個性風格。前文已經提到，那些明顯帶有「現代化」氣息的都市意像在北平詩人的作品中是非常少見的，即使偶有涉及，也終歸是「大街寂寞、人類寂寞」〔註73〕等傳統詩思的反襯，並不真正體現現代都市的精神內涵。可以說，正是意象的傳統性這一突出特點，使得「前線詩人」的作品從直觀上就先已拉近了與傳統的距離。

1935 年李長之在分析批評林庚的詩集《春野與窗》時，曾專門提到了林庚詩中的意象使用問題，在我看來，他略含批評的意見恰說明了林詩意象的傳統特色。他指出，林庚的「用語上有一種重複，往往同一形容，而在詩中數見」，例如「把落花比作胭脂」：「花絮如黃昏裏的胭脂／極少的落在窗外」，以及「窗外的落花像胭脂」等等。此外，李長之還指出了林庚寫「落雨」必寫「地上濕」，寫「路上的行人」往往要寫到「山後」等等〔註74〕。其實，李長之沒有說明的是，林庚使用最頻繁的意象恰恰多是具有鮮明傳統色彩的。這些意象看上去不具備現代性，或說是超越時代的。而正是這種具有模糊時

〔註71〕參見朱光潛：《詩的境界──情趣與意象》，《詩論》，三聯書店，1984 年。
〔註72〕朱光潛：《讀李義山的〈錦瑟〉》，《朱光潛全集》第 8 卷第 409 頁，安徽教育出版社，1992 年。
〔註73〕廢名：《街頭》。
〔註74〕長之：《春野與窗》，《益世報‧文學副刊》第 9 期，1935 年 5 月 1 日。

間性質的意象，爲現代的詩人接近古人的意境提供了唯一有效的途徑。

　　還需強調的是，在意象的傳統性和豐富性之外，「前線詩人」還繼承了晚唐詩人所特有的那種意象聯繫方式。用朱光潛的說法，就是「跳」。這種「跳」的成因在於「這些詩沒有提供形象之間、詩句之間、詩聯之間的聯結、關係、邏輯與秩序。……詩句特別主要是詩聯之間，空隙很大、空白很大、跳躍很大」，而這種「不連貫性，中斷性，可以說是李商隱這幾首詩的重要的結構手法，……正是用這種手法，構築了、熔鑄了詩人的詩象與詩境，建造了一個與外部世界有關聯又大不相同的深幽的內心世界，造成了一種特殊的『蒙太奇』，一種更加現代的極簡略的『蒙太奇』。」〔註 75〕廢名將這種「跳」稱爲「因文生情」，朱光潛則稱此爲「心理學家所說的聯想的飄忽幻變」。這種手法，深刻地影響著「前線詩人」創造的意象世界，同時也直接作用於他們「含蓄」美學的生成。難怪朱光潛要說，其「美妙在此，艱澀也在此」。〔註 76〕

三

　　「美妙」與「艱澀」並存，這是晚唐詩與現代主義詩歌的又一共同特徵，而且，這也是極爲重要的一個共同特徵。

　　高棅在《唐詩品彙・總敘》中，以「溫飛卿之綺靡」與「李義山之隱僻」概括「溫李」的整體藝術風格。的確，「綺靡」和「隱僻」正是晚唐詩風的核心特徵，尤其是「李義山之隱僻」，更是主張「明白清楚」的胡適等人批評的重心。前文已多次說明，詩歌傳達的「隱」與「顯」是胡適與廢名等人的詩歌審美原則的根本分歧點。因此，李商隱的深幽詩風就成爲兩方面共同關注的焦點。可以說，現代派詩人重提晚唐，在很大程度上也就是對以李商隱爲代表的這種深幽含蓄之美的認同與提倡。

　　當然，認同李商隱的深幽之美、不贊同以「明白清楚」作爲詩歌審美唯一標準的觀點，並不是「前線詩人」最早提出的。早在 1922 年，梁啓超就曾經相當客觀地指出：李商隱的詩「就『唯美的』眼光看來，自有他的價值。」他說，李商隱的《錦瑟》、《碧城》、《聖女祠》等詩，「他講的什麼事，我理會不著。拆開一句叫我解釋，我連文義也解不出來。但我覺得他美，讀起來令

〔註 75〕王蒙：《通境與通情——也談李商隱的〈無題〉七律》《李商隱研究論集》第588頁。

〔註 76〕孟實：《〈橋〉》，《文學雜誌》第 1 卷第 3 期，1937 年 7 月 1 日。

我精神上得一種新鮮的愉快。須知，美是多方面的，美是含有神秘性的。我們若還承認美的價值，對於這種文學，是不容輕輕抹煞啊」〔註77〕。梁啓超描述的應是很多中國文人讀李商隱詩的共同感受，這種「美」的感受的產生是自然而然的，並不會因爲哪一種理論原則的提出而被否認或扼殺。甚至，可能正因爲李商隱的詩具有「寄託深而措辭婉」（葉燮《原詩》）、「在可解不可解之間，然其妙可思」〔註78〕的特點，所以才更多地被歷代的文人們玩味咀嚼。在我看來，這種「美」的感受雖然無法用理論解釋清楚，但它的確是存在的，而且，它的存在本身就是對於片面提倡「明白清楚」美學的一種置疑和動搖。

　　1926 年，周作人提出新詩需要「象徵」的要求。他說，初期新詩的「一切作品都像是一個玻璃球，晶瑩透澈得太厲害了，沒有一點兒朦朧，因此也似乎缺少了一種餘香與回味」。周作人於是提出，新詩最迫切需要的就是象徵，這象徵「是外國的新潮流，同時也是中國的舊手法，新詩如往這一路去，融合便可成功，眞正的中國新詩也就可以產生出來了。」對於具體的方法，周作人明確指出：所謂『興』最有意思，用新名詞來講或可以說是象徵。讓我說一句陳腐話，象徵是詩的最新的寫法，但也是最舊，在中國也『古已有之』。〔註79〕周作人關於溝通「興」與「象徵」的想法，其實仍是基於一種直覺的感受。但他企圖在傳統詩學中尋找新詩的出路、企圖在中西詩學中融會貫通，這份努力是十分可貴的。可以說，周作人對「興」的倡導，正是 1930 年代「前線詩人」在傳統詩學領域中尋找含蓄婉麗的傳達方式的先聲。

　　「前線詩人」提倡晚唐詩，爲詩歌意境帶來「朦朧」的美感。他們並不迴避和否認晚唐詩中有難於理解的地方，但他們的觀點是：「這些詩作者似乎並無意要千百年後我輩讀者讀懂，但我們卻彷彿懂得，其情思殊佳，感覺亦美」。〔註80〕在他們看來，「懂不懂」與「美不美」完全是兩個不同的問題，前者對後者不應有規定性的束縛力量。美好的「情思」和「感覺」具備了，「彷彿懂得」其實就已足夠。

　　現代派詩人因此不將「懂」與「不懂」作爲衡量詩境高下的標準，他們

─────────────────

〔註77〕梁啓超：《中國韻文裏頭所表現的情感》，《飲冰室文集》之三十七，《飲冰室合集》第 4 卷第 117～170 頁，中華書局，1989 年。
〔註78〕清紀昀評李義山語，轉引自孫玉石《新詩：現代與傳統的對話》。
〔註79〕周作人：《〈揚鞭集〉序》，《語絲》第 82 期，1926 年 6 月 7 日。
〔註80〕馮文炳：《已往的詩文學與新詩》，《談新詩》第 37 頁。

不像胡適那樣，認為李商隱的「深而不露」本質上是一種「淺薄」〔註 81〕。他們認為：「意境難，語言也往往因之而難，李長吉和李義山比元稹、白居易難懂，是同時在意境和語言兩方面見出的。」〔註 82〕也就是說，語言的深淺是依詩歌意境的需要而定的，以單一的「易懂」標準要求各種不同的詩境，既不符合審美心理又不符合實際。

因此，現代主義詩人提倡晚唐詩其實也就是提倡一種文學審美的多元化。他們認為，「『一春夢雨常飄瓦，盡日靈風不滿旗』之類詩句，對於多數人或許是不可解，甚至於是不通，但是也有一部分人覺得它們很妙。如果文藝的價值不應取決於多數，則這一部分嗜好難詩的人也有權說他們所愛好的詩是好詩。」這是「文藝上趣味的分歧」，「是永遠沒有方法可以統一的」。「詩原來有兩種。一種是『明白清楚』的，一種是不甚『明白清楚』的，或者說『迷離隱約』的。這兩種詩都有存在的理由。」〔註 83〕明白清楚是一種美，迷離隱約同樣是一種美，二者不應該也不必要有所偏廢。因此，現代派詩人在認同深幽詩風的同時，也絕不刻意追求艱澀，他們說：「作者固然不必求人瞭解，但避明白而求晦澀也不符詩的本旨。」〔註 84〕這批現代派詩人很清楚地知道，「文壇上許多無謂爭執起於迷信文藝只有一條正路可走，而且這條路就是自己所走的路。」〔註 85〕所以，他們主張破除這種「迷信「，提倡多元化的詩歌美學。可以說，他們在張揚深幽婉曲的審美原則的同時，也為自己的詩歌觀念和藝術方法爭取到了一個平等的地位。

1937 年 6、7 月間，《獨立評論》上爆發了一場關於「看不懂」的大爭論，這其實仍是兩種詩歌審美原則歷時已久的爭論的延續。祇是此時，現代派詩人已然聲勢很壯、成績很大了。與胡適的少許妥協和梁實秋的未具真名相比，沈從文簡直有些咄咄逼人。在我看來，這場論爭其實是不戰而勝負已分，甚而可以說，是胡適和梁實秋送給了沈從文一個機會，使他替現代派美學進行了一次充分的自我聲張。

沈從文首先指出：「文學革命初期寫作的口號是『明白易懂』。文章好壞

〔註 81〕 胡適：《〈蕙的風〉序》，《胡適文集》第 3 卷第 179 頁。
〔註 82〕 朱光潛：《談晦澀》，《新詩》第 2 卷第 2 期，1937 年 5 月 10 日。
〔註 83〕 朱光潛：《心理上個別的差異與詩的欣賞》，《大公報·文藝》第 241 期，1936 年 11 月 1 日。
〔註 84〕 柯可《論中國新詩的新途徑》，《新詩》第 1 卷第 4 期，1937 年 1 月 10 日。
〔註 85〕 參見朱光潛：《詩的境界——情趣與意象》，《詩論》。

的標準，因之也就有一部分人把他建立在易懂不易懂的上頭。……不過，……文學革命同社會上別的革命一樣，無論當初理想如何健全，它在一個較長的時間中，受外來影響和事實影響，它會『變』。因爲變，『明白易懂』的理論，到某一時就限制不住作家。……若一個人保守著原有觀念，自然會覺得新來的越來越難懂，作品多晦澀，甚至於『不通』。正如承受這個變，以爲每個人有用文字描寫自己感受的權利來寫作的人，也間或要嘲笑到『明白易懂』爲『平凡』。」很明顯，沈從文所持的是一種發展的觀點。一方面他認爲，文學觀念和審美標準不可能是一成不變的，不應該用單一的標準制約多元發展的文學；另一方面，沈從文也以一種頗爲自信的語氣表明，他們這些「新來的」其實就是先進的，他們順應並代表著文學觀念的演進。因此他說：「這些漸漸的能在文字上創造風格的作者，對於中國新文學的貢獻，倒是功大過小。它的功就是把寫作範圍展寬，不特在各種人事上失去拘束性，且在文體上也是供有天才的作家自由發展的機會。這自由發展，當然就孕育了一個『進步』的種子。」〔註 86〕沈從文乾脆將「看不懂」的現象與文學審美上的「進步」相聯繫，直接將這場看似具體問題的論爭引到了文學觀念的進化的層面上，將梁實秋、胡適等人歸於「不能追逐時變」的保守派，這當然依賴於他的雄辯，但更重要的，是依賴於他對現代主義理論觀念的高度自信。

此外，針對胡適所說的「現在做這種叫人看不懂的詩文的人，都祇是因爲表現的能力太差，他們根本就沒有叫人看得懂的本領」〔註 87〕的刻薄說法，沈從文進行了有力的辯解。他說：

> 事實上，當前能寫出有風格作品的，與其說是「缺少表現能力」，不如說是「有他自己表現的方法」。他們不是對文字的「疏忽」，實在是對文字「過於注意」。

的確，現代主義詩人正是擁有他們自己的表現方法，擁有自己對於詩歌語言、傳達方式等方面的思考和創新。最終，他們以其超卓的理論與實踐的成績消釋了一切誤解和貶斥。

其實，至今仍有很多人認爲，「晦澀」就是現代主義詩歌的代名詞。事實上，這種看法也並非完全沒有依據。艾略特說：

〔註 86〕沈從文：《關於看不懂（二）（通信）》，《獨立評論》第 241 號，1937 年 7 月 4 日。

〔註 87〕適之：《編輯後記》，《獨立評論》第 238 號，1937 年 6 月 13 日。

就我們文明目前的狀況而言，詩人很可能不得不變得艱澀。我們的
文明涵容著如此巨大的多樣性和複雜性，而這種多樣性和複雜性，
作用於精細的感受力，必然會產生多樣而複雜的結果。詩人必然會
變得越來越具涵容性，暗示性和間接性，以便可以強使──如果需
要可以打亂──語言以適合自己的意思。〔註88〕

無論稱其為「晦澀」還是「迷離隱約」，總之這種詩歌傳達效果都是根據詩情
和詩境的需要而定的。晚唐詩人「旨趣遙深」，創造了詩歌藝術中深幽之美的
一脈血統，現代主義詩人又因「文明涵容著如此巨大的多樣性和複雜性」而
「不得不變得艱澀」。因此，現代派詩人欣賞晚唐，自覺地與晚唐傳統相接續，
這其中存在著很大的必然性。兩種「晦澀」，雖不生成於同樣的詩情和時代環
境，但在藝術手法、審美標準等方面，二者的確產生了跨越時空的共鳴。

第三節　「晚唐詩熱」與「前線詩人」的創作心態及藝術風格

一

「前線詩人」關於晚唐詩方面的理論探索正逐漸受到研究者的關注，但
是，他們在創作心態上與晚唐詩人的貼近和契合，以及他們在各自藝術風格
中所表現出來的對晚唐詩風的繼承與發展，卻還沒有引起後人足夠的重視。
我以為，相對於他們自覺的、理性的理論追求而言，創作心態上的惺惺相惜
與藝術風格上的融會貫通則體現著一種情感上的切近，這種切近帶有一定的
主觀色彩，是詩人們自然感情和藝術趣味的更真實的流露。

卞之琳在晚年回顧自己的詩歌藝術道路時說：

我在前期詩的一個階段居然也出現過晚唐南宋詩詞的末世之音，同
時也有點近於西方「世紀末」詩歌的情調。〔註89〕

詩人所謂的「情調」，主要是指其作品中流露出來的情緒。這些情緒來自詩人
對現實的感悟和對人生的體驗，它們是詩人創作時潛在的思想動因，換句話
說，也就是創作心態。

〔註88〕艾略特：《玄學派詩人》，《艾略特文學論文集》第24～25頁。
〔註89〕卞之琳：《〈雕蟲紀歷〉自序》，《雕蟲紀歷》第15～16頁。

　　20世紀30年代的北平、晚唐的社會環境，以及西方的「世紀末」氛圍，真可謂古今中外，其歷史環境相差甚遠。但是，對於這三個時期和環境內的詩人而言，產生相近的人生感懷和「末世」心態，卻也不足爲奇。

　　晚唐詩風與盛唐氣象相比，似乎確有「衰颯」之音。當然，正如葉燮所說：「論者謂晚唐之詩，其音衰颯。然衰颯之論，晚唐不辭，若以衰颯爲貶，晚唐不受也。」（葉燮《原詩》卷四·外編下）但無論如何，比起盛唐時的豪放氣象、浪漫理想和家國抱負等等「大氣」的內容，晚唐詩歌的確帶有低靡沉鬱的另類情緒和精神。

　　所謂「衰颯」，當然不無衰落、衰弱之意，但更突出的還應是晚唐詩歌感傷沉鬱、憤薀悲凄、幽怨迷惘、綺豔纏綿的特殊風格。從這一角度說，晚唐詩風與盛唐氣象之間，的確存在著審美理想和藝術精神上的強烈鮮明的反差。這種不同的特徵和反差，被廢名歸結爲「時代」的不同，雖然籠統，但卻不失爲正確。正因爲時代決定了知識份子的不同的社會地位，才使得同樣的理想在不同的時代中受到了不同的待遇。知識份子不再能那樣浪漫地揮灑個人的入世情感，而成爲了社會的旁觀者。李商隱的個人的政治際遇即是一個有代表性的個案。

　　正是在這一點上，晚唐詩人與20世紀30年代的北平詩人有著相似的境遇。北平詩人身處「寂寞舊戰場」，空有一腔報國之志，卻沒有參與社會有所作爲的機會。相近的境遇所激發的情緒當然也會十分相像，晚唐詩人和北平「前線詩人」都將這種人生理想和失落情緒傾注於文學創作，自然也會在作品中呈現出相同的「情調」，亦即卞之琳所說的「末世之音」。對「前線詩人」的心態，後面將有專章集中討論，本節不擬加以展開，這裡只討論與晚唐詩人的心態相關的一個側面。

　　卞之琳的回憶中還曾有過這樣一句帶有深刻反思意味的話：

　　　當時由於方向不明，小處敏感，大處茫然，面對歷史事件、時代風
　　　雲，我總不知要表達自己的悲喜反應。這時期寫詩，總像是身在幽
　　　谷，雖然是心在峰巔。〔註90〕

不管卞之琳的話在多大程度上帶有回顧歷史時超越歷史眞實的主觀色彩，其「身在幽谷，心在峰巔」的概括的確極爲準確地形容出了他和他所代表的那個時代的一群詩人的心境。

─────────────

〔註90〕卞之琳：《〈雕蟲紀歷〉自序》，《雕蟲紀歷》第15～16頁。

經歷了對「五四」的向往和追尋，又經歷了追尋的絕望，聚集在北平這個古都和舊戰場之中的年輕詩人，他們的心態有很大的相似性。他們關注社會命運，也因關注而內心充滿激情和憂憤，但是，由於對含蓄的珍視和對個人內心世界的執著，他們反而表現出非常個人化的情緒，無論是對細微小事的關注，還是對人生哲學的思考，都顯得冷靜剋制。而這一點，正是所謂「身在幽谷，心在峰巔」的具體反映。

恰在這一點上，北平「前線詩人」與晚唐詩人有著極其相似的地方。《一瓢詩話》作者薛雪評溫庭筠語云：「身閒如雲，心熱如火」，這與1930年代北平「前線詩人」的「幽谷」「峰巔」之語何其相似！簡直可以說，二者在精神實質上完全是一致的。

晚唐詩人大多是官場外的「旁觀者」，但是，他們雖身處旁觀之位，心卻並非旁觀之心。從他們「對社會陰暗面的盡情揭示，對腐敗政治的尖刻嘲諷中所表現出的激烈情感看，他們並無一絲旁觀者的心態。對時弊的指陳，表現出詩人們內心深處極度的痛恨與憤怒。儘管他們自身無力通過具體政治行動來改變那種現實，但予以批判、揭露總是能做到的。」〔註91〕他們那種掙扎在入世與出世之間的痛苦，其實和現代詩人的心態有很多相似之處。

晚唐詩人羅隱詩云：

> 耳邊要靜不得靜，
> 心裏欲閒終未閒。
> 自是宿緣應有累，
> 可能時事更相關。

這種沉鬱激憤的心聲，不也正是1930年代身處北平這一政治邊城的詩人內心的真實寫照嗎？

對於李商隱，歷來人們多談論他的「隱僻」，其實，在他「隱僻」詩風深掩的內心深處，仍多有對現實的強烈關注。無怪乎有人認為，雖然「溫李齊名，……但總覺溫與李不同，李的氣象要豐富得多，風格要變化得多，感喟要深邃得多，寄興要迢闊得多。側詞艷曲云云，太皮相了，完全不能概括李商隱的風格。一句話，李商隱的作品更有份量。而這種份量的一個重要的因素乃是政治。有政治與無政治，詩的氣象與詩人的胸懷是大不相同的。」〔註

〔註91〕任海天：《晚唐詩風》第81頁。

〔註92〕王蒙：《對李商隱及其詩作的一些理解》，《李商隱研究論文集》第595頁。

92〉我十分同意這樣的看法。我認為，也正是李商隱式的這種「政治」的內容和情懷，更拉近了晚唐詩人與 20 世紀 30 年代北平詩人的心理距離。

對個人遭際的慨歎和理想失落的無奈，常常引發詩人對歷史興廢、家國命運的思考。其實，這也就是所謂的「政治」胸懷。有了這一層，不僅作品的「份量」更加厚重，而且詩情也能更凝重深沉。這種慨歎和思考不受時空所限，回響在晚唐詩與現代派詩兩種境界當中。例如，杜牧的千古名句「商女不知亡國恨，隔江猶唱後庭花」中所深蘊的憂憤與思考，我們同樣可以在何其芳的《古城》中找到：

有客從塞外歸來
說長城像一大隊奔馬
正當舉頸怒吼時變成石頭了，
（受了誰的魔法，誰的詛咒，）
蹄下的衰草年年抽新芽，
古代單于的靈魂已安睡在
胡沙裏，遠戍的白骨沒有怨嗟……
……

逃呵，逃到更荒涼的城中，
黃昏上廢圮的城堞遠望，
更加局促於這北方的天地。
說是平地裏一聲雷響，
泰山：纏上雲霧間的十八盤
也像是絕望的姿勢，絕望的叫喊。
（受了誰的詛咒，誰的魔法！）
望不見落日裏黃河的船帆，
望不見海上的三神山……

悲世界如此狹小又逃回
這古城：風又吹湖冰成水，
長夏裏古柏樹下
又有人圍著桌子喝茶。

我無意用現代人的批判精神來詮釋晚唐詩人的憂憤，也不想以杜牧的情懷簡化何其芳詩思的複雜。我感興趣的祇是兩種詩境中反映出來的詩人相近的創

作心態。雖然面對不同的時代與「現實」，但詩人彷彿因同一種思慮和苦悶而達到了心靈的交響。

這樣的例子在晚唐詩和「前線詩人」的作品中還有很多。誰能說千年前的「石麟無主臥秋風」和20世紀詩人眼中的「石獅子張著口，沒有淚」的意境和心境不是一脈相承的呢？其實，這裡還衹是平面的比較，通過這種比較，我們更應看到的是古今詩人在心靈上的溝通。晚唐詩人在現實寂寞的心境下湧出歷史悼亡的悲聲，而現代派的詩人也在思考歷史的時候與他們相遇並產生共鳴。何焯評李商隱時說他「遲暮之感，沉淪之痛，觸緒紛來，悲涼無限。」（沈厚塽《李義山詩集輯評》）而這種沉痛與悲涼，也常常在現代派詩人筆下流露出來。這種悲涼雖然來自詩人生活的現實，出於他們對現實環境和對民族歷史以及個人命運的思考，但也不乏從晚唐詩歌的情懷和氣息中受到潛移默化影響的可能。這恐怕不僅僅是因為審美情趣的相合，也應該是一種心態上的近似，即所謂「同聲相應，同氣相求」。

評晚唐詩詞為「衰颯」之音，這裡面包含著一種價值的判斷，帶有某種貶意。其實這是一種狹隘的觀點。如果後人能夠以開闊的胸懷，站在客觀的立場，並且更從審美的角度去評判，當會看到無論是李商隱的「皇天有運我無時」、「古來才命兩相妨」也好，還是溫庭筠的「射血有冤，叫天無路」也罷，抑或是崔珏悼李商隱時所慨歎的「虛負凌雲萬丈才，一生襟抱未嘗開」，這些心靈深處的沉重悲傷，即使隱藏在晚唐詩風閒雅美麗的總體外表下，依然不失震撼人心的力量。廢名曾經說過：「凡是美麗都是附帶著哀音的，這又是一份哲學，我們所不可不知的。」〔註93〕這裡所謂哲學，包含有一種力量。正是這種力量，超越了千年時空，把晚唐詩和現代詩聯在了一起，使二者形成了和諧默契的共鳴。

二

卞之琳在談到他和李廣田、何其芳的詩歌創作時曾說：「我和同學李廣田、何其芳交往日密，寫詩也可能互有契合，我也開始較多寫起了自由體，衹是我寫的不如他們早期詩作的厚實或濃鬱，在自己顯或不顯的憂鬱裏一點輕飄飄而已。」〔註94〕拋開謙虛客套的成分，他這句看似平淡的話恰恰說出

〔註93〕馮文炳：《已往的詩文學與新詩》，《談新詩》第37頁。
〔註94〕卞之琳：《〈雕蟲紀歷〉自序》，《雕蟲紀歷》第15～16頁。

了「漢園三詩人」各自詩風的重要特徵——李廣田的「厚實」、何其芳的「濃鬱」，以及卞之琳自己的「憂鬱」。

「漢園三詩人」的詩風各具特色，除了因為藝術稟賦的不同，也與他們各自創作的心態有關。有趣的是，何其芳的「濃鬱」和卞之琳的「憂鬱」，再加上林庚的「清雅」和廢名的「禪趣」——北平詩壇上這幾位重要的現代派詩人依由各自的性情、趣味和心態構築的不同的詩歌藝術風格，恰恰將晚唐詩風中最重要的幾個特徵綜合生發了開來，表明了「前線詩人」對晚唐詩歌的全面繼承。

廢名對禪宗的興趣廣泛地反映在他的文學作品中。卞之琳、林庚等人曾稱廢名為「老衲」、「大菩薩」，可見他這種「禪趣」在他的生活中和心態中佔有多麼重要的地位。廢名早在 1926 年創作的《一日內的幾首詩》中，就有「我把我自己當一塊石頭丟了／哎喲，他丟不出這世界！」這樣微見理趣的詩句。然而，更深刻地表現其濃厚「禪」味的，還是他 1931 年以後的詩作。朱光潛說：「廢名先生富敏感好苦思，有禪家與道人風味。他的詩有一個深玄的背景。」〔註95〕這背景，就是禪宗思想中的靜觀、心象、頓悟、機鋒……。

廢名之偏愛禪趣，與晚唐詩風也大有相通之處。晚唐時期，僧詩地位突出，很多凡俗詩人也多有語含機鋒的作品，甚至到了「詩無僧字格還卑」的地步。司空圖曾作「自作深林不語僧」、「雲從潭底出，花向佛前開」等詩句，雖然語義淺俗，但卻透露出當時詩人企圖以詩意傳達禪趣的傾向，也反映出晚唐時期禪思意味在詩歌藝術中的崇高地位。

我對禪理毫無研究，因此這裡只能選取廢名詩歌中的一個意象，嘗試淺味其中的意趣。

「花」是佛經中的經典意象，「拈花微笑」是佛家的至高境界。同時，「花」也是廢名詩中一個極為重要的典型意象。1940 年代，廢名在《〈妝臺〉及其他》一文中所選自己的 7 首代表詩作中，就有 3 首是以「花」為中心意象的。

在《小園》中，詩人吟道：「我連我這花的名兒都不可說，——／難道是我的墳麼？」這裡的「花」，表面上是年輕人的一份欲寄又寄不出的愛情與相思，但更深處卻隱藏了一份對生命的態度。廢名自己說，日後讀這首詩「彷彿很有哀情似的」〔註96〕。當「花的名兒就是自己的墳」，這「花」就成為了

〔註95〕朱光潛：《編輯後記》《文學雜誌》第 1 卷第 2 期，1937 年 6 月 1 日。
〔註96〕馮文炳：《〈妝台〉及其他》，《談新詩》第 219 頁。

每個人最終的歸宿、每個生命最後的結果和形式。在這個意義上,「花」所承載的哲學意味已遠遠超過了愛情與相思的範疇。

在《海》中,詩人寫到:

> 我立在池岸
>
> 望那一朵好花
>
> 亭亭玉立
>
> 出水妙善,——
>
> 我將永不愛海了!
>
> 荷花微笑道:
>
> 「善男子,
>
> 花將長在你的海裏。」

廢名自己很珍愛這首《海》,因為「喜歡它有擔當的精神」和它的「超脫美麗」。〔註97〕「花」和「海」的對比是精神聖境和凡俗人間的對立,但這兩重境界的對立在「善男子」的「擔當」精神和取捨的勇氣中化而為一。真正得道的人也許能「花」、「海」兼得,那時「花」也是「海」了,對具有特殊的精神追求的人們而言,這就是在凡俗人間修得了超凡脫俗的境界。

在另一首詩《掐花》中,詩人寫道:「我學一個摘花高處賭身輕」。廢名自己說寫這首詩的「動機是我忽然覺得我對於生活太認真了,為什麼這樣認真呢?大可不必,於是彷彿要做一個餐霞之客,飲露之士,心猿意馬一跑跑到桃花源去掐一朵花吃了。」〔註98〕這裡的「摘花」寓喻著一個凡俗的人對生活的豁達,放開那份執著,就可以進入另一個境界,「豈不成了僊人」?雖然我無法完全讀懂這些詩句中「花」的意象背後的禪意,但廢名詩中那種只能意會不可言傳的美麗與禪趣卻已真實地在這些意象中呈現了出來。

與廢名的禪思靈犀相通的,有陸龜蒙的《木蘭堂》:

> 洞庭波浪渺無津,
>
> 日日征帆送遠人。
>
> 幾度木蘭舟上望,
>
> 不知原是此花身。

俞陛雲《詩境淺說》對此詩有這樣的解釋:

〔註97〕馮文炳:《〈妝台〉及其他》,《談新詩》第 220 頁。
〔註98〕馮文炳:《〈妝台〉及其他》,《談新詩》第 222 頁。

> 在舟中見木蘭花，而所乘者即木蘭之楫。身既成舟，與花何涉？釋
> 氏所謂以筏喻者，乘筏正登彼岸，焉用筏為？此詩詠木蘭之意亦然。
> 花與舟乃一而二者，可以悟身世矣。〔註99〕

「木蘭花」固然是彼岸境界的象徵，但在以禪意觀世的人看來，「花」亦是「舟」，渡「舟」就「花」的過程本身，就已經達到理想的境界了。這應該仍是佛家對人之執著的勸慰，也是詩人自己的頓悟。理解領悟這首詩並不是本文的目的，我要說的是，這種以「花」寓理是禪趣詩中較為常見的思路和方式，廢名的「禪趣」在這個方式上無疑得到了充分的展現。

其實，理解廢名，並不能僅僅侷限於禪趣。在我看來，廢名的禪意也是一種「哲學」，一種關注生死問題的大的哲學。廢名自己曾說：「中國文章裏簡直沒有厭世派的文章，這是很可惜的事。」「中國人生在世，確乎是重實際，少理想，更不喜歡思索那『死』，因此不但生活上，就在文藝裏也多是凝滯的空氣，好像大家缺少一個公共的花園似的。」很顯然，廢名希望以文藝的形式探索生命哲學的內容。對中國文學傳統中這一方面的缺乏，他的遺憾顯而易見。因此，對舊詩文中的相關內容，廢名顯得格外珍惜。他說：「李商隱詩『微生盡戀人間樂，只有襄王憶夢中』，這個意思很難得。中國人的思想大約都是『此間樂，不思蜀』，或者就因為這個緣故在文章裏乃失卻一份美麗了。我嘗想，中國後來如果不是受了一點佛教影響，文藝裏的空氣恐怕更陳腐，文章裏恐怕更要損失好些好看的字面。」庾信「草無忘憂之意，花無長樂之心」、「霜隨柳白，月逐墳圓」以及「物受其生，於天不謝」，「可謂中國文章裏絕無而僅有的句子。」〔註100〕在這些詩文中，廢名看到的是「如此美麗，如此見性情」的詩意，而在這些深蘊「禪意」的詩情中，他更看重的是那種深廣的人生哲學的韻味。

與廢名的深玄相比，林庚的詩風則顯得年輕單純得多。在我看來，他發展了晚唐詩中以李商隱為代表的「清雅」風格。1940年代廢名在對比卞之琳的《雨同我》和林庚的《滬之雨夜》時曾說：「卞詩確乎像《花間集》卷首的詞，林詩確乎像玉溪生的詩。」〔註101〕這個判斷當然更是具體針對兩首詩而言的，但在我看來，林庚詩的整體風格也確實頗有李商隱的韻味。

〔註99〕俞陛雲：《詩境淺說》第143頁，開明書店，1947年。

〔註100〕廢名：《中國文章》，《世界日報·明珠》第37期，1936年11月6日。

〔註101〕馮文炳：《林庚同朱英誕的詩》，《談新詩》第189頁。

　　我認為，廢名之所以會首推崇林庚「帶來了一份晚唐的美麗」，就是因為林詩風格在「外表」上最貼近晚唐詩風。換句話說，正是因為林庚突出了古詩詞中清秀古雅的一面，所以他的風格在外表上最易辨識。廢名說「李（商隱）詩看起來是華麗，確是『清』，卞之琳沒有李商隱金風玉露的清了，林庚卻有。」〔註 102〕所謂「清」，應是豔中帶冷、放而能收。這一點恰到好處的分寸，是被詩人靈魂深處的悲哀底色所決定的。李商隱「內心世界悲哀而又美麗。用美麗妝點了悲哀，又用悲哀深邃了美麗。」〔註 103〕因此他的詩再華美也有淡淡的苦味，而這一點，也正是他與溫庭筠之間的最大區別。林庚的詩時有豐富華美的意象，但跳出任何一首具體的作品，他卻在整體上給人留有一個清淡剋制的印象。這種意趣同樣來自他的心態，即如李長之所說，他是「把無限的情緒而限之於寂寞的地方」，「帶出一種空虛而捉摸不得的悲哀」。〔註 104〕這樣的意境，又怎能不與李商隱接近和相像呢？

　　曾經有人統計過這位最喜「留得枯荷聽雨聲」的李商隱的詩中「雨」的意象的藝術特徵，發現「第一是細」、「第二是冷」、「第三是晚」。「細雨、冷雨、晚雨，大致是『雨在義山』詩中的屬性。」的確，「雨」在李商隱的詩中往往體現著「飄泊感」和「鄉愁」，雨帶來人與世界的「阻隔」，在迷離的背景中，隨雨而至的常常是絲絲的憂傷。〔註 105〕「雨」的氛圍彌漫在李商隱的很多詩境當中，成為他傳達詩情的一個重要載體。

　　李商隱的「雨」令人很容易地聯想到林庚的代表作《滬之雨夜》中的「雨」的意象：

　　　　來在滬上的雨夜裏
　　　　聽街上汽車逝過
　　　　簷間的雨漏乃如高山流水
　　　　打著柄杭州的油傘出去吧
　　　　雨水濕了一片柏油路
　　　　巷中樓上有人拉南胡
　　　　是一曲不關心的幽怨

〔註 102〕馮文炳：《〈十年詩草〉》，《談新詩》第 167 頁。
〔註 103〕《李商隱研究論集》第 608 頁。
〔註 104〕長之：《春野與窗》，《益世報・文學副刊》第 9 期，1935 年 5 月 1 日。
〔註 105〕王蒙：《雨在義山》，《李商隱研究論集》第 569 頁。

　　　　孟姜女尋夫到長城

這裡的「雨」不僅也是晚間清冷的細雨，同時也是飄落異鄉，襯托著詩人的寂寞和飄泊。那曲「不關心的幽怨」，是現代詩人寂寞心情的真實寫照，同時也彷彿化入了李商隱詩中的「阻隔」和「憂傷」。看來，廢名因這首詩說到林庚有李商隱之神韻，似乎也不無道理。

　　當然，我的目的並不在於將林詩與李詩中的意象作簡單的類比，我祇是企圖證明，林詩中意象和意境的傳統色彩與晚唐詩具有多麼明顯的精神聯繫。正是這種聯繫，使得林詩的晚唐韻味幾乎成為他詩歌藝術的一種標籤式的風格。

　　與盛唐氣象相比，晚唐詩風是哀傷的，即使明豔的時候也掩飾不住那種深刻的哀情。這也就是《唐音癸籤》評劉滄的話：「悲而不壯，語帶秋意」。在我看來，1930 年代北平詩壇上最能體現那份深蘊心底的悲哀的詩人，當數卞之琳。即使是以愛情為主題的一組《無題》，卞之琳也寫得「真是悲哀得很美麗得很」。因此廢名說：「我最初說卞詩真個像溫飛卿的詞，其時任繼愈君在座，他說也像李義山的詩，我當時有點否認，因為溫李是不同的。……後來我想，卞之琳詩裏美麗的悲哀，溫詞是沒有的，卞詩有溫的穠豔的高致，他卻還有李詩溫柔纏綿的地方了。」〔註106〕

　　卞之琳的憂鬱悲哀滲透在他每一寸詩情中。可以說，無論是「從熱鬧中出來聞自己的足音」的那份孤獨，還是「像廣告紙貼在車站旁」的無奈，以及看到「北京城：垃圾堆上放風箏」的近乎絕望，還有「當一個年青人在荒街上沉思」時，身處麻木人群中的那份徹底的悲哀，實在讓人讀來不勝噓唏，不勝悵然。但是，卞之琳的悲哀是從不直抒出來的。李健吾說卞詩中有一份「力自排遣的貌似的平靜」。即如《新秋》的「輕快」和《海愁》的「溫綏」，「實際猶如望著那滴眼淚，詩人『怕它掉下來向湖心裏投。』」卞之琳的悲哀「屬於一種哲學上的『兩難』。因此，讀者在「終於捲進一種詩的喜悅」的同時，又能感受到那樣深刻的一份「沉痛」。〔註107〕

　　卞之琳的「悲哀」是徹骨的，這使他即便有溫庭筠的美麗，卻無法真正做到「穠豔」。因此，他的詩「不是美麗的溢露」，而「是一個雕像，是整個的莊嚴」。〔註108〕

〔註106〕馮文炳：《〈十年詩草〉》，《談新詩》第 167 頁。

〔註107〕劉西渭：《〈魚目集〉──卞之琳先生作》，《咀華集》第 129 頁。

〔註108〕馮文炳：《〈十年詩草〉》，《談新詩》第 167 頁。

在我看來，真正有溫詞「穠豔」境界的是何其芳。他具備溫庭筠式的敏感、嫵媚與多情，帶著青年人「透明的憂愁」，為詩壇帶來另外一種「晚唐的美麗」。何其芳的確是最肖溫庭筠綺麗文風的一人，無怪乎卞之琳以「濃鬱」形容他的詩歌藝術風格。

何其芳自己曾經坦言偏愛溫庭筠，他鍾愛的正是晚唐詩詞中「那種錘煉，那種彩色的配合，那種鏡花水月」的動人「姿態」。何其芳不僅欣賞這種「姿態」，而且在詩歌創作中將《花間》詞的那種感覺、幻想、色彩和意象與現代人更加熱烈坦白的情感融化在一起，營造了一種美麗而獨特的情韻。例如，在這首《休洗紅》中，晚唐的情韻就撲面而來：

> 寂寞的砧聲散滿寒塘，
>
> 澄清的古波如被搗而輕顫。
>
> 我懨懨的手臂欲垂下了。
>
> 能從這金碧裏拾起什麼呢？
>
> 春的蹤迹，歡笑的影子，
>
> 在羅衣的變色裏無聲偷逝。
>
> 頻浣洗於日光與風雨，
>
> 粉紅的夢不一樣淺褪嗎？
>
> 我杵我石，冷的秋光來了。
>
> 它的足濯在冰樣的水裏，
>
> 而又踐履著板橋上的白霜。
>
> 我的影子照得打寒噤了。

這裡的「寒塘」、「羅衣」、「板橋」等等意象的運用，無疑增加了詩作的古色古香的情韻，而更重要的是，「人迹板橋霜」意境的化用當能明白表明詩人情思的淵源，表明詩人的情感方式與晚唐詩的相近。以女性的視角抒情，以情思為外衣，在浣衣杵石的「姿態」裏，何其芳傳達的是一個對於生命流逝的略帶哀思的主題。這哀思是一種「哲學」，它不傷情，不激烈，卻又帶著濃鬱的情感氣息。而這些，也正是晚唐詩的風采、晚唐詩的姿態。

第四章 不「純」的「純詩」——「純詩」追求與「前線詩人」對中西詩學的融會

　　「純詩」觀念源自法國象徵主義詩學，它系統規定了詩歌的本質特徵、藝術表現方法、內容與形式的關係，以及創作主體的精神特徵等各個方面。這一觀念自 1920 年代被引入中國新詩的視野後，也一直影響著中國新詩的發展方向，並成為一個重要的理論範疇。特別是在現代主義詩潮中，「純詩」觀念更稱得上是一個理論核心。

　　1941 年，朱自清在回顧二、三十年代新詩發展歷程時曾總結說：

　　　　抗戰以前新詩的發展可以說是從散文化逐漸走向純詩化的路。〔註1〕

　　的確，從某種意義上說，「走向純詩化」的路線就是中國新詩發展史上一條清晰且不間斷的「主線」。而在這條路線中，北平的「前線詩人」群體又是其中不可忽略的重要一環。無論是在時間的承傳上，還是在理論貢獻和創作實踐的實績上，他們的地位和意義都是重要甚至關鍵的。梁宗岱、李健吾、朱光潛等人在理論上的探索，曹葆華等人在譯介上的努力，以及卞之琳、何其芳等人在創作實踐上的自覺，從各個方面展現了這一群體在「純詩」探索中的卓越成績。

　　更重要的是，「純詩」追求本身也是中西詩學融合的一個重要的交彙點和標誌。「前線詩人」不僅直接從西方詩學的理論源頭大量譯介「純詩」理論，同時也在對「純詩」觀念的理解中融入了對中國傳統詩學的重新發掘。他們

〔註 1〕　朱自清：《新詩雜話・抗戰與詩》，《朱自清全集》第 2 卷第 345 頁，江蘇教育出版社，1988 年。

「發現」，「我國舊詩詞中純詩並不少」，比如「姜白石底詞可算是最代表中的一個」，他與法國象徵主義大師馬拉美有很多「酷似」之處，比如「他們底詩學，同是趨難避易（姜白石曾說，『難處見作者，』馬拉美也有『不難的就等於零』一語）；他們底詩藝，同是注重格調和音樂；他們的詩境，同是空明澄澈，令人有高處不勝寒之感；尤奇的，連他們癖愛的字眼如『清』『苦』『寒』『冷』等也相同。」〔註2〕

「前線詩人」群體獨具溝通中西、超越古今的眼光，在他們看來，「『純詩』不是限於一個時代的東西，雖然這個名詞和理論之創製與成立不過是近十幾年的事。能夠瞭解這種理論，可以說對於一般的詩歌的理論參透過半了。」〔註3〕也就是說，他們不僅將「純詩」定位於中西詩學共同追求的「最高境界」和最終理想，同時也為其賦予了一個詩歌理論「基點」的地位。可以說，他們既以「純詩」理論更清晰地闡釋了中國傳統詩學中一些較為「朦朧」的藝術境界，同時又在西方現代詩學的理論範疇中注入了實踐意義與中國詩歌的民族精神。

因此我認為，「純詩」觀念恰似一個美麗而重要的「結」，它一端繫緊了以法國象徵派為代表的西方現代主義詩學的一脈，另一端則綰住了以晚唐詩為代表的中國傳統詩學中的一枝。在這個「結」上，就綻放著1930年代北平「前線詩人」的智慧與藝術的光彩。

而且與此同時，這個「結」也牽繫著中國詩人豐富而複雜的人生體驗、內心情感，尤其是，對中國新詩發展和創作的現實關注，影響著中國「純詩」論者對西方「純詩」理論的接受和吸收。通過與現實的和傳統詩學兩方面的結合，中國「純詩」觀念必然呈現出一種不完全等同於西方的理論內涵。這是中國詩人和理論家們自己的選擇和消化，也許，這些因素在一定程度上影響了「純詩」理論的「純度」，但是換個角度來看，這種中國新詩領域中獨有的不「純」的「純詩」境界，卻正是「前線詩人」以至中國現代主義詩人群體詩歌觀念的一部分重要內容和特徵。它不僅不會影響到「前線詩人」的藝術高度，反而更增加了他們詩歌藝術本身的複雜性和現實性，也更能引發後人研究的興味。

〔註2〕梁宗岱：《談詩》，《人間世》第15期，1934年11月5日。
〔註3〕曹葆華：《現代詩論序》，《北平晨報・學園・詩與批評》第34期，1934年9月3日。

第一節　「純詩」理論的引進與提倡〔註4〕

一

「純詩」是一個源自西方詩學的理論範疇。從 1850 年愛倫‧坡提出「爲詩而詩」的主張開始，經過波德萊爾的「詩除了自身外並無其他目的」〔註5〕的闡釋，直到 1920 年代初，瓦雷里最終提出了「純詩」（poèsie pure）這一明確概念。也就是在 1920 年代中期，基於對詩歌本質特徵的關注和思考，中國詩壇上也出現了提倡和探討「純粹詩歌」的聲音。

1926 年，初期象徵派詩人穆木天和王獨清都提出了「純詩」的問題。尤其是穆木天，他的很多觀點成爲了中國新詩中「純詩」理論的重要基礎，而且可以說，1930 年代「前線詩人」很多對「純詩」問題的思考，也是在他們奠定的基礎上進一步深化和發展而成的。

穆木天提出：

> 我們要求的是純粹詩歌（The pure poetry），我們要住的是詩的世界，
>
> 我們要求詩與散文清楚的分界，我們要求純粹的詩的 Inspiration。〔註6〕

從穆木天的論點中可以看出，他的「純粹詩歌」的觀念受到了西方詩學中「the pure poetry」概念的影響，但是，他並沒有照搬其理論內容，而是針對中國新詩的現實狀況有所生發。

顯然，穆木天提倡「純粹詩歌」是針對初期白話詩的「散文化」傾向而發的。他說：「中國的新詩的運動，我以爲胡適是最大的罪人。胡適說：作詩須得如作文，那是他的大錯，所以他的影響給中國造成一種 prose in verse 一

〔註4〕　孫玉石先生在《中國現代主義詩潮史論》（北京大學出版社，1999 年）中專節討論「『純詩』化新詩本體觀」；吳曉東先生在《象徵主義與中國現代文學》（安徽教育出版社 2000 年）中也有專節討論「中國現代象徵主義的詩學範疇」中的「純詩」觀念；此外，吳曉東《記憶的神話》（新世界出版社，2001 年）中有《從「散文化」到「純詩化」》一文。都梳理了「純詩」觀念在中國詩壇上的發展演進過程，討論了穆木天、梁宗岱等人的「純詩」觀念。本文同意他們的觀點，但更側重於討論以 1930 年代北平「前線詩人」群對在「純詩」方面的理論探討和實踐，著重討論他們在將「純詩」理論與中國傳統詩學和新詩創造實踐相結合方面的獨特貢獻。

〔註5〕　波德萊爾：《再論埃德加‧愛倫‧坡》，《波德萊爾美學論文選》第 205 頁，人民文學出版社，1987 年版。

〔註6〕　穆木天：《譚詩》，《創造月刊》第 1 卷第 1 期，1926 年 3 月 16 日。後文中穆木天引文未注明出處者均出自此文。

派的東西。他給散文的思想穿上了韻文的衣裳。」的確，已經有很多人注意到，初期白話詩更多地關注於「白話」，而忽略了「詩」的本質特徵，很多作品因此呈現出「粗糙」甚至「不倫不類」的情況。

穆木天在這個時候提倡「純粹詩歌」的用意是非常明顯的，他不僅否定了一部分初期白話詩人將詩與散文的內容手法混為一談的簡單做法，更是徹底地否定了胡適等人忽視詩歌本質特徵、混淆詩歌與散文不同審美原則的觀念。他的目的是要通過對「純詩」的提倡，將詩歌的本質與散文相剝離，賦予詩歌以獨立於散文文體之外的本質屬性。因此，他的「純詩」觀念的核心內容即為「要求詩與散文清楚的分界」。這一點，是他提倡「純詩」的初衷，也是他「純詩」理想的目標之一。

但是，怎樣才能在實踐中達到「純詩」的境界、實現詩與散文的分界呢？穆木天提出了「詩的思維術」和「詩的邏輯學」。他說：

> 我希望中國作詩的青年，得先找一種詩的思維術，一個詩的邏輯學。作詩的人，找詩的思想時，得用詩的思想方法。直接用詩的思考法去思想，直接用詩的旋律的文字寫出來：這是直接作詩的方法。……換句話說，詩有詩的 Grammaire，絕不能用散文的文法規則去拘泥他。

他反對「先當散文去思想，然後譯成韻文」的做法，認為那是「詩道之大忌」。作詩就要「用詩的思考法去想，用詩的文章構成法去表現」。唯有如此，詩才能真正擺脫「散文的思想」，更擺脫散文所習用的說明、敘事、議論等傳達方式，達到以詩藝傳達詩情的「純粹詩歌」的境界。

具體來說，穆木天的「純粹詩歌」觀念是一個兼及詩歌內容與形式各方面，並具有一定實踐意義的觀念系統。首先，「純詩」起源於「純粹的詩的Inspiration（按：靈感）」，即起源於詩人內心的體驗與人生領悟，而非散文作者的說明、議論、教誨等更加現實的創作目的。其次，詩要表現的內容是「最纖細的潛在意識」，「詩的世界是潛在意識的世界」，「詩的世界固在平常的生活中，但在平常生活的深處。詩是要暗示出人的內生命的深秘。」引導人們進入和認識「一般人找不著不可知的遠的世界，深的大的最高生命。」第三，在思維方式上，詩要「直接用詩的思考法」，即「暗示」的方法來構思和傳達。因為「詩是要暗示的，詩最忌說明的。說明是散文的世界裏的東西。詩的背後要有大的哲學，但詩不能說明哲學。」第四，在表現形式上，詩要有「詩

的文章構成法」，而不能拘泥於散文的文法，也就是說，詩是「一個有統一性有持續性的時空間的律動」，這是內在的詩情旋律與外在的詩歌韻律格式的統一，從而保證詩歌內容與形式的協調一致。第五，在藝術效果方面，「詩越不明白越好」，因爲「明白是概念的世界，詩是最忌概念的。」純詩應該是「數學的而又音樂的東西」，它簡潔美麗又抽象靈動，完全超越了散文所具備的具體、現實、明白清楚的美。以上這些，就是穆木天用以劃清詩與散文的界限，是他衡量「純粹詩歌」的一系列標準，同時也是他爲中國新詩提供的可以用諸實踐的方法。

與穆木天一同提出「純詩」主張的，還有王獨清。他也認爲「要治中國現在文壇審美薄弱和創作粗糙的弊病，……有倡 poèsie pure（純詩）的必要。」〔註7〕他首先提出了一個「理想中最完美的『詩』」的公式：

　　　　（情＋力）＋（音＋色）＝詩

這個公式當然有將詩歌的構成與審美標準處理得過於簡單化之嫌，但是至少，它顯示了王獨清所認定的「純詩」的兩方面的四個重要的特徵和要素。

對於「情」與「力」這兩個詩歌內容和情感層面的因素，王獨清並未給予更明晰的解釋，他看重的無疑是「音」與「色」這兩個藝術表現方式和效果層面的問題。他一再強調這兩個因素「最難運用」，「稍一粗糙，便成了不倫不類的東西」。也就是說，在他看來，這兩個因素是保證避免詩歌「審美薄弱和創作粗糙」兩個弊病的有效手段。

穆木天和王獨清都以「不倫不類的東西」形容那些與成功「純詩」對立的詩歌產品，所謂「不倫不類」，也就是混淆了詩歌與散文的界限，而造成這種混淆的，在他們看來，就是缺乏「音與色」的成功運用。與穆木天對「詩要兼造型與音樂之美」要求一致，王獨清也肯定，「音樂是最能起那種使人一瞥間忘卻眼前現實的作用的，同時，又最適宜於傳達『不明瞭』的或『朦朧』的心理狀態，這便使象徵主義底藝術獲得了理想的成功。」〔註8〕他解釋說：「『色』、『音』感覺的交錯，在心理學上就叫作『色的聽覺』，在藝術方面，即是所謂『音畫』。」真正理想的「音畫」效果，就如同「水晶珠滾在白玉盤上」一樣，是詩人應該努力要求的最高的藝術境界。

〔註7〕 王獨清：《再談詩》，《創造月刊》第 1 卷第 1 期，1926 年 3 月 16 日。後文中
　　　　王獨清引文未注明出處者均出自此文。
〔註8〕 王獨清：《我和魏爾冷》，《如此》第 101～102 頁，上海新鐘書局，1936 年。

應該說，對音樂性的追求，或說對詩歌與音樂之間互通的認識，是西方「純詩」理論的靈魂。中國「純詩」論者注重「音樂性」問題，也是深受西方詩學的影響的。但遺憾的是，他們只看到了色彩和音樂作爲「純詩」生命的重要意義，卻沒有更深入地領會詩歌與色彩和音樂的關係。因此，從王獨清所舉他自己創作的例子──

> 在這水綠色的燈下，我癡看著她，
> 我癡看著她淡黃的頭髮，
> 她深藍的眼睛，她蒼白的面頰，
> 啊，這迷人的水綠色的燈下！

可以看出，他仍然將「色」彩簡單地理解爲畫面色彩的呈現，將「音」也機械地理解爲節奏和韻律的均齊。這一個例子，就足以暴露王獨清對純詩理解的表面化，也說明了他在「純詩」理論提倡和實踐中的過渡性的位置。

王獨清的表面化理解還表現在他對「詩形」的分類上。他將「詩形」分爲「純詩式的」、「散文式的」和「散文式的與純詩式的」三種，將前兩者的區別劃定於「有韻」與「無韻」和「分行」與「不分行」上，也就是說，「純詩」就是具有「有韻」和「分行」兩個特徵的詩形。當然這衹是他對「詩形」思考的一部分，並不就是他對「純詩」的定義。但從一點仍可以看出，王獨清對散文與詩的界限的理解仍偏重於形式的層面，他的理解並不足以避免「給散文的思想穿上韻文的衣裳」的現象。

穆、王二人的提倡雖有侷限，但已標誌了中國詩壇對「純詩」理論探討的歷史性的開端。與此同時，對西方「純詩」觀念的直接引進也開始了，其中，李健吾與朱自清合譯的英國著名文藝批評家布拉德雷（Bradley）的《爲詩而詩》〔註9〕一文，是中國詩壇上最早引進的涉及「純詩」觀念的代表性文獻之一，也可以稱得上是引進譯介工作的開端標誌了。

在這篇文章中，布拉德雷談到：

> 純粹的詩，不是對一個預先想到的和界說分明的材料，加以修飾；
> 模糊不清的想像之體在追求發展和說明自己的過程中，含有創造的
> 衝動，純粹的詩便是從這衝動中生發出來。
> ……

〔註9〕該文分（一）、（二）兩部分，分別發表於《一般》第3卷第3號（1927年11月5日）和第4卷第5號（1928年4月5日）。

一個含有無限暗示的氣氛，浮泛在最好的詩的周圍甚至在較差的詩的
周圍。詩人向我們說了一件事物，但是在這件事物裏卻潛藏著一切事
物的秘奧。他說了他所要說的，然而他的意趣卻好像暗中指向著它自
身以外，或者竟是擴展到無垠之境，……這種包蘊一切的完美無缺，
既不能用詩的言辭或任何一種言辭，也不能用音樂或色彩來表現，但
是它的暗示則存在於許多的、雖非全部的詩中，而詩便是在這種暗示
之中，在詩的這種「意義」之中，取得詩的絕大部分的價值。

很顯然，布拉德雷是將暗示與象徵的手法視爲詩歌藝術的最重要手段，並將
「一切事物的秘奧」視作詩歌所要傳達的核心內容和「絕大部分的價值」的
體現。這種觀念，即爲「純詩」理論的核心觀念。布拉德雷的論述，已經涉
及到了「純詩」的內容和藝術手法的規定性和基本特徵。

　　在翻譯發表了《爲詩而詩》一個月後，朱自清又翻譯發表了詹姆生的《純
粹的詩》〔註 10〕。如此集中的譯介，更體現了朱自清等人對「純詩」問題的
關注程度。可以說，從翻譯《爲詩而詩》、《純粹的詩》等文章起，中國詩壇
開始了對「純詩」理論的自覺而系統的引進。

二

　　此後，在對西方詩學的譯介中，翻譯者們繼續關注著「純詩」理論和概
念。其中，以曹葆華、梁宗岱爲代表的北平「前線詩人」群體所做的系統的
譯介和提倡工作顯得最爲突出。

　　1933 年，曹葆華在他自己主編的《北平晨報‧學園》《詩與批評》專欄上
發表了他本人翻譯的雷達（Read）的《論純詩》〔註11〕一文。在正文前的「編
者按」中，曹葆華還特意作了一番相當清楚的說明：

純詩 Pure poetry 這個名詞，在國內似乎已經有人提到過；可是作爲
文章以解釋或發揮的，則至今還未見到。這篇論文是雷達先生
Mr.Herbert Read 所著之《英國詩歌面面觀》一書中最精煉的一章。
對於純詩有詳細的闡明，而於詩歌根本問題亦同時論及。
本來純詩的首倡者乃是今年逝世之法國批評家白瑞蒙神父　Abbe

〔註10〕刊於《小說月報》第 18 卷第 12 期，1927 年 12 月 10 日。
〔註11〕該譯文分三期連載，見於《北平晨報‧學園‧詩與批評》第 5 號至第 7 號，
　　　　1933 年 11 月 13 日至 12 月 1 日。

> Bremond 其與蘇饒先生 Mr.Robert de Souza 合著之《純詩》Poesie pure
> 一書，實爲現代文學批評裏最惹人注視之論著。惜乎在國內找不到
> 手，故無從介紹。

看得出來，曹葆華是一直在關注「純詩」問題的，無論是國內的討論還是國外理論的發展。正是因爲國內尚缺乏這一方面的系統的「解釋或發揮」，他才有意識地選擇了相關論文進行翻譯介紹。雖然他本人遺憾於無從找到和翻譯《純詩》這一專著，但至少，他的介紹已爲國內讀者傳遞了一條重要的資訊。

雷達在《論純詩》中系統地介紹了愛倫·坡、顫頓、白瑞蒙等人關於「純詩」的觀點。他們首先都涉及了對「純詩」與音樂的關係這一核心問題的思考。愛倫·坡認爲：「在普遍的意義上講來，我們在詩與音樂的聯合裏，找著了發展詩歌的最廣大的場所。」「音樂與一種可悅的觀念結合，便是詩歌。有音樂而沒有觀念，那就僅是音樂；有觀念而沒有音樂，那就僅是散文。這是從其明確的意義而言。」白瑞蒙也提出，詩歌要憑藉「字句中音樂的效用，傳達一種『即興的顫動』或『暗示的幻術』」。而雷達本人則認爲，「詩的原素可以分爲三種。一個偉大詩人的目標……，就是把三者都結合在一首詩中。這三種原素，分爲聲音，意義和暗示。聲音是包括著一切純粹的音樂的性質，是由言辭的組合中發生出來，……依據理論而言——但只依據理論而言，這種音樂便是詩歌唯一的目的」。可見，對音樂的藉重和依賴，正是「純詩」觀念中最基本最核心的內容之一，因此對這一問題的關注和探討，也是每個「純詩」論者都關注到的焦點。比愛倫·坡、白瑞蒙和雷達等人的觀念更深入也更極端的，是馬拉美、瓦雷里等人。在他們看來，音樂已不是協助詩歌傳達某種意義的一種手段或形式，可以說，音樂的境界就是「純詩」的理想境界本身。

此外，雷達的文章中還談到了「爲詩而寫詩」的目的，這其實也就是「純詩」的性質和定義。他說：「假使我們探視自己靈魂的深處，我們就立刻發現，在此光天化日之下，沒有什麼作品，也不能有什麼作品，比起這首詩更爲高貴尊嚴——這首唯一的詩——這首祇是詩而沒有其他別的東西的詩——這首祇是因爲詩而寫成的詩。」這段話幾乎就是一個宣言，作者表明的正是一種「祇是詩而沒有其他別的東西」的「純詩」立場與理想。

在《論純詩》發表半年之後，曹葆華又翻譯發表了墨雷（Murry）的《純詩》〔註 12〕。在這篇文章中，墨雷更爲明確地解釋了「純詩」的概念，也進

〔註 12〕該譯文分三期連載，見於《北平晨報·學園·詩與批評》第 25 期至第 27 期，

一步將純詩與音樂的關係進行了闡發。他說：「『純詩』是由馬拉美而來的。按照那種『純詩』的意思，純粹的詩人是在完全不顧題目，祇是自覺地和特意地創造一種文字底音樂調子」，「『純詩』不過是文詞的音樂而已。」但是，墨雷本人對「純詩」的理解似乎並不完全侷限於音樂性上，他更側重於詩歌的「經驗的傳達」。他說：「詩歌乃是一種整個經驗底傳達。」詩人們應該「有那種力量能把文字與全盤心靈經驗配合起來在讀者心中激起同樣的經驗。只單獨憑藉著這種力量，他們便是『純粹的詩人』，而他們的文字便是『純詩』。」

　　不論雷達和墨雷等人對「純詩」的介紹和理解存在怎樣的深淺程度與觀點角度的不同，中國的詩人和讀者都已通過曹葆華忠實的譯文得以初步但直接地接觸到「純詩」理論的原貌。曹葆華的貢獻是不言而喻的，正是這樣的點滴的譯介工作，使中國詩壇更深入地瞭解了「純詩」理論複雜深邃的內容。

　　1934 年，曹葆華將自己翻譯的 14 篇現代西方的詩論文章編輯成書，取名《現代詩論》〔註13〕。在該書的序中他專門指出：雷達的《論純詩》、墨雷的《純詩》、梵樂希（按：即瓦雷里）的《前言》和夏芝的《詩中的象徵主義》四篇，是「專論詩中兩種重要的成分──『純詩』與象徵作用──的文字：這兩種成分本是常存在於古今詩韻中的，不過在近代詩裏占著特別重要的位置，而且當作理論來探討，卻是近幾十年的事。」〔註14〕曹葆華的系統譯介工作不僅反映了他個人對「純詩」問題的關注，同時也體現了《詩與批評》所代表的北平現代主義詩壇的「純詩」追求。

三

　　與曹葆華忠實的譯介工作相比，梁宗岱對「純詩」問題的譯介和生發就更具有創造性和理論價值了。他沒有停留在翻譯引進的層面上，而是進一步以自己的理解對「純詩」問題加以深入的解釋和闡發。因此，從這個角度來看，如果說曹葆華是一個貢獻卓著的譯介者，那麼梁宗岱則是中國「純詩」論領域內重要的理論家。而且事實上，他算得上是中國「純詩」論者中的最具權威的代表人物了。

　　梁宗岱譯介西方詩學思想的努力是自覺而且目的明確的。他曾呼籲：「我們

　　1934 年 6 月 2 日至 22 日。

〔註13〕《現代詩論》一書成集於 1934 年，但於 1937 年才由商務印書館出版。

〔註14〕曹葆華：《〈現代詩論〉序》，《現代詩論》第 2 頁，商務印書館 1937 年。

現代，正當東西文化……之沖，要把二者儘量吸取，貫通，融化而開闢一個新局面。」〔註15〕在這種思想的促使下，梁宗岱本人很早就將更大的精力投入了譯介西方詩學和理論闡釋上。1930 年，他翻譯出版了瓦雷里的成名作《水仙辭》〔註16〕。1937 年，他又出版了譯詩集《一切的峰頂》〔註17〕，在序言中，他不無自信地說：「這集子所收的，衹是一個愛讀詩者的習作，……這裡面的詩差不多沒有一首不是他反覆吟詠，百讀不厭的每位大詩人的登峰造極之作，就是說，他自己深信能夠體會個中奧義，領略個中韻味的。」〔註18〕梁宗岱這種對溝通中西詩學的自覺和對西方詩歌理論和藝術的深入瞭解和準確把握，是他得以成為聯結中西詩學和中國「純詩」理論的領軍人物的重要基礎。

　　梁宗岱能夠這樣深入全面地進行「純詩」理論的探討，成為中國「純詩」論者的領袖，是與他 1924 年赴法國留學並親承瓦雷里的教誨的經歷密切相關的。這段經歷深深地影響了他的文學道路和文藝思想。他當時就撰文說：「梵樂希為人極溫雅純樸，和善可親，談話亦諄諄有度，娓娓動聽。我，一個異國底青年，得常常追隨左右，瞻其丰采，聆其清音：或低聲敘述他少時文藝的回憶，或顫聲背誦韓波、馬拉美及他自己底傑作，或欣然告我他想作或已作而未發表的詩文，或藹然鼓勵我在法國文壇繼續努力，使我對於藝術底前途增了無窮的勇氣和力量。」〔註19〕從他的這段充滿感情的記述中不難看出，瓦雷里對梁宗岱的影響有多麼巨大。因此，作為「純詩」理論的「始作俑者」〔註20〕的瓦雷里，其「純詩」觀念也必然成為梁宗岱最為關注和熟悉的理論內容之一。

〔註15〕梁宗岱：《論詩》，《詩刊》第 2 期（1931 年 4 月 20 日）。
〔註16〕梁宗岱譯《保羅哇萊荔評傳》及瓦雷里的《水仙辭》先發表於《小說月報》第 20 卷第 1 期，1929 年 9 月 10 日。後《水仙辭》由上海商務印書館出版，1931 年。
〔註17〕《一切的峰頂》由上海時代圖書公司 1936 年 3 月出版。
〔註18〕梁宗岱：《譯詩集〈一切的峰頂〉序》，《梁宗岱批評文集》第 72 頁，珠海出版社，1998 年。
〔註19〕梁宗岱：《保羅梵樂希先生》，《詩與真·詩與真二集》第 17 頁，外國文學出版社，1984 年。
〔註20〕瓦雷里自己曾說：「世界上（我在最珍貴而又最無用的物之世界裏聽到）出現了一場軒然大波，這場軒然大波是圍繞著『純詩』二字展開的。我是這場軒然大波的始作俑者。幾年前我在給朋友的詩集寫序時信筆提出了這兩個字，但當時並沒有給予它過重的分量，也沒有預見到諸多對詩歌感興趣的賢人智者們從中引出如此煌煌巨果。」（見瓦雷里：《論純詩（之一）》，《瓦雷里詩歌全集》第 303 頁）。

　　梁宗岱不僅受益於瓦雷里的教誨，熟悉他的理論觀點，同時也極爲推崇瓦雷里的理論和創造成就，對其給予了極高的評價。在「純詩運動」這一方面，梁宗岱視瓦雷里爲「集大成者」〔註 21〕，在個人藝術成就方面，則稱讚他達到了「最高的藝術底境界」〔註 22〕，並認爲其代表作《年輕的命運女神》「是一個深思銳感多方面的智慧從廿餘年底沉默洋溢出來的音樂」〔註 23〕。可以說，梁宗岱對瓦雷里的這份感情和瞭解，正是他深諳並樂於傳播其「純詩」理論的感情和理論基礎。憑藉這個基礎，他不僅算得上是中國最近切地接受以瓦雷里爲代表的「純詩」理論的影響的人，同時，也得以成爲中國詩壇上第一個給出明確的「純詩」概念的理論家。他的關於「純詩」的定義幾乎已經成爲「經典」：

> 所謂純詩，便是摒除一切客觀的寫景，敘事，說理以至感傷的情調，而純粹憑藉那構成它底形體的原素──音樂和色彩──產生一種符咒似的暗示力，以喚起我們感官與想像底感應，而超度我們底靈魂到一種神遊物表的光明極樂的境域。像音樂一樣，它自己成爲一個絕對獨立，絕對自由，比現世更純粹更不朽的宇宙：它本身底音韻和色彩底密切混合便是它底固有的存在理由。〔註 24〕

梁宗岱這一段堪稱高妙的總結的確涵蓋了瓦雷里「純詩」理論的幾個重要方面。對比瓦雷里本人對「純詩」概念的闡述，就不難看出梁宗岱與他之間的嫡裔關係。瓦雷里說：

> 一方面是觀念與形象間關係的體系，另一方面又是語言的表達方式──這個體系尤其與靈魂情緒狀態的創造相適應，這便是純詩問題的輪廓。我所說的純，是物理學家所說的純水的純。我的意思是，問題在於瞭解是否能創造一部沒有任何非詩歌雜質的純粹的詩作。我一直這樣認爲，而且現在依然這樣認爲：這是一個難以企及的目標，詩，永遠是企圖向著這一純理想狀態接近的努力。總之，所謂詩，實際上

〔註 21〕　梁宗岱說：「這純詩運動，其實就是象徵主義底後身，濫觴於法國底波特萊爾，奠基于馬拉美，到梵樂希而造極。」（見《談詩》，《詩與眞·詩與眞二集》第 95 頁）。

〔註 22〕　梁宗岱認爲：「梵樂希底詩，我們可以說，已達到音樂，那最純粹，也許是最高的藝術底境界了。」（《保羅梵樂希先生》，《詩與眞·詩與眞二集》第 20 頁）。

〔註 23〕　梁宗岱：《論詩》，《詩刊》第 2 期，1931 年 4 月 20 日。

〔註 24〕　梁宗岱：《談詩》，《人間世》第 15 期，1934 年 11 月 5 日。

是用擺脱了詞語的物質屬性的純詩的片斷而構成的。〔註25〕

通過對比很容易看出二者所具有的相近内涵。從大的方面說，他們對「純詩」的理解和定義都包含了「詩藝」和「詩意」（即「觀念與形象間的關係」、「語言的表達方式」和「靈魂情緒狀態」）兩個方面。梁宗岱以「摒除一切客觀的寫景，敘事，說理以至感傷的情調」作爲對「純詩」之「純」的解釋，與瓦雷里所說的「沒有任何非詩歌雜質」的「純水的純」意思完全一致。

具體而言，在「詩藝」方面，梁宗岱提出了「音樂和色彩」兩種「形體的原素」，並指出「暗示」與「感應」是「純詩」所採用的主要傳達方式，亦即瓦雷里所說的在「語言的表達方式」方面「擺脱詞語的物質屬性」。而在「詩意」方面，梁宗岱所說的「比現世更純粹更不朽的宇宙」，也就是瓦雷里所指的那個「純理想狀態」。

梁宗岱對瓦雷里及其理論的理解和闡發多次印證了「純詩」的觀念與原則。比如，他稱瓦雷里「他底心眼内沒有無聲無色的思想」〔註26〕，即是說明瓦雷里的詩是以「音樂和色彩」這兩種基本的「形體的原素」構成的，至於其詩的内容，則是「永久的哲理，永久的玄學問題」，同時，在「純詩」的理想中，形體和内容是不可分的，「意義是不能離掉那芳馥的外形的」，也就是說，瓦雷里在詩中「所宣示給我們的，不是一些積極或消極的哲學觀念，而是引導我們達到這些觀念的節奏；是充滿了甘、芳、歌、舞的圖畫，不是徒具外表與粗形的照相。……引導我們深入宇宙底隱秘，使我們感到我與宇宙底脈搏之跳動──一種嚴靜，深密，停勻的跳動。」這種效果，正是梁宗岱所說的「超度我們底靈魂到一種神遊物表的光明極樂的境域」的效果，它所帶來的境界，也正是那個「比現世更純粹更不朽的宇宙」。也許可以說，梁宗岱不僅深刻把握了瓦雷里的「純詩」理論，同時也正是按照瓦雷里的詩歌藝術境界而描摹著理想的「純詩」境界的。

因爲語言、藝術、生活經歷的各方面的修養，梁宗岱完全可以毫無隔閡地進入瓦雷里等人的「純詩」世界。但更加難能可貴的是，他在深入了西方詩學世界之後，又在一定程度上跳出了純粹的西方詩學的侷限，而以一個東方人的藝術知覺豐富了「純詩」理論本身。他第一次提出「我國舊詩詞中純詩並不少」的說法，將瓦雷里認爲遙不可及的純詩境界賦予了中國傳統詩歌

〔註25〕瓦雷里：《論純詩（一）》，《瓦雷里詩歌全集》第304頁。
〔註26〕梁宗岱：《保羅梵樂希先生》，《詩與眞・詩與眞二集》第19頁。

藝術。他不僅在美學的層面上將「象徵」與「興」的手法並置，還在哲學的高度上把西方純詩論者所追求的「一切事物的秘奧」與李白、屈原、陶淵明等人的「宇宙意識」聯繫起來。梁宗岱試圖融彙中西詩學、聯結傳統與現代詩學的意圖是顯而易見的，同時這種努力更顯得異常珍貴。

第二節　「純詩」觀念與中國新詩實踐的結合

一

　　之所以說梁宗岱的譯介和闡釋工作具有代表性和獨特價值，就是因爲他並未完全照搬和模倣西方詩學理論，而是融入具有民族色彩和傳統詩學的思想和內容。這是一個雖屬常見但仍很有趣味也很值得探討的問題。梁宗岱是曾以最直接的方式接近和接受西方「純詩」理論的影響的，但他1930年代在國內詩壇上所闡釋和提倡的「純詩」觀念，卻帶有很濃的中國詩歌藝術的本土色彩。這一方面是因其天然的中國文化底蘊，另一方面，也是基於他對中國新詩發展的現實關注。因此，在梁宗岱等人的「純詩」理論中，雖然有著明顯的借鑒於西方詩學的痕迹，但同時也具有明顯的中國詩學特徵。這畢竟是中國詩人自己的「純詩」觀，與法國的「純詩」觀念相比，在出發點、關注點，甚至理論體系上都存在著一些大大小小的不同。這種融會貫通、吸收並消化西方詩學理論的做法，正是1930年代中國現代主義詩壇所表現出來的一種自覺和一個高度。「前線詩人」對「純詩」的追求與實踐，則正是體現這種自覺和這一高度的一個具體實例。因此，分析中國「純詩」理論與西方「純詩」理論的異同，不僅具有理論方面的價值，同時也可以由此發現中國「純詩」論者的現實思考。

　　首先，從理論提倡的出發點來看，中國「純詩」論就與西方「純詩」論有很大的不同。前文已經多次說過，中國詩人和理論家對「純詩」的理解和提倡，最早是建立在對詩歌「散文化」進行反撥的思想基礎上的。「純詩」概念是作爲散文化詩歌的對立面出現的，它的出現本身，就體現著對詩歌獨立性的提倡和對詩歌本體的指認與確定。無論是對胡適「作詩須得如作文」詩歌觀念的指責，還是對劃清詩與散文分界線的正面提倡，其關注點都在於詩歌與散文截然不同的本質特徵和審美原則上。穆木天等「純詩」提倡者們的

針對性是明確的，他們以「純詩」的概念否定的不僅是散文，更是那些穿著「韻文的衣裳」的「不倫不類的東西」。他們要求剝離的，也不僅是詩與散文，更是「純粹詩歌」與那些不「純」的「非詩」。

尋找詩歌的獨立性，劃分詩與散文的界限，樹立詩歌獨特的審美原則，這是中國「純詩」論者的初衷和思想基礎。事實上，他們的整個的「純詩」理論都在圍繞著這個目的，因此，他們在內容與形式關係、語言文字、表達對象、傳達方式等各個方面提出規定，規定詩歌應具有的獨特特徵和性質，也就是在實踐中幫助詩歌尋找自我，尋找詩歌自律的原則，以擺脫散文化的傾向。

這種針對散文化傾向的立場本身，正是中國「純詩」理論的核心與重要特色。因為事實上，在西方「純詩」論中，這種現實的針對性並不十分明顯，其理論核心也並不是對詩歌獨立性的強調，而是對「音樂性」的追求。雖然瓦雷里也曾說過，詩歌的境界「從本質上說，永遠避免重蹈散文的覆轍……」〔註27〕，以及「將一首詩寫成散文，那就簡直是對藝術一竅不通」之類的話，但他的核心論點和出發點仍在於，排除詩歌中的「非詩歌雜質」，使詩歌成為與音樂同質同構的藝術。因此瓦雷里在談及詩歌與散文的區別時說，「如果意義屬於聲音（或者是內容與形式）很輕而易舉地分開來，那麼詩歌也便成了散文。」也就是說，詩歌和散文的差別在於其內容與形式的關係的不同——散文重在意義，重在讓人理解，因此其內容重於形式；而對詩歌而言，即便不是形式重於內容，至少也是內容與形式同等重要、不可分割。因此，瓦雷里的「純詩」呈現出來是這樣的狀態：

> 任何散文的東西都不再與之沾邊，音樂的延續性，永無定止意義間
> 的關係永遠保持著和諧，彼此間思想的轉換與交流似乎比思想本身
> 更為重要，線條藝術便包含了主體的現實……〔註28〕

顯然，同是討論詩歌的「純」度，同是劃分詩與散文的界限，瓦雷里強調的是音樂性對「純詩」的決定性作用，而中國詩人更強調的是詩歌針對散文而言的獨立性問題。兩種在不同背景下產生的、針對不同問題提出的「純詩」理論，其理論意義與現實作用當然也就不會完全相同。

在西方「純詩」論者看來，「純詩」問題首先是一個哲學層面上的問題。「純詩」就意味著「為詩而詩」，「詩除了自身之外沒有其他目的」。「詩的本

〔註27〕瓦雷里：《關於〈海濱墓園〉的創作》，《瓦雷里詩歌全集》第289頁。
〔註28〕瓦雷里：《論純詩（之一）》，《瓦雷里詩歌全集》第310頁。

質不過是，也僅僅是人類對一種最高的美的向往」〔註29〕。因此，從這個意義上說，「純詩」對自身的界定並不必以散文爲對立面，它本身就是一個自足的概念。這種「純詩」強調「音樂性」，也是對音樂與「純詩」在精神上的互通性的著重強調，而並不是將音樂作爲詩歌藝術表現的一種手法。而中國的「純詩」理論則與此不盡相同，其根本概念與散文對立，是向散文索要一份詩歌的獨立性，而音樂性的問題也被更坐實地理解爲詩歌藝術表現的一種手段，體現爲韻律、格律等形而下的層面。因此，與西方「純詩」理念的哲學含義相比，中國的「純詩」觀更多關注的是其美學層面，更關涉到語言、藝術效果、傳達方式等方面。

　　廓清了中西詩學對於提倡「純詩」的現實意義和思想基礎之後，隨之而來的問題則是，到底什麼樣的詩才是「純詩」？

　　關於「純詩」的定義，梁宗岱已經說得相當明確了。它包含詩的內容（包括表現對象）、藝術手法、「形體的原素」、以及傳達和接受的藝術效果等幾個層面，其實這也就是在中國「純詩」論者眼中最具有現實意義的幾個層面。

　　第一，詩的內容。內容畢竟是具有決定意義的因素，因爲「韻文的衣裳」下面如果藏著的是「散文的思想」，就失去了作爲「純詩」的靈魂。也就是說，詩歌要具備它特有的思想內容和表現對象，這是保證一首詩成爲「純詩」的基本要件，否則，即便形式上像「詩」也毫無意義。應該說，這個問題更深入地接近了詩歌的本質，也更廣泛地吸引著詩人和詩論家的注意。前文多次提到過，廢名等人提倡「晚唐詩熱」的一個重要原因，即是因爲晚唐詩中「眞有詩的內容」，廢名甚至要求新詩「一定要這個內容是詩的，其文字則要是散文的。」〔註30〕這就是說，在他看來，內容是否是「詩」的，是「詩」之爲「詩」的唯一的和決定性的因素，只要有「詩的內容」，文字形式方面則獲得了完全的自由。可見，「詩的內容」和「純詩」這兩個問題就如同一枚硬幣的兩面，是密切相關、互相規定的。

　　那麼，到底什麼是「詩的內容」？「純詩」可以並應該表現哪些內容？瓦雷里認爲，要建造「一個與純實踐世界儼然不同的關係世界」〔註31〕。換

〔註29〕波德萊爾：《論泰奧菲爾‧戈蒂耶》，《波德萊爾美學論文選》第 75 頁，人民文學出版社，1987 年。
〔註30〕馮文炳：《新詩問答》，《談新詩》第 232 頁，人民文學出版社，1984 年。
〔註31〕馮文炳：《新詩問答》，《談新詩》第 303 頁。

句話說，「純詩」要反映的是超驗的而非經驗的世界。這應也就是穆木天所提出的「詩的世界是潛在意識的世界」。是他所說的詩的背後的這一種「大的哲學」。也就是說，在「純詩」論者看來，詩的內容不應關涉現實社會和現實生活，它應直接進入詩人的內在世界，成為傳達詩人內心體驗和思想的載體。梁宗岱的理解也是如此，他說：

> 我底意思是：一切偉大的詩都是直接訴諸我們底整體，靈與肉，心靈與官能的。它不獨要使我們得到美感的悅樂，並且要指引我們去參悟宇宙和人生底奧義。而所謂參悟，又不獨間接解釋給我們底理智而已，並且要直接訴諸我們底感覺和想像，使我們全人格都受它感化於陶熔。譬如食果。我們只感到甘芳與鮮美，但同時也得到了營養與滋補。〔註32〕

當然，梁宗岱在這段話裏不僅闡述了他關於「詩的內容」的理解，同時更涉及下一個問題，即「純詩」傳達方式的問題。

第二，傳達方式。正如梁宗岱所說：「純詩」指引讀者去參悟「宇宙和人生的奧義」，但它並不是以說明、敘述、教訓的方式來進行灌輸，訴諸讀者的理智，而是要「把情緒和觀念化煉到與音樂和色彩不可分辨的程度」〔註33〕，充分運用暗示和象徵的手法。事實上，暗示和象徵的手法是「純詩」最基本的藝術表現方式，也是「純詩」論者判定一首詩是不是「純詩」的一個重要的標準。瓦雷里稱象徵手法為「一種無與倫比的藝術表現方式」，他明確提出「純詩」就是要「避開眼前的事物，從象徵走向象徵，用象徵來激起某種特殊的情感。」〔註34〕在他之前，馬拉美也一再強調：「在詩歌中只能有隱語存在」，「直陳其事，這就等於取消了詩歌四分之三的趣味，這種趣味原是要一點一點兒去領會它的。暗示，才是我們的理想。……必須充分發揮構成象徵的這種神秘作用。」〔註35〕

這種對暗示和象徵的重視和提倡，當然也滲透了中國「純詩」論者的觀念。穆木天所謂「詩的思維術」和「詩的邏輯學」，在很大程度上指的也就是採用暗示和象徵的方法進行詩歌的構思和傳達。他一再強調：「詩是要暗示

〔註32〕 梁宗岱：《談詩》，《人間世》第 19 期，1935 年 1 月 5 日。
〔註33〕 同上。
〔註34〕 瓦雷里：《論詩》，《象徵主義‧意象派》第 75 頁。
〔註35〕 馬拉美：《談文學運動（答儒勒‧於萊問，1891 年）》，《象徵主義‧意象派》第 42 頁，黃晉凱等編，中國人民大學出版社，1989 年。

的，詩最忌說明的。」「詩不是說明的，詩是得表現的。」也正是基於這種認識，穆木天推重杜牧的《夜泊秦淮》，稱其為「象徵的印象的彩色的名詩」，稱其「裏頭雖有說不盡的思想，但裏頭不知那里人總覺是有一個思想。」很顯然，這種有「大的哲學」但不作說明，而是以詩的方式傳達出來的，就是成功運用了暗示和象徵手法的藝術效果。由此想到廢名曾經說過的一句話：「白話新詩不是圖案要讀者看的，是詩給讀者讀的。」〔註 36〕不也仍是對這一觀點的另一種闡發麼？「詩」給讀者讀，這本身就說明詩要有其獨具一格的藝術表現手法，與其他藝術形式的表現手法完全不同。在廢名看來，詩不僅不是敘述、不是說明，甚至不是形象的呈現，一個「詩」字，其中包蘊的主要即為暗示與象徵的手段。

此外，李健吾在評論北平「前線詩人」的創作實踐時也特別提出：

> 從正面來看，詩人好像雕繪一個古詩的片斷；然而從各面來看，光影那樣勻稱，都喚起你一個完美的想像的世界，在字句以外，在比喻以內，需要細心的體會，經過迷藏一樣的捉摸，然後盡你聯想的可能，啟發你一種永久的詩的情緒。這不僅僅是『言近而旨遠』；初看是陳述，再看是暗示，暗示而且象徵。〔註 37〕

應該說，在西方「純詩」理論中，象徵還不僅僅是一種藝術表現方式，是詩歌達到某種藝術效果的手段，更重要的，象徵本身就是「純詩」的內在精神，它以其抽象性和暗示性，成為「純詩」藝術的精神基礎。只有既具備了這種內在精神，同時又運用了其作為藝術表現方式的手段和方法，詩歌才能超越現實世界，達到超驗的理想的「純詩」境界。

第三個問題，即從暗示和象徵的傳達方式所引出的詩歌藝術效果的問題。馬拉美說過：「在詩歌中應該永遠存在著難解之謎」〔註 38〕。瓦雷里也認為：「詩不是散文所需要的那種與任何人都相溝通的無足輕重的玩藝」〔註 39〕。穆木天則明確提出過：「詩越不明白越好。明白是概念的世界，詩是最忌概念的。」也就是說，「純詩」是不追求清楚明白的藝術效果的，它表現的是「那些難以以直

〔註 36〕馮文炳：《已往的詩文學與新詩》，《談新詩》第 40 頁，人民文學出版社，1984年。

〔註 37〕劉西渭：《〈魚目集〉──卞之琳先生作》，《咀華集》第 129 頁，文化生活出版社，1936 年。

〔註 38〕馬拉美：《談文學運動》，《象徵主義・意象派》第 42 頁。

〔註 39〕瓦雷里：《論〈幻魅集〉》，《瓦雷里詩歌全集》第 278 頁。

泄的方式言傳的東西」，它採用的又是暗示、象徵這樣曲折隱晦的藝術表現方法，因此，它最終形成的藝術效果趨於含混朦朧，這也是必然的。

在「純詩」論者看來，這種朦朧隱晦的藝術效果正是「純詩」的優越性之一。因為「散文的本質是死亡——即被理解，即被不可挽回地消解，摧毀，被完全由形象、被它按照語言的約定俗成的意義的搏動所取代。因為散文永遠低於體驗與行為之境界——在這種境界裏或由於這種境界，我們的感知，我們的行為或情緒需要與唯一的方式無限而一致地相應和，相回應。實際的境界凝縮為諸多目的之整體。這樣的目的一旦被達到，語言也便消失。這個境界排除朦朧，杜絕幽晦，它要求人們通過最短的捷徑來加以取得，又馬上將產生於精神中的每一變化的和諧加以窒息。」〔註40〕顯然，「純詩」的朦朧和幽晦的效果得以逃脫被消解的死亡本質，每一首成功的「純詩」都可以在不同的讀者的理解中重生。如瓦雷里說的那樣——「『一句美妙的詩從死灰中冉冉而生』，它變成了——像效果之效果那樣——自身和諧的原因。」〔註41〕

其實，對於詩歌藝術效果的「顯」與「隱」的問題，朱光潛也有其獨到的見解。他說：

> 詩原有偏重「顯」與偏重「隱」的兩種。法國19世紀巴臘司派與象徵派的爭執就在此。巴臘司派力求「顯」，如王氏所說的「語語都在目前」，如圖畫、雕刻。象徵派則以過於明顯為忌，他們的詩有時正如王氏所說的「隔霧看花」，迷離恍惚，如瓦格納的音樂。這兩派詩雖不同，仍各有隔與不隔之別，仍各有好詩和壞詩。王氏的「語語都在目前」的標準似太偏重「顯」。近年來新詩作者與論者，曾經有幾度很劇烈地爭辯詩是否應一律明顯的問題。「顯」易流於粗淺，「隱」易流於晦澀，這是大家都看得見的毛病。但是「顯」也有不粗淺的，「隱」也有不晦澀的，持門戶之見者似乎沒有認清這個事實。我們不能希望一切詩都「顯」，也不能希望一切詩都「隱」，因為在生理和心理方面，人原來有種種「類型」上的差異。……

> 顯則輪廓分明，隱則含蓄深永，功用原來不同。說概括一點，寫景詩宜於顯，言情詩所託之景雖仍宜於顯，而所寓之情則宜於隱。〔註42〕

〔註40〕瓦雷里：《關於〈海濱墓園〉的創作》，《瓦雷里詩歌全集》第288～289頁。
〔註41〕瓦雷里：《論〈幻魅集〉》，《瓦雷里詩歌全集》第279頁。
〔註42〕朱光潛：《詩的境界——情趣與意象》，《詩論》第59～60頁，三聯書店，1984

朱光潛這樣把「顯」與「隱」歸結具有各自不同的審美功用和原則的藝術效果，取消了門戶之見和高下是非之分，不失爲一種客觀公允的做法。他以這樣的方式爲「純詩」的幽晦之美確立了存在的基礎和平等的地位。

第四，詩歌形式。這也是中西「純詩」論中發生細微歧見的一個地方。在西方「純詩」論者眼裏，形式是最重要的，他們認爲，「在一首詩裏，意義還不如形式重要」。「意義是一種趨向於千篇一律、唯一的和通融性的精神構成，是一種對象、規律和純散文的侷限性的存在。而詩的職能卻完全是另一碼事。……只有聲音，節奏，詞語的物質性的涵概，詞語的濃縮性的效果以及詞語間的相互影響，依靠其被一種確定的、確實的意義所吸收的屬性占著統治地位。」〔註43〕因此他們說：「詩歌要求或暗示出一個迥然不同的境界，一個類似於音樂的世界，一種各種聲音的彼此關係的境界：在這個境界裏產生和流動著音樂的思維。在這種詩學的境界裏，文字的響度重於因果性，遠沒有在其效果中消失的形式又彷彿被其召回。觀念要求著它的聲音。」〔註44〕在西方「純詩」論者看來，形式和內容是統一的不可分的，甚而，以音樂性爲特徵的詩歌形式本身就是詩歌的一個重要內容。或者說，音樂性根本就是「純詩」要求的那個境界──詩人追求的是音樂本身，並不是要借助音樂的形式或手段來表達什麼意義，這一點，用瓦雷里關於舞蹈藝術的解釋就可以看得更加清楚：

> 在舞蹈藝術中，舞蹈家的狀態（或者芭蕾舞愛好者的狀態）便成爲藝術的目的，軀體的動作和移動在空間裏沒有任何的言詞的表達，沒有明顯的目的，沒有任何事物與事物之間的聯繫，也沒有任何事物將之取消。不是通過舞蹈的動作在人的精神裏強加進詩意的規律，而是加進有用行爲的規律，這便是以最爲省力的方式和通過最短的捷徑加以實現的規律。〔註45〕

因此瓦雷里說：「如果意義與聲音（或者內容與形式）很輕而易舉地分開來，那麼詩歌也便成了散文。」可見，形式與內容的統一性，正是「純詩」的重要的本質特徵。

而在中國的「純詩」論中，對詩歌形式的追求始終與詩歌內容相分離。形

年。
〔註43〕瓦雷里：《論〈幻魅集〉》，《瓦雷里詩歌全集》第278～279頁。
〔註44〕瓦雷里：《關於〈海濱墓園〉的創作》，《瓦雷里詩歌全集》第288頁。
〔註45〕瓦雷里：《關於〈海濱墓園〉的創作》，《瓦雷里詩歌全集》第288頁。

式被視爲傳達詩歌內容的手段和工具。早在 1920 年代的中國詩壇上，就出現了聞一多、徐志摩等人提倡「格律」的聲音。他們的目的在於，以對詩歌形式的規範來反撥初期白話詩的散文化傾向。這實際上也就是一次爭取詩歌獨立性的努力。但是，他們的努力仍具有一定的片面性，即規範了格律的詩形而仍無法規範詩歌的本質和內容。因此，一些「豆腐乾」式的形式齊整但缺乏詩的內容的產品大量出現，也破壞了他們最初規範詩歌形式的良好願望。直到穆木天提出：「詩要兼造型與音樂之美。」「我們要求的詩是——在形式方面上說——一個有統一性有持續性的時空間的律動。」詩歌的音樂性才從純外部的要求走向了內在。當然，在這個問題上，最理解西方「純詩」理論的還是梁宗岱，他曾相當明確地指出，西方「純詩」論者就是「把文字來創造音樂，就是說，把詩提到音樂底純粹的境界」〔註46〕。「內容和形式是像光和熱般不能分辨的。正如文字之於詩，聲音之於樂，音色線條之於畫，土和石之於雕刻，不獨是表現情意的工具，並且也是作品底本質：同樣，情緒和觀念——題材或內容——底修養，鍛煉，選擇和結構也就是藝術或形式底一個重要原素。」〔註47〕

在我看來，對「音樂性」地位的不同理解，以及對內容與形式關係的不同看法，正代表了中西「純詩」論中最根本的不同。說到底，西方「純詩」觀念更關注哲學層面上的理解，而中國「純詩」論者更看重的是美學層面上的實踐應用。因此，在西方詩學中，「純詩」是一個只能無限接近，但無法最終實現的理想境界，而中國的「純詩」卻似乎並沒有那麼多玄秘的成分和理想。這本身當然無需分個高下，因爲中國的「純詩」本來就起於爲新詩發展現實服務的目的，中國「純詩」論者是有意識地結合著中國新詩發展的現實對西方詩學進行有選擇的吸收、取捨和生發。因此，中國「純詩」理論的獨特景觀也就毫無疑問地體現出了這種有吸收、有消化、有創造的豐富性和民族色彩。

二

將「純詩」理論與中國新詩的創作實踐相結合，不僅催生了與西方詩學內容有所不同的中國「純詩」論體系，同時也必然影響到詩歌創作實踐的領域。與理論提倡相伴而行的，是在實踐中對「純詩」的追求和發現。雖然說，在「純詩」問題上，中國新詩一直呈現出「理論先行、實踐滯後」的狀況，因此，究

〔註46〕梁宗岱：《保羅梵樂希先生》，《詩與眞·詩與眞二集》第 20 頁。
〔註47〕梁宗岱：《談詩》，《人間世》第 15 期，1934 年 11 月 5 日。

竟在中國新詩中有沒有成功的「純詩」作品,是一個無法說清的問題。〔註48〕但是至少,詩壇上出現了一批有意識地追求和接近「純詩」的詩歌作品。其中,「前線詩人」的詩歌實創成績就最具代表性。同時,這種嘗試也是對中國新詩的觀念(包括詩歌閱讀和接受心理)的一次有意識的陶冶和培養。梁宗岱說:「梵樂希曾經說過:『有些作品是被讀眾創造的,另一種卻創造它底讀眾。』意思是一種是投合讀眾底口味的,另一種卻提高他們底口味,教他們愛食他們所不喜歡的東西。如果把這意思應用在文學底用語上,那麼,就是為民眾設想,與其降低我們底工具去遷就民眾,何如改善他們底工具,以提高他們底程度呢?」〔註49〕當然,欣賞「純詩」不一定就是一種閱讀口味的「提高」,但這至少是一種有益的嘗試,是對詩歌審美多元化的拓展和探索。

將「純詩」理念引入創作實踐的過程中,必然要結合中國詩歌的現狀和中國詩人的思想情感世界。這種結合當然也就導致了「純詩」中不「純」因素的出現。

首先,是對現實的關注方面。西方「純詩」論者是嚴格劃分純詩的世界與實踐的世界的。他們認為純詩的世界是「一個與純實踐世界儼然不同的關係世界」,「對於詩人來說,關鍵在於創造一個與實際秩序毫無關係的世界的、事物的秩序和關係體系。」〔註50〕而以梁宗岱為代表的中國「純詩」論者卻並未完全隔絕詩的世界與現實世界的關聯。甚至與之相反,梁宗岱還倡議中國詩人要到生活中去。他說:

> 我以為中國今日的詩人,如要有重大的貢獻,一方面要注重藝術修養,一方面還要熱熱烈烈地生活,到民間去,到自然去,到愛人底懷裏去,到你自己底靈魂裏去,或者,如果你自己覺得有三頭六臂,七手八腳,那麼,就一齊去,隨你底便!總要熱熱烈烈地活著。〔註51〕

顯然,梁宗岱與瓦雷里在對待現實世界的態度上有很大的不同,甚至於,與穆木天等人對「把純粹的表現的世界給了詩歌體領域,人的生活則讓散文擔任」的提倡也很不一樣。出現這種情況,有研究者認為是因為梁宗岱「早年

〔註48〕 從理論上說,「純詩」境界是只能無限接近但無法最終達到的,因此大概可以說,沒有真正成功的「純詩」作品。
〔註49〕 梁宗岱:《文壇往哪裡去——「用什麼話」問題》,《詩與真·詩與真二集》第61頁。
〔註50〕 瓦雷里:《論純詩(之一)》,《瓦雷里詩歌全集》第307頁。
〔註51〕 梁宗岱:《論詩》,《詩與真·詩與真二集》第29頁。

所受的現實主義文學的熏陶」〔註 52〕，但是我認爲，這還不僅僅是現實主義文學觀念對象徵主義詩學理念的不自主的進入，更應該算作梁宗岱本人有意識地將兩種文學精神進行結合的嘗試。因此，這樣的判斷是爲我所同意的，即「梁宗岱是以一種強烈的實踐性爲出發點來提倡和闡釋純詩的。」〔註 53〕他並非刻意違背瓦雷里的純詩追求，相反，他是在實踐的意義上豐富「純詩」理論，並賦予其更多的現實性因素和可行性因素。他尊重瓦雷里「專注於心靈底活動和思想底主體」〔註 54〕，專注於「純我」的藝術和思想原則，但他更具有一個中國詩人對現實人生的執著情懷。在這個角度上說，他已經走出了瓦雷里的「純詩」世界，建構了一個更符合中國新詩現實和中國詩人感情取向的中國的「純詩」世界。

基於這種認識，梁宗岱對詩人也提出了作「兩重觀察者」的要求：

> 詩人是兩重觀察者。他底視線一方面要內傾，一方面又要外向。對內的省察愈深微，對外的認識也愈透徹。正如風底方向和動靜全靠草木搖動或云浪起伏才顯露，心靈底活動也得受形於外物才能啓示和完成自己：最幽玄最縹緲的靈境要借最鮮明最具體的意象表現出來。

> 進一步說，二者不獨相成，並且相生：洞觀心體後，萬象自然都展示一副充滿意義的面孔；對外界的認識愈準確，愈真切，心靈也愈開朗，愈活躍，愈豐富，愈自由。〔註 55〕

梁宗岱的觀念已表達得相當清晰完整了。他的意思就在於，對外部現實世界的認識與詩人對內心精神世界的感受是相生相成的，如果沒有具體的表達依託和載體，心靈的活動也無法傳達。或者說，如果沒有現實的內容，詩也無從表達出純粹的內世界。因此，對他自己曾提出的疑問——「對於心靈的探討，如果我們底努力忠實，方法縝密，能夠完全隔絕或脫離外界底景況麼？」〔註 56〕——梁宗岱自己其實已經做出了相當圓滿的回答，那就是他對詩人的「熱烈的生活」的呼籲。

〔註 52〕段美喬：《實踐意義上的梁宗岱「純詩」理論》，《北京大學學報》2001 年第 2 期。

〔註 53〕段美喬：《實踐意義上的梁宗岱「純詩」理論》，《北京大學學報》2001 年第 2 期。

〔註 54〕梁宗岱：《哥德與梵樂希》，《詩與真・詩與真二集》第 160 頁。

〔註 55〕梁宗岱：《談詩》，《人間世》第 15 期，1934 年 11 月 5 日。

〔註 56〕梁宗岱：《哥德與梵樂希》，《詩與真・詩與真二集》第 165 頁。

　　因爲對現實因素和詩人生活經驗的要求，衡量「純詩」境界的藝術標準自然也發生了變化。梁宗岱以「花」來比喻詩的三種境界：第一種境界是「紙花」，即能「令我們感到作者底匠心，令我們驚佩他底藝術手腕」的境界，這種境界具有人工刻意雕琢的美，但不具有鮮活的生機。「第二種是瓶花，是從作者心靈底樹上折下來的」，「令我們感到這首詩有存在底必要，是有需要而作的，無論是外界底壓迫或激發，或是內心生活底成熟與充溢，換句話說，就是令我們感到它底生命。」「第三種是一株元氣渾全的生花，所謂『出水芙蓉』，我們只看見它底枝葉在風中招展，它底顏色在太陽中輝耀，而看不出栽者底心機與手迹。這是藝術底最高境界，也是一切第一流的詩所必達的」〔註57〕境界。

　　這一系列比喻既體現著梁宗岱對現實的關注，同時也仍說明了「純詩」觀念對他的重要影響。因爲其實，他對「生花」境界的追求，也就是追求一種將詩人的現實情緒和人生體驗「化煉到與音韻色彩不能分辨的程度」的境界，說到底，這還是「純詩」追求的最高的藝術境界。

　　事實上，以「前線詩人」爲代表的詩人們的確是一方面投入了生活，另一方面又努力致力於純詩的追求的。他們一方面在詩藝方面進行著有益的嘗試和探索，在象徵手法、暗示效果等方面取得成績。另一方面，他們關注自己的內心，對生命的意義進行著哲學層次的追問，同時，卻仍在現實人間投注著熱情和關切。李健吾及時地追蹤到他們的獨特性和藝術高度，他說：

> 這群年輕人站住了，立穩了，承受以往過去的事業（光榮的創始者卻不就是光榮的創造者），潛心於感覺醞釀的和製作……他們是在創造一首新詩──一首眞正的詩。音韻嗎？節奏嗎？規律嗎？紛咬嗎？好的，好的，……不過他們沒有時光等待；他們的生命具有火熱的情緒，他們的靈魂具有清醒的理智；而想像做成詩的純粹。他們不求共同，回到各自的內在，諦聽人生諧和的旋律。拙於詞令，恥於交際，他們藏在各自的字句，體會靈魂最後的掙扎。他們無所活動，雜在社會的色相，觀感人性的無常。〔註58〕

李健吾在這裡肯定的，正是以卞之琳等人爲代表的「前線詩人」群體的「純詩」追求。而且，他肯定的並不是他們在理論提倡方面的貢獻，而是在他們的創作實踐中體現出來的「純詩」與現實、「純詩」與詩人主體精神的完美結合。在李

〔註57〕梁宗岱：《論詩》，《詩與眞·詩與眞二集》第 26 頁。
〔註58〕劉西渭：《〈魚目集〉──卞之琳先生作》，《咀華集》第 124 頁。

健吾看來，音韻、節奏等詩形上的追求已經不是詩人們最成功的地方，他們達到的是整個精神和內生命與詩美的融合。之所以說他們創造「一首真正的詩」，是因為他們的整個的詩歌藝術的追求整體性地達到了一個超卓的高度。

正如李健吾所瞭解的，「前線詩人」們是以「火熱的情緒」、「清醒的理智」和詩歌的想像來進行創造的。他們在社會的色相中體會到人性的無常，也就正是在現實的人間裏領悟生命哲學的高深含義。

與此同時，李健吾還說到：

> 我們的生命已然躍進一個繁複的現代；我們需要一個繁複的情思同表現。真正的詩已然離開傳統的酬唱，用它的新的形式，去感覺體味糅合它所需要的和人生一致的真淳：或者悲壯，成為時代的謳歌；或者深邃，成為靈魂的震顫。在它所有的要求之中，對於少數詩人，如今它所最先滿足的，不是前期浪子式的情感的揮霍，而是詩的本身，詩的靈魂的充實，或者詩的內在的真實。〔註59〕

「感覺體味糅合它所需要的和人生一致的真淳」，這正是中國「純詩」的獨特追求。達到「詩的靈魂的充實」和「詩的內在的真實」，並不是脫離現實人生遁入純精神世界，而是在精神世界和現實人生中尋求一種平衡。李健吾肯定他們「已經鑽進言語，把握它那永久的部分。……凡一切經過他們的想像，彈起深湛的共鳴，引起他們靈魂顫動的，全是他們所伫候的諧和。他們要把文字和言語揉成一片，擴展他們想像的園地，根據獨有的特殊感受，解釋各自現時的生命。」也就是說，這些「前線詩人」已經超越了對「純詩」的形式層面的追求，而進入了對於詩本質的把握。因此李健吾說：「決定詩之為詩，不僅僅是一個形式內容的問題，更是一個感覺和運用的方向的問題。」〔註60〕

此外，關於「純詩」理論與創作實踐的結合，還有一個重要方面，即是對詩人主體在創作時的精神狀態的關注。「純詩」是一種藝術境界，同時也是一種藝術行為。「純詩」的創作過程本身就具有其獨特性。它來自「純粹的詩的 Inspiration」，即純粹的詩的靈感。

瓦雷里這樣描述靈感來臨的過程：「當你被內心的言語發出的神聖的呢喃所誘惑之後，當那些純粹的片斷以其自身的存在而脫離非在時，這時便必須回到揮毫而作的狀態，將這些呢喃運轉起來，對那些智性的東西進行審核，

〔註59〕劉西渭：《〈魚目集〉——卞之琳先生作》，《咀華集》第 124 頁。
〔註60〕同上。

使精神狂馳奮騁，並等待……」〔註61〕。

　　梁宗岱則將之稱爲「情緒和意境」「開到那美滿圓融的微妙的刹那」，他說，「在那裏詩像一滴凝重，晶瑩，金色的蜜從筆端墜下來；在那裏飛躍的詩思要求不朽的形體而俯就重濁的文字，重濁的文字受了心靈的點化而升向飛躍的情思，在那不可避免的驟然接觸處，迸出了燦爛的火花和鏗鏘的金聲！」〔註62〕

　　此外，朱光潛從心理學的角度也剖析了這一過程：「純粹的詩的心境是凝神注視，純粹的詩的心所觀境是孤立絕緣。心與其所觀境如魚戲水，忻合無間。」「讀一首詩和作一首詩都常須經過艱苦思索，思索之後，一旦豁然貫通，全詩的境界於是像靈光一現似的突然現在眼前，使人心曠神怡，忘懷一切。這種現象通常人稱爲『靈感』。詩的境界的突現都起於靈感。靈感亦並無若何神秘，它就是直覺，就是『想像』（imagination，原謂意象的形成），也就是禪家所謂『悟』。」〔註63〕

　　詩人和理論家們描述「靈感」來臨和「純詩」創作的過程，一方面在於從理論上闡釋，另一方面也在於在現實的創作中提供引導。有他們的描述作參照，至少，那些「先當散文去思想，然後譯成韻文」的詩人會有所警悟，更不用說那些像散文一樣以說明、敘述、教誨爲目的的作者了。

　　將「純詩」理論的各個層面與中國新詩創作的實踐相結合，這種努力本身的意義無疑是重大的。他們不僅對詩歌散文化的傾向給予了反撥，同時更遵循了詩歌藝術發展的內在必然規律，對西方詩學產生了一種帶有鮮明個性的呼應。

第三節　「純詩」觀念與中國傳統詩學的結合

一

　　在中國新詩的「純詩」追求中，不僅體現著詩論家們對新詩創作實踐的關注，同時更體現著他們企圖將「純詩」觀念與中國傳統詩學相結合的努力。這是一次重要而珍貴的努力，因爲這種有意識的將古今中西的詩學理念相結合，其意義遠遠大於對西方詩潮單方面的引進和吸收。「純詩」理論爲現代詩人們提供了一盞「探海燈」，它以其獨特的角度和方式照亮了蘊藏豐富的傳統

〔註61〕瓦雷里：《親王與〈年輕的命運女神〉》，《瓦雷里詩歌全集》第296頁。
〔註62〕梁宗岱：《譯詩集〈一切的峰頂〉序》，《梁宗岱批評文集》第72頁。
〔註63〕朱光潛：《詩的境界──情趣與意象》，《詩論》第50頁。

詩學領域，讓他們得以更明確地發掘出對新詩發展前景有價值的理論成分。
同時，「純詩」理念和中國傳統詩學之間的關係又是互動的，傳統詩學藝術與
理論中的某些血肉又被注入到「純詩」理論的肌體中，使之更具有東方性格
和民族藝術生命。中國傳統詩學中形象感性的概念與西方詩學的縝密思辨的
範疇相結合，孕育出了更加豐滿的生命形式。可以說，這次碰撞是中西詩學
融合過程中一個具有典型意義的範例。

前文已經談到，以「前線詩人」為代表的現代主義詩人群體，一直帶著
融會中西詩學的自覺穿越在兩種詩學領域之中。他們對中國傳統詩學的認識
已經達到了相當的高度，在這個高度上，他們既能保持清醒客觀的理論認知，
同時又有意識地發掘和發揚其精華部分，並在自己現代性的理論基礎上加以
生發，決不致喪失自己的方向。他們對傳統詩學的親近體現在感情上和理論
自覺中。從感情上，他們直覺地相信「古詩和新詩也有共同之一點的。那就
是永遠不會變價值的『詩之精髓』。那維護著古人之詩使不為歲月所斫傷的，
那支撐著今人之詩使生長起來的，便是它。」〔註64〕從理智上，他們更致力
於分析發掘傳統詩學中的有用成分。即如那個曾沉醉於西方詩學並受到其深
刻影響的梁宗岱，就在大力譯介西方詩歌理論的同時，明確地表示過對中國
傳統詩歌藝術和詩學理論的激賞和親近。他說：

> 二三千年光榮的詩底傳統——那是我們底探海燈，也是我們底礁石
> ——在那裏眼光守候著我們，（是的，我深信，而且肯定，中國底詩
> 史之豐富，偉大，璀璨，實不讓世界任何民族，任何國度。因為我
> 五六年來，幾乎無日不和歐洲底大詩人和思想家過活，可是每次回
> 到中國詩來，總無異於回到風光明媚的故鄉，豈止，簡直如發現一
> 個「芳草鮮美，落英繽紛」的桃源，一般地新鮮，一般地使你驚喜，
> 使你銷魂，……）因為有悠長的光榮的詩史眼光光望著我們，我們
> 是不能不望它的，我們是不能不和它比短量長的。……目前底問題，
> 據我底私見，已不是新舊詩底問題，而是中國今日或明日底詩底問
> 題，是怎樣才能夠承繼這幾千年底光榮歷史，怎樣才能夠無愧色去
> 接受這無盡藏的寶庫問題。〔註65〕

從這段話可以明確看出，梁宗岱也是在感情上親近那種令他「驚喜」和「銷

〔註64〕戴望舒：《談林庚的詩見和「四行詩」》，《新詩》第2期，1936年11月10日。
〔註65〕梁宗岱：《論詩》，《詩與真‧詩與真二集》第30頁。

魂」的中國詩歌藝術，認為那是一個「無盡藏的寶庫」；同時在理智上，他更是極其自覺地認識到，重新發掘和利用「悠長的光榮的詩史」關係到「中國今日或明日底詩底問題」，換句話說就是，他認識到對中國傳統詩學的認識和借鑒，不僅對當時的新詩實踐有影響，而且更會影響到後來新詩發展的走向。看得出來，梁宗岱對於傳統詩歌的理解和認識，與提倡晚唐詩的廢名等人完全一致。他們都是以現代詩人的眼光和思想回頭進入傳統詩學領域，而且，他們絕不僅僅是以「史」的研究的態度進入，更是以一種為現實起見、搜索自身理論的淵源與合理性的主動姿態進入的。因此他們對於詩的認識，的確如其自己所期望的那樣，超越了「新舊」的短見，力圖「瞭解和感到『剎那底永恒』」境界〔註 66〕。所謂「剎那底永恒」，其實即是對詩歌本質的深刻領悟，以及對詩學傳統中深層精神聯繫的認識和把握。

　　在發掘融會傳統詩學的過程中，除了晚唐詩熱的提倡者們以「詩的內容」和「詩的感覺」為標準重新衡量傳統詩歌價值並加以繼承的努力之外，對詩人哲學思想和詩歌藝術表現手法的方面的追索也顯得較為集中。其中，對以「宇宙意識」為代表的哲學思想的關注和對「興」與「象徵」範疇的討論相當重要也頗具代表性的兩個方面。可以說，雖然他們的解讀和闡釋中難免「誤讀」的成分，但他們的思路理念仍值得肯定和探討〔註 67〕。更何況，由於他們在兩種詩學中尋找到的這種對應聯繫，在客觀上起到了促進中國詩人接受和理解「純詩」理論的作用，同時，也令傳統詩學中的某些範疇具有了更現代更明晰的理論含義。

　　「象徵」是「純詩」中的核心內容和重要藝術表現手段，甚至是「純詩」藝術的一種標誌。但與此同時，「象徵」的概念和內涵又相當複雜、難以說清，因此，即便從接受理解的角度來說，在本土詩學中尋找一個相通相近的概念對其加以解釋，也是必然而且自然的，更不消說，詩論家們本來就具有結合中西詩學的自覺意識。

〔註66〕梁宗岱：《論詩》，《詩與真·詩與真二集》第 30 頁。

〔註67〕孫玉石先生在《新詩：現代與傳統的對話──兼釋 20 世紀 30 年代的「晚唐詩熱」》(《現代中國》湖北教育出版社 2001 年) 一文中對現代詩人對「興」與「象徵」範疇的認識有集中討論，該文提及的材料觀點，本文不作重複。這裏僅就該文未提及的梁宗岱等人在這方面的理論闡釋作一補充分析，並且，由於本章更側重於討論「純詩」理論與傳統詩學的結合，與孫先生文章角度有所不同。

梁宗岱在解釋「象徵」觀念的時候，首先甄別了「象徵」的兩層含義，也就是說，作爲「近代才形成」的「象徵」概念，它不僅僅是一個修辭學的範疇，更是一個「應用於作品底整體」的思維方式和感情方式，是「從一般文藝品提取一個超空間時間」的「定義原理」。他說：「這所謂象徵主義，在無論任何國度，任何時代底文藝活動和表現裏，都是一個不可缺乏的普遍和重要的原素罷了。這原素是那麼重要和普遍，我可以毫不過分地說，一切最上乘的文藝品，無論是一首小詩或高聳入雲的殿宇，都是象徵到一個極高的程度的。」〔註68〕

梁宗岱對「象徵」的理解是更具哲學意味的。他不太同意朱光潛「把文藝上的『象徵』與修辭學上的『比』混爲一談」的觀點，他認爲：「最普通的擬人託物的作品，或借草木鳥獸來影射人情世故，或把抽象的觀念如善惡，愛憎，美醜等穿上人底衣服，大部分都祇是寓言，夠不上稱象徵。因爲那祇是把抽象的意義附加在形體上面，意自意，象自象，感人的力量往往便膚淺而有限，雖然有時也可以達到眞善美底境界。……那畢竟祇是寓言，因爲每首詩或每個人物只包含一個意義，並且只間接地訴諸我們底理解力。」眞正的「象徵」是與之不同的，它不是簡單的情景的配合，而是「物我或相看既久，或猝然相遇，心凝形釋，物我兩忘：不知何者爲我，何者爲物。」這才是「象徵底最高境」。或者說：

> 所謂象徵是藉有形寓無形，藉有限表無限，藉剎那抓住永恒，使我們只在夢中或出神底瞬間瞥見的遙遙的宇宙變成近在咫尺的現實世界，正如一個蓓蕾蓄著炫熳芳菲的春信，一張落葉預奏那彌天漫地的秋聲一樣。所以，它所賦形的，蘊藏的，不是興味索然的抽象觀念，而是豐富，複雜，深邃，眞實的靈境。

「象徵」無論是作爲感情方式、思維方式，還是具體的藝術表現手法，都緊密地維繫著「純詩」的追求與理想。它使詩人得以超越現實的經驗的世界，參悟人生和宇宙的奧義，並將之在詩歌中成功地傳達出來。它既是對「純詩」藝術效果的一種保證，也是衡量「純詩」境界的藝術準繩之一。但我認爲，梁宗岱雖然清楚地分析出「象徵」的兩層涵義，但落實到他的理論中，體現的卻還是側重於具體藝術表現手法的那一個方面。這一點，與前文所述中國

〔註68〕 梁宗岱：《象徵主義》，《詩與眞·詩與眞二集》第 63 頁，本節梁宗岱引文如無說明，均出自此文。

詩人對「純詩」理論的整體理解的特性相似,即對美學層面和實踐層面的關注多於對哲學層面的關注。

其實,這種「藉有形寓無形,藉有限表無限,藉剎那抓住永恒」的表現方法,中國詩人並不會感到特別陌生。因為在傳統詩歌當中,早已存在這樣的情感方式和傳達方式,祇是由於理論體系不同而沒有相同的概念範疇。因此,現代詩人詩論家基於對兩種詩學的貫通,自然會萌生出溝通結合兩種範疇的嘗試。

不少人在傳統詩學中找到了「興」的手法與「象徵」對應,梁宗岱即為其中之一。他引用《文心雕龍》中對「興」的解釋——「興者,起也,起情者依微以擬義。」然後解釋說:

> 所謂「微」,便是兩物之間微妙的關係。表面看來,兩者似乎不相聯屬,實則是一而二,二而一。象徵底微妙,「依微擬義」這幾個字頗能道出。
>
> 當一件外物,譬如,一片自然風景映進我們眼簾的時候,我們猛然感到它和你們當時或喜,或憂,或哀傷,或恬適的心情相彷彿,相逼肖,相會合。我們不摹擬我們底心情而把那片自然風景作傳達心情的符號,或者,較準確一點,把我們底心情印上那片風景去,這就是象徵。

將「微」解釋為「兩物之間微妙的關係」,並認為象徵的關鍵在於將似乎不相聯屬的兩物結合為一而二、二而一的融洽無間的程度。這種觀點顯然受到了波德萊爾「契合」論的深刻影響。因此可以說,在梁宗岱的理論體系中,中國傳統詩學中的「興」,與法國象徵派的「契合」理論,以及中西詩學融合而成的「純詩」觀念三位一體地結合在了一起。他把握住了三者之間最深刻本質的聯繫。

其實,梁宗岱的觀點與他的「畏友」朱光潛的看法頗為接近,雖然梁曾對朱未將「比」、「興」區分開來的觀點有點不以為然。細究朱光潛的理論闡述,雖更側重修辭學範疇,但其核心內容相差不遠。朱光潛以「情景的契合」來對應象徵,認為「《詩經》中比興兩類就有意要拿意象來象徵情趣」,「情趣與意象融化得恰到好處,這是達到最高理想的藝術。」〔註69〕這種對「情趣」與「意象」關係的把握,其實與梁宗岱所謂「把我們底心情印上那片風景去,這就是象徵。」觀點是基本一致的。而且,朱光潛的闡述還更帶有傳統詩學

〔註69〕朱光潛:《詩的境界——情趣與意象》,《詩論》第56~71頁,三聯書店,1984年。

的特點和韻味，與梁宗岱較爲西化的理論闡述風格相得益彰。

此外，朱光潛在以「情景的契合」程度衡量舊詩傳統時指出：「唐人的詩和五代及宋人的詞尤其宜於從情趣意象配合的觀點去研究。」〔註70〕他說：「一首詩的意象好比圖畫的顏色陰影濃淡配合在一起，烘托一種有情致的風景出來。李義山和許多晚唐詩人的作品在技巧上很類似西方的象徵主義，都是選擇幾個很精妙的意象出來，以喚起讀者多方面的聯想。這種聯想有時切題，也有時不切題。」「詩的意象有兩重功用，一是象徵一種情感，一是以本身的美妙去愉悅耳目。這第二種功用雖是不切題的，卻自有存在的價值。《詩經》中的『興』大半都是用這種有兩重功用的意象。」〔註71〕這些論述又將晚唐詩風與「興」和「象徵」手法之間的基於美學原則相通而產生的內在聯繫清晰地揭示了出來，不僅更加貫通了詩學領域中的很多相關問題與現象，豐富了「純詩」、「興」、「象徵」等理論內涵，同時也更體現了以朱、梁爲代表的理論家群體理論體系的完整性和內在統一性。

二

與「象徵」精神和手法相關的，是詩歌表現的哲學內容，亦即「依微擬義」中的「義」的內涵，或「藉有形寓無形，藉有限表無限，藉刹那抓住永恒」中的「無形」、「無限」和「永恒」的部分。這也可以算是「純詩」觀念在思想內容方面的核心部分了。

「純詩」理論反覆強調，詩人要通過暗示、象徵的手段揭示生命或自然的最本質的精神和意義。最早，波德萊爾就曾經說：「詩人有權利用一種有別於散文和音樂的華美語言來譯解好奇的人類所進行的永恒的猜測。」〔註72〕「正是由於詩，同時也通過詩，由於音樂，同時也通過音樂，靈魂窺見了墳墓後面的光輝；一首美妙的詩使人熱淚盈眶，這眼淚並非一種極度快樂的證據，而是表明了一種發怒的憂鬱，一種精神的請求，一種在不完美之中流徙的天性，它想立即在地上獲得被揭示出來的天堂。」〔註73〕這種對「永恒」

〔註70〕同上，第 77 頁。
〔註71〕朱光潛：《讀李義山的〈錦瑟〉》，《朱光潛全集》第 8 卷第 409 頁，安徽教育出版社，1992 年。
〔註72〕波德萊爾：《對幾位同代人的思考‧維克多‧雨果》，《波德萊爾美學論文選》第 103 頁。
〔註73〕波德萊爾：《論泰奧菲爾‧戈蒂耶》，《波德萊爾美學論文選》第 75 頁。

與「無限」的永恒的無限的追索，正是「純詩」之爲「純」的一個重要因素。但是，這種精神追求的具體內容到底是什麼，是無法在詩人所採用的詩的語言中被完全而明晰地解釋出來的，因此，詩論家們致力於對此作具體的詮釋，就顯得十分必然。

在 1930 年代的中國詩論家中，對此有所涉及和闡釋，並將之與中國詩學精神相聯繫的，最突出的仍是梁宗岱和朱光潛兩人。他們在這份複雜深玄的精神追求中提煉出一種「宇宙意識」，用以概括詩人對時間的「永恒」與空間的「無限」的不斷探尋。

1928 年前後，朱光潛和梁宗岱在巴黎的閒談中曾經說到，「中國人底思想太狹隘，太逃不出實際生活底牢籠，所以不容易找到具有宇宙精神或宇宙觀的詩（Cosmic poetry）。」當時他們曾列舉許多首詩來證明「宇宙意識」在中國詩裏並不是完全不存在的。其中一首就是孔子的一句話：「子在川上曰：『逝者如斯夫，不捨晝夜。』」在他們看來，這一聲浩歎讓人領悟到「宇宙間一種不息的動底普遍原則」，而且他們認爲，因爲孔子「同時直接抓住了特殊現象和普遍原理底本體。是川流也是宇宙不息的動，所以便覺得詩意蔥蘢了」。〔註74〕顯然，最讓梁、朱二人激賞的，還不是孔子的「詩意蔥蘢」，更是他對宇宙間普遍原則的領悟。因爲在「純詩」論者看來，沒有這種哲學玄想的深度，詩歌就仍如散文一樣，拘泥於現實社會的瑣事當中，達不到超越和飛升，也就達不到「純詩」的眞純的理想境界。

朱光潛後來曾分析說：

> 中國詩人何以在愛情中只能見到愛情，在自然中只能見到自然，而不能有深一層的徹悟呢？這就不能不歸咎於哲學思想的平易和宗教情操的淡薄了。詩雖不是討論哲學和宣傳宗教的工具，但是它的後面如果沒有哲學和宗教，就不易達到深廣的境界。詩好比一株花，哲學和宗教好比土壤，土壤不肥沃，根就不能深，花就不能茂。西方詩比中國詩深廣，就因爲它有較深廣的哲學和宗教在培養它的根幹。〔註75〕

朱光潛把原因歸結於中國人的「民族性」上，即中國人「處處都腳踏實地走，偏重實際而不務玄想，……就文學說，關於人事及社會問題的作品最發達，

〔註74〕梁宗岱：《說「逝者如斯夫」》，《詩與眞・詩與眞二集》第 135 頁。
〔註75〕朱光潛：《詩的境界——情趣與意象》，《詩論》第 88 頁。

而憑虛結構的作品則寥若晨星。」〔註76〕由此可以看出，所謂的「宇宙意識」事實上祇是一個相對更為具體的代稱或曰一個具有代表性的成分，而詩論家們真正要求的東西則更加深廣，籠統地說，就是一種既詩意蔥蘢又包羅萬象的哲學思想。

但還是有必要對所謂「宇宙意識」進行分析。在梁宗岱看來，「宇宙意識」簡單地說就是「宇宙之脈搏，萬物之玄機，人類靈魂之隱秘」〔註77〕。其表現於詩歌作品當中，則應當是「直接的，完整的」，「無論是一首或一行小詩——常常展示出一個曠邈，深宏，而又單純，親切的華嚴宇宙，像一勺水反映出整個星空底天光雲影一樣。」〔註78〕歸根結底，這仍然是「藉有形寓無形，藉有限表無限，藉剎那抓住永恒」的理想。在這個總體思想原則的支配下，詩人具體以怎樣的方式把握和傳達這份複雜的哲思，則不成問題。比如哥德的思想「淵源於史賓努沙底完密和諧的系統」，那是歐洲人哲學思想深刻和宗教思想發達的產物。而「李白則純粹是詩人底直覺，植根於莊子底瑰麗燦爛的想像底閃光」，是中國哲學的體現和發揚。因此，他們二人的作品也流露出不同的情緒，哥德的「宇宙意識」「永遠是充滿了喜悅，信心與樂觀的亞波羅式的寧靜」，而李白則「有時不免滲入多少失望，悲觀，與悽惶」。〔註79〕但是，這些個性和差別是可以完全不受制約的，重要的是他們的「宇宙意識」已經得到了體現和傳達。

從梁宗岱的文章引證中不難發現，他在與朱光潛列舉中國詩以說明「宇宙意識」的存在時，列舉的應該都是舊詩。在這有意無意之間，中國傳統詩歌就與「純詩」理想結上了密切的關係。梁宗岱以孔子、屈原、陶淵明、陳子昂、李白、王維、李賀等許多詩人為例，不僅說明了「宇宙意識」的存在，同時也等於再次印證了「我國舊詩詞中純詩並不少」的判斷。其中，對陳子昂的《登幽州臺歌》，梁宗岱尤其稱道，贊其具有「大刀闊斧的開國氣象」。他說：

你們曾否在暮色蒼茫中登高？曾否從天風裏下望莽莽的平蕪？曾否在那剎那間起浩蕩而蒼涼的感慨？古今中外底詩裏有幾首能令我們這麼真切地感到宇宙底精神（world spirit）？有幾首這麼活躍地表現那對於永恒的迫切呼喚？我們從這寥寥廿二個字裏是否便可以預

〔註76〕朱光潛：《詩的境界——情趣與意象》，《詩論》第84頁。
〔註77〕梁宗岱：《論詩》，《詩與真·詩與真二集》第35頁。
〔註78〕梁宗岱：《李白與哥德》，《詩與真·詩與真二集》第113頁。
〔註79〕梁宗岱：《李白與哥德》，《詩與真·詩與真二集》第113頁。

感一個中國，不，世界詩史上空前絕後的光榮時代之將臨，正如數
里外的濤聲預告一個煙波浩渺的奇觀？」〔註80〕

陳子昂的高妙之處在於，他在人們登臨的最自然最普遍的心態中發現了永恒的哲理。由此不難明白，「純詩」論者對其哲學核心的要求，還必須是建立在最普遍自然的經驗和情感之上的昇華和提純。「一切有生命的作品所必具的兩極端：寫大我須有小我底親切；寫小我須有大我底普遍。」〔註81〕對此，梁宗岱有更詳細的闡述：

正如我們不能畫一幅完全脫離了遠景或背景的肖像，爲的是四圍的空氣和光線也是構成我們底面貌和肢體的重要成分；同樣，我們發現我們底情感和情感底初苗與長成，開放與凋謝，隱潛與顯露，一句話說罷，我們底最隱秘和最深沉的靈境都是與時節，景色和氣候很密切地互相纏結的。一線陽光，一片飛花，空氣底最輕微的動盪，和我們眼前無量數的重大或幽微的事物與現象，無不時時刻刻在影響我們底精神生活，及提醒我們和宇宙底關係，使我們確認我們衹是大自然底交響樂裏的一個音波：離，它要完全失掉它存在的理由；合，它將不獨恢復一己底意義，並且兼有那磅礡星辰的妙樂的。〔註82〕

在梁宗岱眼中，真正的哲學詩人只有陶淵明、哥德和瓦雷里三人。雖然他們之間有出發點、方法和藝術等等方面的「極不相同甚且相反」。比如哥德「探討底對像是外在世界，是世界底形相」；而瓦雷里的精神「大部分專注於心靈底活動和思想底主體；他底探討底對像是內在世界，是最高度的意識，是『純我』。」〔註83〕但是，這些都不能影響他們的哲學思想的深度，同時更不妨礙他們的「詩意蔥蘢」，因之自然也成就了他們各自詩歌藝術的偉大之處。

所謂「宇宙意識」，說到底，就是對自然界普遍規律的人性化和個性化的思考。它之所以能成爲「純詩」論者關注的焦點之一，原因即在於其無可替代的哲學深度。如果拋開人性化、個性化的要求，亦即拋開「詩」的藝術標準而言，這其實就是所有哲學體系的根本問題，古今中外的思想者都會或多或少、或深或淺地涉及這個問題。而這一點，也就是其能夠溝通中國詩歌傳

〔註80〕梁宗岱：《論詩》，《詩與真‧詩與真二集》第 33 頁。
〔註81〕梁宗岱：《詩‧詩人‧批評家》，《詩與真‧詩與真二集》第 204 頁。
〔註82〕梁宗岱：《象徵主義》，《詩與真‧詩與真二集》第 78 頁。
〔註83〕梁宗岱：《哥德與梵樂希──跋梵樂希〈哥德論〉》，《詩與真‧詩與真二集》第 160 頁。

統與西方現代詩學的原因所在。

　　當然，中國「純詩」論者將「純詩」理論與中國傳統詩學這兩個極為複雜豐富的詩學體系相結合的努力，遠遠不止於「象徵」與「宇宙意識」這兩個問題。本節衹是擇取了這兩個頗具代表性的問題來進行解剖，目的在於管窺中國「純詩」理論與傳統詩學之間互動性的聯繫，並由此發現 1930 年代北平「前線詩人」群體及其周邊理論家在融合貫通中西詩學方面的獨特努力與貢獻。